Ce que j'ai appris de vous

Du même auteur

Vive la politique, Stock, 1985
Chacun pour tous, le défi écologique, Stock, 1990
L'Atlas des risques majeurs, Plon, 1992
Vers une mer inconnue, Hachette, 1994
Notre contrat pour l'alternance (avec Jacques Barrot, Dominique Perben et Jean-Pierre Raffarin), Plon, 2001
Sortir l'Europe des idées reçues, Perrin, 2005
L'Atlas pour un monde durable, Acropole, 2007
L'Europe cartes sur table, atlas, Acropole, 2008
Qui va nourrir le monde ?, Acropole, 2008
Se reposer ou être libre, Gallimard, 2014
La Grande Illusion. Journal secret du Brexit, Gallimard, 2021

Michel
Barnier

Ce que j'ai appris de vous

Chroniques pour demain

CALMANN LEVY

CALMANN LÉVY
ÉDITEUR DEPUIS 1836

Couverture
Maquette : Olo'
Photographie : © Florian David / Matignon

ISBN : 978-2-7021-9271-9

À Isabelle, qui m'accompagne,
étonnante et élégante

« Le bonheur de l'homme n'est pas dans la liberté,
mais dans l'acceptation d'un devoir. »[1]

André Gide

---

1. Préface de *Vol de nuit* d'Antoine de Saint-Exupéry.

Introduction

S'engager pour être libre

« Tout ça pour ça ! »

Alors que je discute avec un ancien, qui s'est engagé toute sa vie durant en politique, il ne cache pas son découragement et cède au fatalisme.

« J'arrive à soixante-quinze ans. Et je vis dans un monde qui est l'opposé de ce que j'aurais voulu construire. »

Faut-il céder à cette forme de défaitisme, à un tel désabusement et baisser les bras ?

Je ne le pense pas.

Il y a au contraire tant de raisons de croire dans la France et d'espérer dans l'Europe !

Évidemment, le vertige provoqué avec brutalité par Donald Trump depuis le début de l'année 2025 engendre de l'inquiétude, des peurs, de l'incertitude.

Raison de plus pour garder son sang-froid et pour réaliser en France ce que personne ne viendra faire à notre place.

Et préserver, en Europe, cet esprit commun et notre marché unique qui déplaisent tant aux dirigeants américains ou russes.

L'un, entouré de milliardaires et de spéculateurs sans foi ni loi, n'aime pas et surtout ne comprend pas la réalité d'un continent européen « uni dans la diversité », attaché à des règles et à un multilatéralisme dont le rapport de force brutal ne serait pas la valeur cardinale…

L'autre arc-bouté sur sa nostalgie de l'empire soviétique redoute que ses voisins autrefois soumis s'émancipent et s'épanouissent dans un modèle démocratique soucieux de la garantie des libertés individuelles et de leur souveraineté nationale. Il n'aime donc pas le pôle d'attraction que l'Union européenne constitue et s'emploie à en saper la cohésion et les fondements.

À coup sûr, la complicité improbable entre ces États-Unis-là et cette Russie-là nous fait entrer dans une ère nouvelle.

Sans même insister sur la spectaculaire ascension de la Chine et la fragmentation accélérée de ce que nous avions pris la confortable habitude d'appeler « l'ordre international ».

Il y a deux choses dont je suis convaincu : si collectivement nous n'entrons pas, avec les pays européens, dans cette ère nouvelle, alors chacun de nos pays sera inexorablement réduit au rang de vassal et de sous-traitant de la Chine ou des États-Unis.

Je ne me suis pas engagé derrière le général de Gaulle pour que l'avenir du pays se fasse ou se défasse à Washington, à Pékin ou à Moscou.

On a aujourd'hui le choix individuellement d'être spectateur du déclin de son pays ou acteur de son destin.

Et, pour chacun, dans son village ou son quartier, dans son bureau, dans sa ferme, dans un stade ou un lycée, il y a quelque chose à faire qui intéresse les autres, pour améliorer la vie de tous.

Qui a dit : « Là où il y a une volonté, il y a un chemin » ? Une chemin, une route, parfois « vieille et usée » comme le chantait Bob Dylan dans l'une de ses premières chansons.

Mais cette route peut aussi être passionnante et stimulante si l'on prend le temps d'écouter, de dialoguer, d'être ouvert, de se montrer toujours curieux des choses et des gens, sans être blasé ou nostalgique. Et aussi d'oser !

Oui, la révolution technologique de l'intelligence artificielle amorcée il y a déjà de nombreuses années s'apprête à bouleverser nos vies : des métiers disparaîtront et nos rapports au professeur, au médecin, au scientifique ou encore à l'artiste vont changer, irrémédiablement. Mais quelle formidable chance d'être les acteurs d'une telle révolution, sans doute comparable à l'invention de l'imprimerie, si nous en prenons les devants et que nous refusons de la subir !

Oui, le changement climatique et la hausse des températures allant de + 2 °C en 2030 à + 4 °C en 2050 par rapport à l'ère préindustrielle vont ébranler toutes nos habitudes et toutes nos certitudes. Dans une France et une Europe plus chaudes, plus sèches, la résilience des exploitations agricoles, des infrastructures, des logements, des transports, sera durement mise à l'épreuve. Nous devons faire face : limiter autant que possible le réchauffement climatique tout en nous y préparant.

Dans une interview récente, Fabrice Luchini dit :

« C'est trop facile de moquer les hommes politiques et leur absence de culture dans leur majorité. Ils n'ont pas le temps. Ce sont des animaux pris dans une folie. Leur sujet, c'est de répondre aux colères[1]. »

De prévenir les colères aussi. De les anticiper. De comprendre les détresses et d'agir. Ce livre, dont l'écriture a été interrompue par Matignon, n'est pas fait de confessions. Il serait prétentieux de parler de Mémoires.

Il y a simplement dans chacune des histoires de ce livre une leçon que j'ai reçue, un enseignement que j'ai entendu, un conseil que j'ai compris.

Et je veux les partager avec vous.

1. Le 10 mars 2025 au *Figaro*.

Chapitre I

Chacun est nécessaire

« Le rang ne confère ni privilège ni pouvoir.
Il impose des responsabilités. »

Peter Drucker[1]

1. Écrivain autrichien (1909-2005) considéré comme le père du management moderne.

À la rencontre des électeurs : journée de campagne à Sainte-Foy-Tarentaise

Il existe des villages que le visiteur de passage traverse au rythme trop rapide de la vie moderne. Il ne peut alors y rencontrer personne, et il n'y verra rien non plus. À Sainte-Foy-Tarentaise, Le Miroir est au nombre de ces lieux. Le visiteur a-t-il seulement l'idée de ralentir, d'écouter, de lever les yeux ! Mesure-t-il ici la vie qui dure depuis des siècles et habite ces hameaux accrochés à la montagne ? Imagine-t-il la vigueur des traditions et l'attachement des cœurs à ce pays dont on est toujours fier ? Si le goût lui prend de venir à la rencontre des paysans de Savoie, de marcher d'un village à l'autre, de dialoguer, bref de partager un peu la vie des montagnards avec leurs espoirs, leurs difficultés, alors il comprendra comment la politique ici peut être passionnante.

C'était à la fin d'une journée d'automne de septembre 1973. La montagne était rouge et or. Haut dans les alpages, on préparait la descente des bêtes. L'air était léger et le ciel clair comme souvent en cette période de l'année. Ce jour-là, j'atteignais au Miroir la dernière étape de ma campagne électorale. D'une commune à l'autre, d'une maison à l'autre, souvent accompagné d'un ami, je frappais à chaque porte, inlassablement. Je voulais être élu au conseil général. Animé de cette

« grande ambition » et un peu inconscient, j'avais vingt-deux ans et ma seule crainte était de déranger mes futurs électeurs en plein repas et surtout de tomber… sur un chien peu compréhensif. Une toute petite équipe de militants se dévouait corps et âme, jour et nuit pour m'accompagner. Parmi eux, Nicole Ayet et son mari Gabriel, responsable de l'affichage. Il m'avouera longtemps après qu'il avait ajouté du verre pilé à la colle pour dissuader nos concurrents de coller leurs propres affiches sur les miennes !

Tout se passa bien quand je me présentai chez Ulysse Bozonnet. Il y avait chez ce paysan savoyard, humble et solide, des traits qui forçaient le respect, mais aussi la volonté pour lui et pour sa famille de « vivre au pays », et que ce pays ne recule pas. Une volonté partagée par le conseil municipal dont il était membre. Ma visite me servirait à comprendre, écouter et, quelques jours plus tard, convaincre cette vallée de me faire confiance.

En m'accueillant ce jour-là, après tant de visites et de boissons diverses et variées, son épouse, constatant ma fatigue, me proposa un verre de lait cru de chèvre puisé à même un gros chaudron de cuivre. C'est sans doute ce soir-là que se fortifia pour longtemps mon attachement à un mode de scrutin qui oblige à rencontrer vraiment les hommes et les femmes dont on espère le suffrage.

Georges Pompidou a écrit qu'il avait été frappé par la capacité des hommes politiques à imposer leur discours, à délivrer un message sans jamais trouver le temps ni jamais plus éprouver le besoin d'écouter. « Le danger que court l'homme politique, disait-il, est celui de l'isolement dans un monde qui n'est plus celui de la sincérité. »

Toute lettre mérite réponse : Georges Pompidou et son « jeune ami »

Après bien des hésitations et certains malentendus entre Georges Pompidou et lui, le général de Gaulle choisit en juillet 1968 de changer de Premier ministre et de nommer à Matignon Maurice Couve de Murville. Il écrira de lui dans ses Mémoires :

Maurice Couve de Murville a le don. Au milieu des problèmes qui se mêlent, des arguments qui s'enchevêtrent, il distingue aussitôt l'essentiel de l'accessoire. Si bien qu'il est clair et précis dans des matières que les calculs rendent à l'envi obscures et confuses. Il a l'expérience, ayant, au cours d'une longue carrière, traité maintes questions du jour et connu beaucoup d'hommes en place. […] Il a la manière, habile à prendre contact en écoutant, observant, notant, puis excellant au moment voulu à formuler avec autorité la position dont il ne se départira plus[1].

Le nouveau Premier ministre prononce son discours de politique générale le 17 juillet et rend un

1. Charles de Gaulle, *Mémoires d'espoir* : 1, *Le Renouveau, 1958-1962*, Plon, 1970.

vibrant hommage à Georges Pompidou. Au moment de ce discours, en plein été, je suis reclus dans un lycée de Chambéry transformé en boîte à bachot pour être prêt à repasser en septembre mon baccalauréat raté de justesse en juin. Pour dire la vérité, je n'étais pas fier de moi. L'attention mobilisée par les événements de Mai 1968, je n'avais évidemment pas ouvert un livre et ma note au bac de mathématiques avait été désastreuse.

Je me souviens de ce dimanche où j'écris spontanément une longue lettre à l'ancien Premier ministre pour lui dire mon admiration, mon regret qu'il quitte le gouvernement. Je lui dis surtout mon soutien par avance pour l'élection présidentielle qui viendra un jour. J'envoie cette lettre comme une bouteille à la mer à l'adresse de ses bureaux parisiens, boulevard de La Tour-Maubourg.

Je n'ai pas oublié non plus ce matin, moins de trois semaines après, où je reçois au courrier un carton de correspondance demi-format avec ces mots manuscrits : « Merci mon jeune ami pour votre lettre et pour votre confiance. Continuez votre action et s'il le faut, vous pouvez compter sur moi. Amicalement, Georges Pompidou. »

C'est ce jour-là, à dix-sept ans, que je me suis promis, s'il advenait un jour que je sois élu à une fonction publique, de toujours répondre personnellement à toute lettre reçue, d'où qu'elle vienne et quel qu'en soit l'expéditeur, en y ajoutant un mot manuscrit. Depuis cinquante ans, je crois avoir tenu cette promesse.

Un citoyen qui écrit à un ministre ou à son député, qui appelle l'attention du chef de l'État ou parfois de son épouse, un jeune lycéen qui écrit à l'ancien Premier ministre : tous méritent d'être respectés. Cette lettre, parfois un appel au secours, c'est souvent la seule lettre qu'il écrira dans l'année. Elle est pour lui essentielle, peut-être même vitale. Et si, à l'autre bout, il est vrai que le ministre ou l'élu reçoit des centaines de lettres par jour, il est essentiel que son cabinet soit organisé de manière à répondre à chacun.

Rester à l'écoute des Français : Valéry Giscard d'Estaing, invité mystère à Notre-Dame-du-Pré

Valéry Giscard d'Estaing était et reste à mes yeux un président moderne et réformateur. Certainement trop sûr de lui, parfois hautain, c'était aussi un grand sportif qui pratiquait le ski avec passion et ténacité. Ainsi, il venait souvent à Courchevel dans un chalet familial près du jardin alpin.

Élu député en mars 1978, je sollicitai un rendez-vous pour me présenter pendant l'un de ses séjours dans ma circonscription. À cette époque, il avait initié cette série de dîners « chez les Français ». Au cours de cet entretien, j'ai l'audace de lui proposer de venir dîner un soir, durant son prochain séjour, avec des responsables professionnels ou politiques qui ont des choses à lui dire. Il accepte le principe, me fixant un rendez-vous pour les vacances de Pâques quelques semaines plus tard, à une seule condition : « qu'aucun des participants à ce dîner ne sache que je serai là. Je ne veux pas de journalistes ».

Voilà comment j'ai organisé un dîner à Notre-Dame-du-Pré, loin des stations de sports d'hiver, au bout d'une route qui part du fond de la vallée et compte vingt-neuf virages. J'invitai à ce dîner dans l'auberge de la famille du jeune maire Christian Vivet un certain nombre de responsables, Jean-Claude Killy, un conseiller général, le président des Jeunes Agriculteurs, le président des pisteurs, celui des moniteurs de ski, des élus locaux. Tous arrivèrent à Notre-Dame-du-Pré en pensant partager un repas avec le directeur général du ministère de l'Agriculture en charge de la montagne. À 19 h 30, il était convenu que j'informe les participants de l'identité exacte de notre invité secret. Je me souviens de la stupeur, presque de la panique de notre hôtesse. À 20 heures, le président de la République arriva au volant de sa voiture, en pull-over, Anne-Aymone Giscard d'Estaing à ses côtés et leur officier de sécurité assis à l'arrière.

À 20 h 15, alors que la glace se brisait et que l'ambiance se réchauffait, le téléphone sonna dans la salle commune. Notre hôtesse décrocha. C'était son mari, qui avait quitté comme chaque soir le chef-lieu de la commune pour descendre les ouvriers travaillant en trois-huit à l'usine de Plombières-Saint-Marcel. Très excité, il déclare : « Je viens d'arriver à l'usine, tu ne sais pas qui j'ai vu dans un virage en train de pisser ? J'ai l'impression que c'était le président Giscard d'Estaing, et il s'en est fallu de peu que je mette le bus dans le ravin. » Et sa femme de répondre : « Oui, c'était bien lui, il vient d'arriver à la maison ! »

Ce dîner fut l'occasion d'un dialogue très direct et très franc. Chacun avait quelque chose à dire au chef de l'État, et chacun le lui dit. Le dîner se prolongea jusqu'à 23 h 30 dans une vraie ambiance montagnarde. À coup sûr, ce soir-là, Valéry Giscard d'Estaing gagna des voix, ou n'en perdit pas.

Du courage physique et politique : Nicolas Sarkozy au Guilvinec

En novembre 2007, alors que je suis ministre de l'Agriculture et de la Pêche, tous les ports de pêche de la façade atlantique sont bloqués par une grève dure des marins-pêcheurs en raison de l'augmentation des prix du fioul. Nous cherchons des solutions pour compenser cette augmentation et apporter une réponse à ces hommes et femmes qui travaillent très dur, dans des conditions dangereuses, et ne gagnent plus rien.

Un port est en première ligne de cette grève : celui du Guilvinec, dans le Finistère. Une manifestation de masse nationale s'y organise le 6 novembre 2007, et je décide de m'y rendre pour négocier sur le terrain avec d'ailleurs une très faible marge de flexibilité imposée par François Fillon et les équipes de Matignon.

Je sais que cette journée sera difficile quand j'apprends que Nicolas Sarkozy a décidé de venir en personne. Il m'expliquera sur le trajet qu'il avait besoin d'une séquence nationale dans sa communication entre un voyage au Mali, où il est allé accueillir des otages libérés, et une visite officielle à Washington quarante-huit heures plus tard.

Je suis partagé entre deux sentiments : celui d'être abaissé et mis de côté dans ma fonction – *Libération* écrira d'ailleurs le lendemain « Barnier ramené au rang de spectateur » – et un certain soulagement de constater l'utilité de cette visite, puisque le président de la République mesurera la rudesse de cette négociation et arbitrera lui-même plus facilement que je n'aurais pu le faire.

Ce jour-là, Nicolas Sarkozy, très volontaire, décide de traverser la foule hostile des marins et de leurs familles sur le quai du port breton. Arrivant à la capitainerie, il est interpellé du haut du toit sans aménité par un pêcheur à qui il répond : « Toi, si tu as quelque chose à dire, tu as qu'à venir ici, si tu crois que c'est en m'insultant que tu vas régler le problème des pêcheurs ! »

Finalement, le chef de l'État donnera satisfaction aux pêcheurs en compensant l'augmentation du prix du gazole. Un président ne devrait pas parler de manière aussi crue, mais j'ai ce jour-là éprouvé du respect pour le courage physique et politique de Nicolas Sarkozy.

Il aura fait du volontarisme sa marque tout au long de son quinquennat de 2007 à 2012. Ainsi, lors de la crise financière venue des États-Unis et qui bouscule violemment l'Europe en 2008. Ou encore lors de l'agression russe – déjà ! – en Géorgie. Et aussi pendant les six mois intenses durant lesquels la France a présidé fin 2008 le Conseil de l'Union européenne.

Volontarisme toujours avec les réformes dans la justice et dans les universités et de la rémunération du travail avec les heures supplémentaires…

Cette action a été conduite à cent à l'heure. Avec beaucoup de vigueur, mais rarement de la brutalité. Et pourtant, Nicolas Sarkozy n'a jamais renoncé, n'a jamais hésité à créer des rapports de force avec Jacques Chirac ou Dominique de Villepin.

De mon côté, je l'ai accompagné depuis 1993 sans devenir un obligé. Il m'en a témoigné de la reconnaissance, parfois avec un brin de condescendance...

Plus personnellement, je n'oublie pas qu'il m'a fait confiance pour être son ministre en 2007 et plus tard pour devenir commissaire européen en 2010. Je lui garde mon amitié.

Naissance d'une méthode : le plan Loire Grandeur Nature

Jadis, les saumons naissaient dans le Haut-Allier, descendaient la Loire, s'aventuraient jusqu'au Groenland pour revenir enfin mourir dans l'Allier. L'humoriste Philippe Avron racontera avec malice cette épopée dans son *one-man show* « Je suis un saumon ».

Protéger la Loire, le plus grand cours d'eau naturel français, depuis sa source jusqu'à Nantes, restaurer tout au long du fleuve les zones d'épandage, mettre en valeur l'immense patrimoine historique, culturel, naturel qui le borde, telle a été la grande ambition de mon action pendant deux ans à la tête du ministère de l'Environnement. Un grand chantier écologique, un grand chantier de « ménagement » du territoire.

Évidemment, le saumon avait sa place dans les différentes pièces de ce chantier, et c'est ainsi que, sur l'idée d'un député socialiste, Louis Eyraud, nous avons créé avec des partenaires privés et publics la première salmoniculture nationale à Chanteuges. Une maternité de saumons, en quelque sorte, dans le Haut-Allier, ce territoire rude d'Auvergne qui a inspiré ce beau texte d'Alexandre Vialatte :

Pascal aimait tellement l'Auvergne qu'il naquit à Clermont-Ferrand. C'est une ville noire comme le jansénisme, percée de rues au bout desquelles on voit le ciel comme dans les pensées. Elle est noire parce qu'elle est en pierre de Volvic, roche ignée, dure, râpeuse, assez peu nourrissante, fille du feu des puys où va brouter la chèvre. Elle est en pierre parce que la chèvre en laisse tellement que les Auvergnats en bâtissent leurs églises, leurs caisses d'épargne et leurs maisons. C'est ce qui fait le poids et la solidité de cette ville sombre aux lointains vaporeux[1].

Pendant une année, en 1993, depuis cette Haute-Loire où campait un groupe de militants écologistes déterminé à empêcher le projet de construction d'un barrage dans la vallée de Serre de la Fare, jusqu'à Saint-Nazaire où débouche ce grand fleuve dans l'Atlantique, j'avais pris chaque semaine mon bâton de « ministre pèlerin ». Le matin, avec l'aide de mon équipe, des préfets et des services locaux du ministère, nous visitions les sites à protéger ou à valoriser. L'après-midi, nous invitions à la préfecture ou dans une mairie tous les acteurs concernés par l'un des enjeux liés à la Loire.

À Brive-Charensac, une crue catastrophique de la Loire avait emporté huit personnes, dont deux enfants, en 1980. Au-dessus, le barrage de Serre de la Fare aurait eu comme objectif de réguler le fleuve. Ne pas le construire obligeait à assurer une autre protection de cette commune et des communes en aval. À Tours, le célèbre maire Jean Royer était convaincu qu'il fallait

---

1. Alexandre Vialatte, *L'Auvergne absolue*, Paris, Julliard, 1993.

bétonner le fleuve entre de hautes digues pour le canaliser et construire usines et habitations derrière ces murs. Plus bas encore, au confluent de la Vienne et de la Creuse, en Indre-et-Loire, un barrage à Maisons-Rouges, construit depuis longtemps, empêchait la remontée des poissons sauvages. Pour la première fois se posait la question de détruire un barrage pour préserver la biodiversité.

Durant cette année, nous avons appliqué la méthode de l'écoute et du respect en organisant ce que l'on appelle au Québec des « auditions publiques ». Dans ces rencontres de l'après-midi, tous les interlocuteurs et acteurs d'un même dossier étaient présents. Beaucoup ne se parlaient plus et même se combattaient durement. Tous venaient, pourtant, répondant à l'invitation du ministre.

Ils ne se parlaient pas mais, dans de telles réunions où chacun s'exprimait tour à tour, ils étaient obligés de s'écouter. C'est au terme de ce long processus rassemblant toutes les bonnes idées et les ingrédients récoltés sur le terrain que j'ai présenté en janvier 1994, avec l'appui personnel du Premier ministre Édouard Balladur, le plan Loire Grandeur Nature.

Le journal *Libération*, surpris ou désarçonné, titra à sa une : « Balladur laisse la Loire tranquille ». De fait, c'était bien une nouvelle philosophie de *ménagement* du territoire qui inspirait ce plan : le projet de barrage de Serre de la Fare était abandonné définitivement. Les rives de la Loire ne seraient plus bétonnées. Plusieurs barrages, y compris celui de Maisons-Rouges, seraient détruits. Partout, les zones d'épandage du fleuve et de ses affluents seraient protégées et restaurées. Le château de Chambord deviendrait le cœur d'un projet de valorisation culturelle et historique du fleuve. La salmoniculture du Haut-Allier serait établie. Enfin, partout où des risques existent, des protections nouvelles et spécifiques des villages ou des habitations seraient construites.

Pour accompagner ce plan, un comité de suivi se réunit régulièrement depuis trente ans avec les élus, les administrations de l'État et les associations.

C'était la première fois, et heureusement pas la dernière, que j'avais l'occasion de mettre en œuvre cette méthode de dialogue et de considération au niveau national.

Nécessité du syndicalisme : des hommes et des femmes de dialogue qui forcent le respect

Christiane Lambert a présidé le syndicat agricole majoritaire, la FNSEA, pendant six ans. Elle deviendra aussi la première femme à présider le Comité européen des organisations professionnelles agricoles. Née à Saint-Flour, dans le Cantal, elle commence par exploiter seule, à Massiac, quelques hectares avec un troupeau de vaches laitières et une dizaine de truies. Ensuite, elle s'installe avec son mari en Maine-et-Loire pour gérer un élevage porcin familial.

Dès 1995, elle préside avec la même ténacité le Centre national des jeunes agriculteurs. À cette époque, elle m'aidera à animer dans toute la France le dialogue national pour l'Europe que j'avais lancé en tant que ministre des Affaires européennes. C'est une grande chance pour notre pays, au-delà même des agriculteurs, d'avoir de tels dirigeants professionnels agricoles.

À tous les niveaux et dans tous les territoires de France, on trouve ainsi des figures du syndicalisme agricole qui ont su jouer leur rôle, sans complaisance. Défendre le travail et les intérêts du monde agricole et des territoires ruraux, bousculer parfois les hommes et les femmes politiques locaux et les ministres. Exprimer et, souvent, canaliser des colères. Je garde en mémoire la force tranquille de Maxime Viallet dans le Beaufortain, de son épouse Élisabeth aussi. Il porta avec succès l'un des tout premiers dossiers d'« appellation d'origine contrôlée » pour protéger un fromage de qualité : le beaufort.

J'ai eu la chance de croiser plusieurs de ces grands dirigeants, dont le Vendéen Luc Guyau, qui présida notamment les chambres d'agriculture. Après lui, le Breton Jean-Michel Lemétayer et le Solognot Xavier Beulin. Dans ce territoire si attachant et si rude du Massif central, Jacques Chazalet fut aussi un de mes compagnons de route. Et aujourd'hui Arnaud Rousseau.

Ce qui me frappe en évoquant ces femmes et ces hommes que je ne peux pas tous citer, c'est la solidité de leur formation syndicale, leur compétence, et leur capacité à parler avec des mots concrets, directs. À être loyaux quand un accord est trouvé mais jamais complaisants et, enfin, leur ouverture à la nécessité de l'Europe et aux échanges avec le monde. On trouve la même qualité d'hommes et de femmes dans d'autres syndicats, je pense à Laurent Berger et, avant lui, à Edmond Maire à la CFDT.

Nous n'avons pas assez en France la culture du dialogue social, du débat public, du compromis. Combien de crises ou de grèves auraient-elles pu être évitées par le dialogue et le respect ? On a évidemment besoin d'un tel syndicalisme, fort et responsable, pour réaliser l'équilibre entre les intérêts catégoriels et le bien commun, évitant qu'une minorité menace, par exemple, de prendre en otages les Jeux olympiques de Paris 2024 comme on a pu le constater à la SNCF. C'est d'ailleurs avec cette conviction qu'en arrivant à Matignon, en septembre 2024, j'ai refusé d'avaliser et de promulguer un texte préparé par mon prédécesseur et soutenu par le président de la République sur l'assurance chômage, car j'estimais que les partenaires sociaux avaient été mis devant le « décret accompli ». Bien m'en a pris, puisque, une fois cette réforme remise entre les mains des partenaires sociaux en accord avec la ministre du Travail, Astrid Panosyan-Bouvet, ils sont parvenus quelques semaines plus tard à un accord.

Garder son calme en toutes circonstances : « Casse-toi, pauv' con »

Le président de la République Nicolas Sarkozy n'a jamais été vraiment à l'aise ni avec les paysans ni dans le monde rural. Sa visite au Salon de l'agriculture en février 2008 avait été organisée avec beaucoup de soin, avec le seul souci d'éviter tout incident.

Elle fut assez brève, comparée à celles de Jacques Chirac qui avait pour habitude d'y rester dix ou douze heures. Mais finalement, alors que nous quittions le Salon, j'étais heureux que tout se soit bien passé pour lui comme pour moi.

Tout déraille lorsqu'il regagne sa voiture autour de laquelle sont massés plusieurs groupes de visiteurs. N'écoutant que son instinct, le président décide de replonger dans la foule pour saluer les uns et les autres. À un moment, il se retourne vers moi en me disant : « Je ne vais tout de même pas me laisser faire ! »

C'est en visionnant les images tournées par *Le Parisien*, après coup, que je compris l'incident. Une personne refuse de lui serrer la main en lui disant : « Touche-moi pas, tu m'salis ! » Et Nicolas Sarkozy de lui répondre du tac au tac : « Alors casse-toi, pauv' con ! » Il reconnaîtra plus tard dans son livre *Le Temps des tempêtes*[1], paru en 2020, qu'il était tombé dans le piège comme un débutant.

Un président ne devrait pas dire ça !

---

1. Paris, Éditions de l'Observatoire.

Philippe Séguin, rupture de confiance

Dans un monde déchiré, l'Europe reste un pôle plus stable aux contours encore incertains. C'est aussi pour ce projet que je me suis engagé très tôt. Je suis devenu gaulliste en même temps qu'européen. Dès ce moment, j'ai pensé que plus on ressent la fierté de la France, plus on est européen ! Que le contraire de la liberté, c'est le manque d'intérêt. Que lorsqu'on se moque de l'Europe, on se moque de la France. J'ai eu très tôt la conviction, qui est allée en se renforçant, que la France a beaucoup à gagner dans la solidarité européenne.

J'ai été un des tout premiers députés gaullistes à dire oui au traité de Maastricht qui crée la monnaie unique européenne en 1992. Car je suis convaincu non seulement que l'Europe n'étouffe pas la grandeur de la France, mais qu'elle constitue à présent l'une des raisons de cette grandeur.

C'est avec cette conviction chevillée au corps que j'avais rejoint Philippe Séguin en 1988. Parmi les jeunes députés, Philippe était à coup sûr le plus solide d'entre nous. Pas seulement physiquement ! Il avait du tempérament, un mauvais caractère, mais une dimension qui aurait dû le conduire à la présidence de la République si Jacques Chirac lui avait fait confiance en le nommant à Matignon. Il venait du gaullisme social (tout comme François Fillon et Étienne Pinte, député de Versailles, avec lesquels nous formions le petit groupe fidèle et amical de ses lieutenants). C'est à Épinal, entre les deux tours des élections législatives de 1988 où il était en difficulté, que nous nous étions tous retrouvés à ses côtés. J'avais ce soir-là lancé à la tribune un « appel à la rénovation ». Dans la foulée, et revenus dans l'opposition, nous avions soutenu sa candidature à la présidence du groupe RPR contre Bernard Pons. Nous n'avions échoué que d'une voix.

C'est dire le déchirement qui fut le mien de rompre avec lui sur la question européenne en mars 1992. Sans en parler à aucun d'entre nous, ses plus proches compagnons, il prit position au printemps contre le traité de Maastricht. Dans une longue lettre à laquelle il n'a jamais répondu, je lui dis mon désaccord : « Je ne suis pas sur ta ligne, je ne prendrai pas la responsabilité de rompre le lien franco-allemand qui a prévalu pour la création de la monnaie unique, l'euro. Je voterai oui à la réforme constitutionnelle préalable pour le traité de Maastricht et oui au traité lui-même. » Ainsi se terminait une période de complicité et de compagnonnage.

La leçon pour moi reste qu'un homme politique doit favoriser la pluralité des convictions et des sentiments autour de lui. C'était le cas de notre équipe. Mais en même temps, un chef d'équipe doit écouter, débattre, respecter ceux qui l'entourent. Ne jamais mettre ses plus proches amis devant le fait accompli ! Il en va de la confiance. Plus récemment et dans un tout autre contexte, le Premier ministre Gabriel Attal a-t-il sans doute éprouvé la même incompréhension et la même amertume en apprenant le 9 juin 2024 la dissolution de l'Assemblée nationale sans avoir été réellement informé ou consulté par le président de la République ?

Permettre à sa majorité de respirer : la stratégie des deux piliers

Nous avions pris l'habitude d'une réunion régulière et prolongée avec Emmanuel Macron depuis son élection en mai 2017. Une fois sur deux, le secrétaire général de l'Élysée, Alexis Kohler, était à ses côtés, et le premier sujet était évidemment la négociation du Brexit dont j'avais la responsabilité et tout au long de laquelle le soutien et la confiance du président ont été sans faille.

Pourtant, en ce samedi de juin 2020, ce n'est pas du Brexit que le président de la République voulait me parler mais bien de politique française. Le bruit court depuis plusieurs mois qu'il ne s'entend plus avec Édouard Philippe, il est donc probablement à la recherche d'un nouveau Premier ministre. Suis-je à ce moment-là l'un de ceux auxquels il pense ? Franchement, je n'en sais rien. Bien sûr, il m'a dit et écrit qu'il aurait besoin de moi, et cet échange a un petit air d'entretien d'embauche.

Emmanuel Macron sait que je veux rester loyal à mon parti. Il a déjà tenté en 2019 un débauchage en échange d'un poste de commissaire européen, ce à quoi je lui avais alors répondu que « ces débauchages individuels n'apportaient rien à personne ». En réalité, je pense déjà à cette époque que sa majorité est bancale. Après des décennies de fidélité à ma famille politique, je ne me vois pas, la soixantaine passée, me transformer en jeune marcheur. Je le lui dirai ce jour-là : « Pourquoi n'as-tu pas décidé d'avoir deux pieds dans ta majorité ? Ton Premier ministre actuel vient de la droite. Tu aurais dû le missionner pour créer un pôle de centre droit. Toute majorité a besoin de respirer et de débattre avec elle-même. Pour être précis, puis-je te dire comment j'ai gagné la majorité du conseil général en Savoie en 1982, dans un département qui, sociologiquement et politiquement, ressemble beaucoup à la France ? Nous avions fait à l'époque une alliance avec un sénateur centriste très populaire et ses amis. Nous avons gagné. Pendant les dix-sept années où j'ai présidé le département, j'ai cultivé cette alliance avec un souci que tu n'imagines pas. En respectant et en encourageant l'existence de ce deuxième groupe. »

Je ne sais pas si Emmanuel Macron avait vraiment pensé à moi pour être son Premier ministre en 2020. Si c'est le cas, il en a sans doute perdu l'envie pour un certain temps après cet entretien. Ce jour-là, je lui ai sans doute dit trois choses qui ne lui ont pas plu. D'abord, comment il devrait faire ; Emmanuel Macron n'a jamais aimé ce qui ressemble à des leçons. Ensuite, cette stratégie d'une majorité à deux piliers était l'exact contraire de sa propre stratégie, obligeant amis, militants, ralliés ou débauchés à tous s'enrôler sous la même bannière, celle de son parti, En Marche. Et enfin, la stratégie des deux piliers exigeait de nommer à nouveau une femme ou un homme politique indépendant, alors qu'Emmanuel Macron cherchait sans doute davantage quelqu'un qui serait d'abord son collaborateur.

Je ne regrette pas cette conversation. Jean Castex, nommé à la surprise de beaucoup le 3 juillet 2020, fut un bon Premier ministre, capable de décider tout en restant proche des gens.

Pour ma part, dans les circonstances où se trouve la France, je reste convaincu que l'issue des prochaines élections présidentielles est soit la victoire du Rassemblement national, soit la constitution d'une coalition de la droite et des centres, précisément sur le modèle d'une majorité à deux pieds. Ma propre expérience à Matignon montre que la constitution et l'animation d'une telle coalition ne sont pas chose facile. Et pourtant, seule une telle coalition, travaillant à des compromis dynamiques, sera capable de porter l'un des siens à l'Élysée.

L'Europe, promesse de paix tenue : les origines du Good Friday Agreement

C'est en 1973 que, au même moment, la république d'Irlande et le Royaume-Uni adhèrent volontairement à l'Union européenne. Pour autant, ces deux pays partagent depuis des siècles une histoire lourde et tragique. Ils sont indépendants l'un de l'autre mais côte à côte. Et, en Irlande du Nord, se poursuit alors un conflit sanglant entre nationalistes, favorables à l'unification de l'île d'Irlande et pour la plupart catholiques, et unionistes, favorables au *statu quo*, c'est-à-dire à l'union avec la Grande-Bretagne dans le cadre du Royaume-Uni et pour la plupart protestants. Ainsi, entre 1968 et 1998, ce conflit au cœur de l'Europe provoquera la mort de 3 500 personnes, en majorité des civils, et fera plus de 50 000 blessés.

Passionné très tôt par l'histoire, j'ai toujours été ému et frappé par cette tragédie et par le destin du peuple irlandais, dont je me sens proche. Alors que dire d'une guerre entre Irlandais à la fin du XXe siècle ? Je garderai en mémoire le supplice de Bobby Sands et de ses compagnons, en grève de la faim dans la prison de Maze face à l'intransigeance de Margaret Thatcher, mais aussi la mort d'innocents dans un pub de Guildford en 1974 victimes d'un attentat commis par l'IRA[1]. Et encore la tragédie de Derry/Londonderry où 14 manifestants furent tués par la police et l'armée britanniques un dimanche, le 30 janvier 1972. Il faut lire le roman grave de Sorj Chalandon *Retour à Killybegs*, revoir *71*, de Yann Demange, ou *Hunger* de Steve McQueen. Comment ne pas être ému en écoutant « Sunday Bloody Sunday » de U2 ou « Zombie » des Cranberries ?

C'est en 1999, en devenant commissaire européen à la Politique régionale, que je reçois dans mon portefeuille la responsabilité d'un nouveau programme, PEACE, décidé une année plus tôt. Ce programme a pour ambition de faciliter les échanges, la coopération entre les communautés en Irlande du Nord, au lendemain de l'accord du Vendredi saint – le fameux Good Friday Agreement – qui scelle enfin la paix et le cessez-le-feu. Et avec mon cabinet dirigé par Christine Roger nous nous attachons très vite à la consolider.

Mon voyage en Irlande et en Irlande du Nord en 2000 est l'une des toutes premières visites de terrain de mon mandat de commissaire. J'ai le privilège d'y rencontrer à deux moments différents les deux principaux acteurs du Good Friday Agreement, signé le 10 avril 1998 : le catholique John Hume et le protestant David Trimble. Ils recevront cette année-là ensemble le prix Nobel de la paix. Tous deux me diront la même chose : « Si nous nous sommes finalement mis autour de la même table, ce n'est pas d'abord grâce à Londres, Dublin ni Belfast. C'est parce que Bruxelles, l'Union

1. Irish Republican Army.

européenne nous a accompagnés, nous y a encouragés. »

C'est évidemment avec tous ces visages, ces tragédies, ces émotions en tête que je m'engagerai en 2016 dans la difficile négociation du Brexit. C'est en Irlande et en Irlande du Nord que les conséquences de la décision britannique de quitter l'Union européenne sont les plus graves. Cette décision remet en cause l'équilibre du Good Friday Agreement.

J'ai tout cela en mémoire aussi lorsque j'ai l'honneur de m'exprimer devant l'Oireachtas, la réunion exceptionnelle des deux chambres du Parlement irlandais, à la Leinster House. C'est un privilège rare puisque, avant moi, seuls John Fitzgerald Kennedy, Ronald Reagan, Bill Clinton, Helmut Kohl, François Mitterrand et Tony Blair ont été invités à prononcer un discours dans les mêmes conditions. Cette invitation démontre clairement la gravité de la situation créée par le Brexit pour l'Irlande et la sensibilité de ce débat pour les citoyens de ce pays.

L'ambiance est protocolaire, digne, simple. J'ai l'habitude des hémicycles, celui-ci est assez familial. Les speakers des deux chambres, le Dáil Éireann et le Seanad Éireann, sont côte à côte, au centre. Le gouvernement, et à sa tête le Taoiseach[2], mon ami Enda Kenny, est sur la droite. Derrière lui, les élus de son parti, le Fine Gael ; en face, l'opposition et en particulier le Fianna Fáil et les socialistes. Mon pupitre se trouve au centre et derrière moi, à deux mètres, est assis Gerry Adams, président du Sinn Féin, devenu député

2. Nom donné au Premier ministre en Irlande.

irlandais en 2011. Il avait été l'un des fers de lance du nationalisme irlandais. Si je devais encore justifier mon engagement européen et démontrer la puissance pacifique du projet européen, c'est sans doute là, en Irlande et en Irlande du Nord, que j'irais chercher cette preuve.

Ce peuple est courageux, rude, fidèle. Je me sens bien depuis toujours dans ce pays. Le Premier ministre, le Taoiseach Leo Varadkar, a eu l'idée fugitive de m'en faire « citoyen d'honneur » un soir de match de rugby à Dublin en 2019, où nous prenions un verre avec mes deux fils en nous consolant de la défaite à la loyale du XV de France !

La paix avant tout : les larmes des femmes de Dungannon

Tout au long de la longue négociation du Brexit, je me suis aussi rendu à quatre reprises en Irlande et en Irlande du Nord. En 2018, j'ai rencontré à Dungannon une vingtaine de femmes travaillant dans le cadre d'un programme européen, le Northern Ireland Rural Women Network. Il s'agit d'un réseau de femmes issues des régions rurales d'Irlande du Nord. Protestantes ou catholiques, elles travaillent ensemble sur la « frontière » à des programmes d'insertion sociale et de protection de l'environnement.

Le lieu est banal et fonctionnel dans ce qui ressemble à une zone industrielle. Je suis là avec mon adjointe Sabine Weyand, Nina Obermaier, en charge du dossier irlandais dans mon équipe, et Colette Fitzgerald, cheffe de la représentation de la Commission européenne à Belfast. Évidemment, le fidèle Irlandais Dan Ferrie, qui s'occupe efficacement de la presse, est aussi de la partie, même si pour cette réunion-là j'ai demandé qu'il n'y ait pas de journalistes. Aucun de nous n'oubliera cette rencontre, une vraie conversation sur le fond, ni l'émotion qui monte au fil de notre dialogue jusqu'au moment où deux de ces femmes fondent en larmes. Toutes autour de la table avaient été touchées personnellement lorsqu'un fils, un père ou un cousin s'était retrouvé impliqué, parfois blessé dans ce que l'on appelle ici « la période des troubles ».

« Monsieur Barnier, me dit alors l'une de ces deux femmes, nous avons besoin de vous, il ne faut pas que cela recommence. »

Ici, en Irlande du Nord, les conséquences du Brexit ont été sous-estimées. Il ne s'agit pas de commerce, de technique ou de capitaux. Il s'agit de femmes et d'hommes dans un territoire où près de 3 500 personnes ont perdu la vie tout au long de cette véritable guerre civile. C'est ici que je trouve une preuve nouvelle des relations humaines, des dialogues singuliers, de l'émotion dont la politique est faite et nourrie. Je n'ai pas oublié ces femmes d'Irlande du Nord. Pour tout dire, ma conviction s'est renforcée : les responsables du Brexit et les dirigeants britanniques de l'époque ont fait passer le cynisme, l'opportunisme et l'idéologie avant la paix.

De l'émotion en politique : ce qui lie une nation

Ma petite maman chérie,
Mon tout petit frère adoré,
Mon petit papa aimé,

Je vais mourir ! Ce que je vous demande, à toi en particulier petite maman, c'est d'être très courageuse. Je le suis et je veux l'être autant que tous ceux qui sont passés avant moi. Certes, j'aurais voulu vivre, mais ce que je veux de tout cœur, c'est que ma mort serve à quelque chose…

J'ai seize ans, lycéen à Albertville, quand je lis ces mots de la lettre d'adieu de Guy Môquet. Les larmes montent, j'ai la gorge serrée en imaginant le courage de celui qui est mort à mon âge, exécuté par les nazis le 22 octobre 1941 à Châteaubriant. Je suis un enfant de l'après-guerre, je découvre le sacrifice de ces jeunes morts pour la France.

Il m'oblige, nous oblige à un devoir de mémoire, de vigilance.

J'ai toujours pensé qu'on ne pouvait faire de politique sans émotion. Comment créer sans ressentir ? Comment imaginer le lendemain sans remords, regret ou fierté d'hier ?

C'est l'émotion qui est matrice de toute action politique.

Alors, le 21 février 2024, comme à Albertville des années plus tôt, je ressens la même émotion, infinie, lors de la panthéonisation de Missak et Mélinée Manouchian. Je dois le dire, je verse quelques larmes dans le froid de l'hiver tant la voix d'Arthur Teboul chantant Aragon me prend aux tripes.

Une fois encore, comment ne pas rendre hommage au courage de ces 23 étrangers, « et nos frères pourtant », morts pour la France ?

Entre ces deux moments, assez éloignés dans ma vie, il y a eu à coup sûr d'autres moments d'émotion liés à des aspects tragiques de notre histoire et à l'image d'hommes et de femmes morts pour des valeurs, pour des principes.

J'ai en mémoire le cercueil ouvert où repose le jeune prêtre Jerzy Popieluszko, assassiné en 1984 par les nervis du régime communiste. Et l'infinie douleur de sa mère qui se penche pour lui dire adieu !

J'ai en mémoire la formidable chaîne humaine du 23 août 1989, où des centaines de milliers de Baltes se tiennent par la main sur 687 km entre Tallinn, Riga et Vilnius avant d'obtenir enfin leur liberté, leur indépendance.

J'ai en mémoire l'émotion provoquée par Mstislav Rostropovitch le 11 novembre 1989 jouant la *Sarabande* de Bach devant le mur de Berlin enfin tombé.

J'ai en mémoire encore ma visite silencieuse du kibboutz martyr de Be'eri, à quelques centaines de mètres de Gaza, en février 2024. Ce jour-là, des frères et des parents de survivants nous ont raconté le martyre de leurs proches massacrés ou enlevés par les terroristes du Hamas que d'aucuns qualifient de libérateurs.

Mais j'ai en mémoire aussi d'autres moments, moins tragiques et même heureux, où l'émotion a gagné notre peuple en le rassemblant.

Évidemment les victoires de notre équipe de France lors des Coupes du monde de football en 1998 et, vingt ans plus tard, en 2018.

J'ai en mémoire cette quinzaine olympique d'août 2024, le sourire éclatant si simple et si communicatif du nageur Léon Marchand après son quatrième sacre, la rage de vaincre de Teddy Riner, les larmes de joie de Cassandre Beaugrand sur le pont Alexandre-III.

J'ai aussi en mémoire l'émotion de tant d'athlètes paralympiques qui, quelques semaines plus tard, prouvent que tout est possible…

L'émotion, c'est enfin et d'abord celle que je ressens si souvent, sans trouver toujours les mots pour le dire, comme père ou grand-père. Celle que nous recherchons si souvent, mon épouse Isabelle et moi-même, en réunissant nos enfants et nos petits-enfants dans les montagnes de Savoie ou dans les forêts de Sologne.

On ne fait pas le bien pour la France sans écouter les Français

Matignon est à coup sûr le lieu du pouvoir. Le pouvoir d'agir, de faire. Comme une tour de contrôle et d'impulsion. C'est là et nulle part ailleurs que se donnent des consignes, que se coordonnent les initiatives pour l'ensemble des services de l'État. C'est le lieu du gouvernement.

Autant dire que c'est aussi là que remontent toutes les difficultés, tous les arbitrages. Bref, « un emmerdement toutes les dix minutes », comme me l'a dit un jour un de mes prédécesseurs.

Et pourtant je ne connais aucun Premier ministre qui n'ait été passionné et fier de servir la France à ce poste.

En arrivant à Matignon, j'ai plusieurs convictions.

La première, c'est que les Français attendent qu'on leur dise la vérité, qu'on les respecte. La vérité sur la dette financière qui s'accumule, la vérité sur les efforts qu'il faut fournir ensemble. La vérité sur les fractures de notre société, les injustices parfois, souvent le manque d'efficacité des pouvoirs publics.

Dire la vérité, c'est prendre le risque d'être impopulaire. Je préfère cela que de prendre le risque d'être irresponsable. Apolline de Malherbe, m'interrogeant sur RMC le 15 avril 2025, m'a d'ailleurs demandé si dire la vérité aux Français était bien utile, puisque cela m'avait coûté mon poste. Mais le pouvoir pour le pouvoir ne m'a jamais intéressé. C'est en énonçant ces vérités, si graves soient-elles, que l'on arrivera peut-être à recréer du lien, de la confiance, entre les dirigeants politiques et les citoyens.

La deuxième, c'est qu'il faut remettre le pays en mouvement. C'est ce mouvement qui permet à un pays de regarder vers l'avant, d'innover, de créer du progrès, de la fierté.

La troisième, c'est qu'il nous faudra des efforts pour répondre à tant de défis : guerre, insécurité, pression migratoire, menace climatique, fracture territoriale et déserts médicaux, révolution technologique et numérique, décrochage scolaire.

Face à tous ces défis dont beaucoup se situent au niveau européen ou international, il me fallait être à la fois déterminé et humble. Il ne s'agissait pas de construire de grandes cathédrales législatives, mais simplement de montrer que des avancées étaient possibles pour répondre à certains enjeux dans l'intérêt des Français.

Voilà comment je me suis attelé dès le mois de novembre avec mes équipes, et en sollicitant les membres de mon gouvernement, à bâtir un plan qui devait être aussi concret que possible à l'horizon des trois années suivantes. Au début de ce travail de défrichage dont j'ai informé les présidents de groupes, Marie-Claire Carrère-Gée, ministre de la Coordination gouvernementale, me suggère de partir des cahiers de doléances rédigés pendant la crise des

Gilets jaunes de 2018 et archivés depuis dans les caves des préfectures.

En anglais, on dirait du *data mining* !

La tâche était immense. Car le grand débat national organisé pour sortir de la crise dans laquelle notre pays se trouvait avait donné lieu à une multitude de contributions aux formats variés. Cahiers citoyens, questionnaires en ligne, contributions individuelles, réunions locales, conférences citoyennes régionales ou nationales…

Au total, près de 2 millions de contributions sur la plate-forme en ligne et 500 000 dans les mairies et dans les préfectures.

Sans doute a-t-il fallu cette crise, très grave, pour que les citoyens soient appelés à donner leur avis pour la première fois à cette échelle et en profondeur.

D'un simple point de vue démocratique, comment accepter qu'un tel effort collectif ait été enterré et oublié ? À coup sûr, ce manque de considération, cette désinvolture envers les citoyens est une partie du problème de notre pays.

Je sais que le gouvernement de François Bayrou, qui m'a succédé, a le souci de rattraper le temps perdu et de poursuivre le travail que le mien avait engagé pour analyser ces doléances. Ce qui me frappe en lisant les premières conclusions de ce grand débat, c'est cette expression qui revient si souvent, celle du « pouvoir de vivre », qui englobe à la fois la question du pouvoir d'achat et celle de l'accès aux soins et aux services publics. C'est pourquoi j'ai souhaité utiliser ces contributions parfois timides ou anonymes.

Tout ce travail de plongée dans les doléances et propositions des Français, accompli en quelques semaines seulement, a confirmé l'impression qui était la mienne depuis cinq ans : celle de l'immense gâchis d'une belle idée, la seule qui vaille : on ne fait pas le bien pour la France sans écouter les Français.

Et même si le temps nous a manqué pour aller au fond de cette exploration, plusieurs des projets que nous avons alors élaborés dans ce plan d'action à trois ans répondaient aux exigences, aux demandes et aux espoirs des cahiers de doléances.

D'abord l'exigence de débureaucratiser, de simplifier, de décentraliser. Trop de normes, trop de règles, trop de structures empêchent l'initiative, minent la confiance, ralentissent l'action.

À ces normes nationales s'ajoute une inflation de normes européennes. La présidente de la Commission européenne, Ursula von der Leyen, elle-même responsable de beaucoup de ces normes durant son premier mandat sous la contrainte d'une idéologie verte, se trouve désormais dans le même effort de simplification. Les dirigeants allemands dont elle est proche ne se sont pas privés de l'y encourager.

Ensuite, la nécessité de soutenir l'innovation et la réindustrialisation. L'un de mes projets dans ce domaine était de créer un livret d'épargne industrie garantie pour encourager les épargnants français à placer leur argent plus directement dans tout ce qui concourt à l'innovation, aux nouvelles technologies, à l'industrie et à la défense.

Et puis, il nous faut repenser la politique migratoire à l'échelle nationale et européenne sans tabou, en privilégiant toujours le pragmatisme à l'idéologie. Ce fut le sens d'un de mes premiers déplacements à la frontière franco-italienne. La lutte contre l'immigration clandestine, le démantèlement des filières d'exploitation criminelle de la misère humaine, la réelle application des mesures d'expulsion, indispensable condition à un accueil plus efficace et plus décent de ceux qui ont obtenu le droit d'intégrer notre pays, autant de chantiers trop longtemps paralysés par des affrontements politiques stériles.

Surtout, un quatrième chantier : promouvoir le mérite et le travail. Dès ma déclaration de politique générale le 2 octobre, j'annonçais la mise en place d'une allocation de solidarité unique. Il s'agissait bien sûr de simplifier les canaux de distribution de ces aides, de lutter contre les fraudes que certains cumulent, mais aussi d'assurer une différence suffisante entre le SMIC et toute combinaison de prestations pour encourager à la reprise d'un emploi, et pour que le travail paie davantage que les prestations sociales. Évidemment, l'allocation aux adultes handicapés n'était pas concernée par ce projet.

Autre chantier majeur : relancer le dialogue social dans notre pays. La ministre du Travail et moi avions pris le temps de recevoir et d'écouter dès le mois de septembre toutes les organisations syndicales et professionnelles. Chacun a alors compris que nous n'allions pas rouvrir le débat si conflictuel de la loi sur les retraites. Ni sur l'âge de soixante-quatre ans, ni sur la durée de cotisation. L'intérêt du pays et du financement du système par répartition exige au moins cette durée supplémentaire du travail. En revanche, le dialogue social a été réengagé sincèrement sur l'allocation de chômage, et il a abouti. Il peut l'être sur les retraites progressives, sur la prise en compte de la pénibilité, sur la suppression de certains régimes particuliers, ou encore sur les retraites des mères de famille.

Encouragés par la ministre du Logement, Valérie Létard, nous avons aussi voulu répondre à une préoccupation majeure des Français et stopper la dépression profonde du secteur du bâtiment. C'est le sens de l'extension généralisée du prêt à taux zéro, des aides au logement social : encourager l'accès à la propriété, la transmission.

Sur la justice encore et la chaîne pénale qui ne fonctionne pas, un autre chantier prioritaire avait été lancé, mené par le ministre de l'Intérieur, Bruno Retailleau, et par le garde des Sceaux, Didier Migaud. Je comprends l'exaspération des Français face au sentiment d'impunité des délinquants. Renforcement de la présence policière sur la voie publique, réduction des délais de jugement par un accroissement du nombre de juges et de personnels de justice et, pour les délinquants les plus dangereux, mise en place d'un Parquet national anticriminalité.

D'autres grands projets étaient lancés : évidemment la grande cause nationale de la santé mentale, l'aide au bénévolat, la réduction de 10 % des opérateurs de l'État, la préparation des Jeux olympiques d'hiver de 2030 dans les Alpes françaises, à laquelle je m'attelle désormais.

Penser la France de demain, c'est aussi penser sa grandeur, son influence dans le monde, à commencer par l'Europe. C'est pourquoi nous avions dessiné les traits de ce que devrait être la stratégie de la France dans les arcanes européens. Pour que nous retrouvions notre place.

J'ai appris, pendant quinze années à Bruxelles, que l'influence de la France ne tombe pas du ciel ou de l'histoire. Il faut la cultiver chaque jour, à chaque endroit et à tous les niveaux. Ainsi ma première recommandation aux nouveaux ministres de mon gouvernement aura été d'être présents de jour en jour au Conseil des ministres européens dans leur secteur. « Si vous voulez croiser le regard du ministre polonais quand vous parlez, il doit croiser le vôtre quand il parle ! »

Et puis, on le voit bien dans les temps graves et incertains où nous sommes, L'Europe doit être forte et unie. L'un de nos meilleurs ambassadeurs, François Delattre, aujourd'hui à Berlin, rappelait cette phrase de Golda Meir, alors Première ministre d'Israël : « On nous pardonnera beaucoup de choses mais pas une : la faiblesse. » Cet avertissement s'applique aujourd'hui à l'Europe.

Chacun est nécessaire : messe d'intronisation de Benoît XVI

Rarement il m'a été donné d'entendre quatre mots qui, une fois assemblés, aient une telle force.

Sur le parvis de la basilique Saint-Pierre de Rome, le 24 avril 2005, c'est une cérémonie solennelle et populaire à la fois que la messe d'intronisation du nouveau pape Benoît XVI. Alors ministre des Affaires étrangères de la France, je représente le gouvernement de la « fille aînée de l'Église » et Isabelle, mon épouse, partage avec moi ce moment émouvant et unique pour tout catholique.

Dans son homélie, cet homme, qui est d'abord théologien, prononce ces quelques mots que je n'ai pas oubliés et qui résonnent comme un devoir et un appel : « Chacun de nous est voulu, chacun est aimé, chacun est nécessaire. » J'ai souvent utilisé ces quelques mots en les déclinant, sans qu'ils aient la même force : chaque citoyen, chaque entreprise, chaque territoire est nécessaire.

Au fond de moi, je pense depuis toujours que chaque personne a un rôle à jouer, une valeur ajoutée, une utilité pour la société et une place à tenir. Je pense que chaque personne, pour cela, doit être respectée et considérée.

Chapitre 2

Le sectarisme est une preuve de faiblesse

« Ne composez jamais avec l'extrémisme, le racisme,
l'antisémitisme ou le rejet de l'autre. Dans notre histoire,
l'extrémisme a déjà failli nous conduire à l'abîme.
C'est un poison, il divise, il pervertit, il détruit.
Tout dans l'âme de la France dit non à l'extrémisme. »[1]

Jacques Chirac

---

1. Allocution radiotélévisée du président de la République, prononcée le dimanche 11 mars 2007.

S'ouvrir au monde : premier voyage aux États-Unis

Les services de l'ambassade des États-Unis n'ont pas perdu de temps. Dans l'année qui a suivi ma toute première élection à l'Assemblée nationale en 1978, un des conseillers de l'ambassadeur américain à Paris me demanda un rendez-vous. « Vous avez été choisi parmi d'autres jeunes responsables français, journalistes, parlementaires, entrepreneurs, pour faire partie du Young Visitors Program géré depuis Washington par le département d'État. »

Ce programme est en fait un dispositif lourd, bien huilé et extrêmement efficace au service de l'influence des États-Unis dans le monde. Chaque année, plusieurs centaines de jeunes responsables dans leur propre pays sont évalués au regard de leur potentiel pour l'avenir et invités à visiter les États-Unis dans des conditions idéales. Six semaines au maximum tous frais payés, accompagné d'un guide si on le souhaite, et surtout une liberté totale de choisir où l'on veut aller, qui l'on veut rencontrer et les thèmes que l'on veut approfondir.

Je souhaitais à l'époque mieux comprendre les ressorts du marketing politique américain et rencontrer les grandes agences impliquées dans les campagnes électorales. J'avais le rêve d'approcher la famille Kennedy, dix-huit ans après l'assassinat de John Fitzgerald Kennedy. Je désirais visiter un site réputé de sports d'hiver, Salt Lake City dans l'Utah, et j'avais l'envie de découvrir la côte ouest, San Francisco et Los Angeles. Tout cela était possible, et c'est ainsi que, durant l'été 1981, plus serein après ma réélection à l'Assemblée nationale malgré la vague socialiste, je m'envolais pour les États-Unis. Mon souci avait été aussi que mon programme me permette de passer par Berkeley, en Californie, pour y retrouver Isabelle, rencontrée quelques semaines plus tôt et que j'épouserais à la fin de la même année !

De là date sans doute la passion que j'ai pour les États-Unis et ce goût d'y retourner aussi souvent que possible, en dépit des faiblesses et des faillites de leur modèle social, de leurs divisions, et d'une forme de brutalité de leur société. À chacun de mes séjours depuis cette première visite, j'ai reçu un bol d'oxygène, d'ouverture au monde, de volontarisme, de stimulation. Dans ce pays du grand écart, tout paraît possible. L'échec n'y est pas une fatalité mais plutôt une occasion pour rebondir. Et puis il y a, comme on le voit en particulier dans la Silicon Valley, cette incroyable mobilité des idées, avant même celle des femmes et des hommes. Il faut souhaiter que Donald Trump ne fasse pas imploser la société américaine.

En construisant une famille avec Isabelle, j'ai voulu transmettre ce goût du monde et dire à nos enfants de rester curieux des gens et des choses, de ne jamais être blasés, de découvrir les autres cultures. La faiblesse de beaucoup d'entre nous, et notamment parmi les acteurs de la vie politique française, est d'avoir une vision trop hexagonale de la France.

Faire moins pour faire mieux

Quand on arrive au pouvoir, il faut avoir les idées claires et agir vite. En 1981, François Mitterrand, nouvellement élu président de la République, avait les idées claires, au moins sur quelques grands sujets. La décentralisation en faisait partie. Dès son arrivée à l'Élysée, le président charge son ministre de l'Intérieur, Gaston Defferre, de rédiger ce qui sera sans doute la deuxième plus grande loi de son septennat, après l'abolition de la peine de mort portée par Robert Badinter.

Defferre met en place une jeune équipe de sous-préfets, animée par Éric Giuily. Dans cette équipe se trouve un jeune et brillant fonctionnaire, Claude Faure, ancien stagiaire de l'ENA à Chambéry et qui deviendra mon directeur général au département de la Savoie. La loi sera votée à l'été, à marche forcée et malgré l'opposition farouche de mon propre parti.

Pour ma part, je reconnais d'emblée que cette loi crée un progrès. En effet, elle transforme alors tous les conseils généraux en assemblées exécutives. Le département de la Savoie, dont je deviendrai président un an plus tard, reçoit des compétences nouvelles avec les fonctionnaires qui en ont la charge. Toutes concernent la vie quotidienne des citoyens : routes, action sociale, collèges… C'est aussi grâce à cette loi que j'aurai les moyens, comme président de département, de soutenir la candidature des Jeux olympiques sans avoir à demander la permission au préfet. Les Jeux d'Albertville doivent donc beaucoup à Gaston Defferre !

Au total et quelles qu'aient été certaines erreurs ici et là, je sais bien que la France se porterait mieux avec davantage de confiance dans les territoires et si tous les problèmes ne remontaient pas tout en haut et si le haut ne cherchait pas continuellement à imposer ses solutions.

L'État, de son côté, ferait mieux s'il faisait moins.

Quand l'opposition est constructive : le soutien de Louis Besson à la candidature d'Albertville

L'élection d'un nouveau conseil général en Savoie en mars 1982 résonna comme un coup de tonnerre. Nous avions formé avec le sénateur centriste Jean Blanc un mouvement particulier pour cette campagne, « L'union pour la Savoie », regroupant les gaullistes, les centristes, les indépendants. Notre adversaire était le Parti socialiste qui gérait le département depuis six ans avec l'appui des communistes et à sa tête un député respecté, chrétien de gauche, Louis Besson. Il était très attaché à cette présidence et animait l'assemblée départementale avec une sorte de tolérance qui est toujours la bienvenue en Savoie. Les gens l'aimaient bien. C'est davantage nous qui avons été élus – plutôt que lui battu !

Nous avions fait campagne pour un projet avec cette nouvelle équipe et non contre la majorité sortante. Je fus élu le vendredi 26 mars avec deux voix de majorité. Une nouvelle époque commençait alors, et c'était le temps de la décentralisation. Le département, qui compte désormais 600 agents, s'organise et François Lépine prend avec autorité la direction des services. Paul Mourier, aujourd'hui préfet de région, anime efficacement le cabinet.

Louis Besson fut très meurtri par cette défaite. Quelques mois plus tard, je lui demandai rendez-vous et il me reçut, un peu surpris, dans le bureau de sa mairie de Barby, à côté de Chambéry.

— Louis, je viens vous poser une question de confiance, même si je sais que la situation est difficile pour vous. Claude Collard, le président du Comité national olympique et sportif français, est venu me voir en m'encourageant à présenter une candidature de la Savoie et des Trois Vallées pour les Jeux olympiques de 1992. Il nous soutiendra. Je sais aussi que le mouvement sportif savoyard et son président, Jean Brunier, ont toujours été favorables à cette idée. Je veux savoir ce que vous en pensez et, si nous engageons cette candidature, je veux savoir si vous la soutiendrez. Il faut évidemment qu'elle intéresse toute la Savoie, d'une manière ou d'une autre. On ne peut se permettre de querelle politique sur une telle idée. Mais si vous vous y opposez, alors je ne présenterai pas cette candidature.

Louis Besson n'hésita pas :

— Sur ce sujet-là, je vous aiderai !

Et c'est ainsi que, pendant dix ans, les années de candidature puis celles d'organisation, il nous apporta son appui, au contraire de quelques-uns de ses amis socialistes. Le jour où nous avons obtenu l'organisation des Jeux olympiques, le 17 octobre 1986 à Lausanne, il était à nos côtés sur les photos. Dans mon tout dernier discours au conseil général de la Savoie, en septembre 1999, longtemps après, c'est à cette rencontre décisive à la mairie de Barby que je pensais en lui rendant hommage et en le remerciant.

Il y a ainsi des projets d'intelligence nationale ou des moments qui appellent au dépassement et au travail en commun. C'est aussi pourquoi, en décembre 2024, j'ai été déçu – sans en être surpris – que les élus socialistes, à commencer par François Hollande, mêlent leurs voix à celles de l'extrême gauche et de l'extrême droite pour faire tomber mon gouvernement à un moment où notre pays avait tant besoin d'unité et de stabilité.

Quand les mots du poète suffisent : Georges Pompidou sur l'affaire Gabrielle Russier

Le 22 septembre 1969, Georges Pompidou, alors président de la République, s'apprête à conclure une conférence de presse consacrée en grande partie aux problèmes monétaires. Un journaliste qu'il connaît bien, Jean-Michel Royer, rédacteur en chef de Radio Monte-Carlo, l'interroge alors sur un sujet inattendu : l'affaire Gabrielle Russier.

Quelques jours plus tôt, cette professeure de lettres s'était suicidée pour être tombée amoureuse d'un de ses élèves de seconde, mettant ainsi un terme à une souffrance, à une polémique hors de proportions. Le président de la République, après un long silence, évoque ce drame et déclare simplement : « "Moi, mon remords, ce fut la victime raisonnable au regard d'enfant perdu, celle qui ressemble aux morts, qui sont morts pour être aimés." C'est de l'Éluard. Merci, mesdames et messieurs. »

Ce jour-là, en écoutant la réponse de Georges Pompidou, j'ai simplement été fier d'être l'un de ses militants et de le soutenir. Ce poème, dont le président avait assemblé des extraits, et avec quelle force, figure d'ailleurs dans son *Anthologie de la poésie française*. Paul Éluard l'a écrit dans les heures graves de la Libération :

« En ce temps-là, pour ne pas châtier les coupables, on maltraitait des filles, on allait même jusqu'à les tondre[1]. »

J'ai été bien des années après, cinquante ans pour être exact, très touché que mon fils aîné Nicolas m'interroge un jour sur cette conférence de presse de Georges Pompidou. Il était tombé sur cet extrait à la faveur d'une rediffusion de l'INA et avait éprouvé la même émotion.

Dans un remarquable essai qu'il consacre à Georges Pompidou, le jeune diplomate et avocat Jérémie Gallon écrit : « J'assume de lever les yeux vers des êtres qui, parce qu'ils me dépassent, me permettent de grandir. À une société du nivellement par le bas, je préférerais toujours une civilisation de l'admiration lucide[2]. » C'est exactement cette admiration lucide que j'éprouve très tôt à l'égard de Georges Pompidou et, évidemment, du général de Gaulle ou plus tard à l'égard de Nelson Mandela ou de Simone Veil.

---

1. « Comprenne qui voudra », *Au rendez-vous allemand*, Les Éditions de Minuit, 1945.

2. *Georges Pompidou, l'intemporel*, Gallimard, 2025.

La démocratie, c'est se parler : François Mitterrand au conseil général de la Savoie

Le 17 juillet 1984, François Mitterrand donne à la France le plus jeune Premier ministre de son histoire républicaine. Laurent Fabius a trente-sept ans. Le journal *Libération* souligne sa complicité avec le président de la République par cette une : « Mitterrand Premier ministre ! » Quarante ans plus tard, le même journal fera la même une – « Macron Premier ministre » – au lendemain de la nomination d'un Premier ministre encore plus jeune, Gabriel Attal, trente-trois ans...

Mais en cet été 1984, je prends au mot le nouveau pouvoir qui place son action sous le signe de la « décrispation » et j'écris au président de la République une lettre d'invitation à assister à une séance extraordinaire du conseil général de la Savoie. À ma connaissance, jamais, depuis 1958, un chef d'État ne s'est rendu dans une assemblée locale présidée par un élu de l'opposition !

Les raisons de cette invitation sont nombreuses et la principale est de présenter à François Mitterrand le dossier de la candidature du département à l'organisation des Jeux olympiques de 1992. La décision du CIO est attendue pour octobre 1986, deux ans plus tard, et nous sommes en pleine campagne face à six autres villes.

Je sais que cette invitation va bousculer les habitudes. D'abord au Parti socialiste, informé quelque temps plus tard de l'intention du président de la République de répondre favorablement à mon invitation. Les responsables du PS, en Savoie et ailleurs, « grimperont aux rideaux » et chercheront à empêcher cette visite. Mais aussi dans mon propre camp puisque le secrétaire général du RPR, Bernard Pons, me traitera de « collaborateur ». Rien de moins !

Cette visite aura finalement lieu le 6 septembre 1984 et sera suivie par des dizaines de journalistes. Elle fera aussi la une de *Libération*. Cette journée est pour moi l'occasion, sans rien renier de mes convictions et sans aucune compromission, de montrer l'archaïsme du débat politique et le sectarisme qui le sous-tend. Je plaide alors, en réponse aux critiques, pour un débat politique civilisé. Il faut pouvoir discuter loyalement avec ses adversaires, sans compromis ni faiblesses. C'est ce sectarisme et parfois cette violence politique, en même temps que les promesses non tenues, qui nourrissent les extrêmes ou les poussées antiparlementaires.

De l'importance des instituteurs : de Camus à Samuel Paty

Tant d'entre nous ont le souvenir d'un instituteur ou d'un professeur, ces acteurs et défenseurs de l'école républicaine qui fait depuis si longtemps l'honneur de notre pays. À l'école primaire, mon instituteur s'appelait M. Bogeat. Il était de cette trempe-là, comme son épouse, elle aussi institutrice. Comme ma propre grand-mère, Aimée Duffaut, institutrice. Après avoir fait ses études à l'école normale d'instituteurs d'Albertville, elle était revenue dans son pays de Chamoux, à la porte de la vallée de la Maurienne, et fut un certain nombre d'années institutrice à Épierre, en bas de la vallée.

Fille d'agriculteurs installés dans le village de Bourgneuf, elle était passionnément laïque, républicaine, dreyfusarde. Je crois que, tout au long de sa vie, elle n'est jamais allée au-delà de Grenoble ou de Lyon. Elle se tenait droite et c'est elle qui, la première, m'a dit de toujours me tenir droit !

Quand j'entrai à l'école maternelle puis à l'école primaire du Val-des-Roses, à Albertville, le couple d'instituteurs formé par M. et Mme Bogeat me marqua d'une empreinte durable.

En janvier 1989, au décès de M. Bogeat, j'ai naturellement écrit à son épouse, qui m'avait elle-même accueilli en première année d'école maternelle. J'ai retrouvé la lettre qu'elle m'adressa en retour :

Le petit garçon en culottes courtes plein de vivacité et de cœur qui parfois me réservait son dessert ou autre fantaisie (tu vois, je n'ai rien oublié...) est devenu un « grand homme » dont l'ardeur et la bonté n'ont fait que croître. Si tous les hommes politiques possédaient ta tolérance, ton tact et ton amour du travail utile, ils ne s'entredéchireraient pas et la France serait mieux gouvernée. Tes parents peuvent être fiers de toi.

Ces quelques mots qu'une vieille dame m'adressait ainsi restent une des plus belles lettres que j'aie reçues. Chaque ligne est tracée et chaque mot est écrit de manière soigneuse, presque scolaire, comme elle savait si bien nous l'enseigner.

Un peu plus tard, au lycée Jean-Moulin d'Albertville, notre professeur d'histoire-géographie s'appelait Pierre Chapoutot. Passionné d'histoire tout autant que d'alpinisme, il savait créer une complicité avec ses élèves. En 1965, en classe de troisième, je décidai de m'engager pour soutenir la candidature du général de Gaulle à l'élection présidentielle de décembre. J'avais alors quatorze ans et la toute petite équipe du parti gaulliste d'Albertville ne savait pas bien quoi faire d'un si jeune militant. Je fus évidemment affecté à l'équipe de collage des affiches. À plusieurs reprises, je me retrouvai ainsi, la nuit, face à face avec mon professeur d'histoire qui collait au même moment les affiches de François Mitterrand.

Souvent, au lendemain de ces nuits passées dans le froid et imprégné de la colle gelée de nos affiches, je le retrouvais en classe comme si de rien n'était. Souvent aussi, il me notait 17 ou 18 à mes devoirs. L'histoire-géographie était alors vraiment la seule matière qui me motivait ! Le général de Gaulle, sans doute trop sûr de lui-même, fut mis en ballottage cette année-là par François Mitterrand. J'imagine que le coup fut rude pour lui, mais il fit campagne avec encore plus d'ardeur entre les deux tours, notamment durant ses dialogues directs et populaires avec Michel Droit. Cet engagement précoce restera ma principale fierté à une époque où il n'était ni facile ni fréquent d'être gaulliste. Je n'aurai vu le général de Gaulle qu'une seule fois de près : sur la place de la mairie d'Albertville, en 1960, lorsque le chef de l'État était venu participer en Savoie au centenaire du rattachement de notre province à la France.

Je garde de cette époque la figure joviale, intègre, ouverte de ce professeur d'histoire qui apprenait et transmettait si bien à ses élèves. Et qui les respectait. De Pierre Chapoutot à Samuel Paty ou Dominique Bernard, tous deux victimes de l'islamisme radical, il faut saluer cette lignée de professeurs qui, partout en France, perpétuent, parfois au risque de leur vie, l'esprit des Lumières, de la laïcité et de la République. Tous méritent pour eux-mêmes ces mots qu'Albert Camus adressait dans une lettre à son instituteur, M. Germain, peu après avoir reçu le prix Nobel de littérature :

Cher Monsieur Germain,

J'ai laissé s'éteindre un peu le bruit qui m'a entouré tous ces jours-ci avant de venir vous parler un peu de tout mon cœur. On vient de me faire un bien trop grand honneur, que je n'ai ni recherché ni sollicité. Mais quand j'ai appris la nouvelle, ma première pensée, après ma mère, a été pour vous. Sans vous, sans cette main affectueuse que vous avez tendue au petit enfant pauvre que j'étais, sans votre enseignement, et votre exemple, rien de tout cela ne serait arrivé. Je ne me fais pas un monde de cette sorte d'honneur, mais celui-là est du moins une occasion pour vous dire ce que vous avez été, et êtes toujours pour moi, et pour vous assurer que vos efforts, votre travail et le cœur généreux que vous y mettiez sont toujours vivants chez un de vos petits écoliers qui, malgré l'âge, n'a pas cessé d'être votre reconnaissant élève. Je vous embrasse de toutes mes forces.

Quand François Mitterrand a un problème avec de Gaulle

Des révélations sur le passé de François Mitterrand pendant l'Occupation ont commencé à surgir à partir de 1985. Le manque de pudeur, l'opportunisme d'un certain nombre de dirigeants socialistes m'ont d'abord choqué. Dieu que la politique est laide parfois ! Pour ceux qui n'ignoraient rien et qui, tout au long de ces quatorze années, ont demandé et obtenu postes, honneurs et récompenses, la dignité commandait le silence.

Sur le fond, la réponse que je retiens est celle d'Édouard Balladur : « Le régime de Vichy était mauvais dès le début ! » Certains l'ont servi, d'autres l'ont subi ou supporté, quelques-uns l'ont rejeté, c'est tout ! J'appartiens à ce pays de montagnes qui a donné tant de ses filles et de ses fils à la Résistance, aux maquis et aux camps.

Depuis ma première élection, les minutes de silence et de fidélité devant les monuments aux morts sont des minutes sacrées. Seront-elles suffisantes pour empêcher l'oubli, pour éviter que la mémoire s'effrite ou, pis, que l'Histoire soit réécrite ?

François Mitterrand, à qui Franz-Olivier Giesbert demandait pourquoi le nom du général de Gaulle n'avait pas été cité dans son discours du 6 juin sur les plages de Normandie, répondit : « Je le cite quand je le dois. » Difficile d'être plus sobre ! Comment alors ne pas craindre, c'était notre cas avec Charles Pasqua, que l'intention soit de nier l'acte fondateur du 18 Juin, auquel la France doit sa place au rang des vainqueurs ?

Le problème de François Mitterrand, depuis le début, c'est donc de Gaulle. J'ai repensé à la vive réplique que me fit le président de la République à Chambéry devant le conseil général de la Savoie, le 6 septembre 1984 : « Vous avez dit pour conclure, et c'était pour vous un sujet de légitime orgueil que je ne vous contesterai pas, que vous aviez commencé votre vie politique et votre engagement derrière le général de Gaulle. J'ai envie de me servir de cet exemple en vous disant : "Eh bien moi, je ne dirais pas derrière, mais avec !" Une toute petite nuance, c'est que moi, c'était en 1941, ce qui explique parfaitement notre différence d'âge, mais disons que, à qualité égale, être avec le général de Gaulle en 1941 avait pour le moins la même valeur qu'être derrière le général de Gaulle en 1960. Nous sommes donc à égalité à la fois pour nous réclamer de grands exemples et d'une grande histoire. Et il ne me déplaît pas que le jeune président du conseil général de la Savoie se réclame, même si je ne partage pas ses conceptions, et si je n'ai pas non plus partagé celles de l'homme qu'il invoque, se réclame d'une grande histoire. »

François Mitterrand ne s'arrêta pas là et conclut son allocution par ces mots : « Il m'importe que moi, président de la République, non seulement je me réclame aussi d'une grande histoire qui est aussi celle de la France, mais que je prenne en compte, parce que c'est mon devoir devant les Français, *toutes* les histoires de la France qui n'en font qu'une. »

Toutes les histoires de la France...

Ainsi François Mitterrand n'hésite-t-il pas devant le conseil général de la Savoie, devant les Français, à revendiquer son engagement « avec » le général de Gaulle en 1941... ce n'est que plusieurs années plus tard que la polémique surgit et s'amplifia. Et que l'on retrouva la photographie prise le 15 octobre 1942 de François Mitterrand accueilli à Vichy par Pétain. Ainsi, même un président peut être rattrapé par la vérité historique s'il a pris le risque de trop d'accommodements...

« Tu ne m'empêcheras jamais de dire ce que je pense »

En 1977, jeune conseiller général de la Haute-Tarentaise, je me suis lancé dans la campagne législative pour reprendre le siège de la 2e circonscription au Parti socialiste. Jacques Chirac labourait alors méthodiquement la France au rythme d'une visite ou deux par jour dans chacune des circonscriptions de ses candidats. Il est ainsi venu me soutenir le 22 décembre, à Albertville. J'en avais besoin !

Cette réunion se tenait dans la salle du Val-des-Roses, une ancienne église reconvertie en salle polyvalente. Quatre cents personnes avaient répondu à mon invitation. Jacques Chirac, debout au pupitre, tint des propos très amicaux et quelque peu complaisants à mon égard, comme il était de coutume pour le candidat de son parti.

Il enchaîna sur le thème choisi par son équipe pour la journée, celui de la parité et du rôle des femmes dans la société. Au terme de son discours, invitant l'assemblée à lui poser des questions, il donna la parole à une citoyenne assise au milieu de la salle qui l'interpella brutalement : « Monsieur Chirac, les hommes politiques font souvent le contraire de ce qu'ils disent. Vous avez cru utile tout à l'heure de nous parler de la place des femmes dans la société. Or, pas plus tard qu'hier, à Paris, vous avez privé une des rares femmes députées sortantes de votre parti, Florence d'Harcourt, de son investiture au profit d'un patron de presse, Robert Hersant. Et cela pour des raisons que je préfère ne pas commenter ici. Pour qui donc nous prenez-vous, ici, au fond de la Savoie ? Pensez-vous que nous ne suivons pas ce qui se passe à Paris ? »

Chirac accusa le coup. À l'évidence, il ne s'était pas attendu à une question agressive, ici et si tôt le matin, au fond d'une vallée savoyarde. Il répondit avec son aplomb habituel à cette électrice en lui expliquant qu'elle n'avait pas bien compris ce dont elle parlait.

Furieux, il revint ensuite s'asseoir à mes côtés et me flanqua un coup de coude assez brutal.

— C'est qui, cette bonne femme ?

— C'est ma mère…

Depuis ce jour-là, Jacques Chirac m'a sans doute considéré comme un élu un peu particulier. Ma mère était une belle femme et une grande dame, très engagée dans la vie civique. Elle a beaucoup compté pour moi. À la fin de cette réunion publique, je lui ai vivement reproché son intervention, en lui disant qu'elle me portait tort. « Tu ne m'empêcheras jamais de dire ce que je pense ! »

Quelques années plus tôt, cette femme de caractère qui m'encouragea toujours à regarder autour de moi et à m'intéresser aux affaires de la « cité », comme elle le disait, m'avait fait une autre recommandation : « Michel, tu es libre de t'engager pour qui tu le souhaites. Tu verras assez vite que tu n'as pas toujours raison et que les autres n'ont pas toujours tort. Mais je t'en prie, ne sois jamais sectaire. Le sectarisme est une preuve de faiblesse. Quand on est sectaire, c'est que l'on n'est pas sûr de ses idées. »

Trois mois après la réunion avec Chirac, en mars 1978, j'avais obtenu que Simone Veil, alors ministre des Affaires sociales, et qui m'aimait bien, préside mon dernier grand meeting dans le bastion ouvrier et communiste d'Ugine.

La salle Chantecler, une salle de cinéma en amphithéâtre, accueillait ce soir-là près de 1 000 personnes, parmi lesquelles de nombreux militants hostiles du Parti socialiste ou du Parti communiste. La personnalité charismatique de Simone Veil en imposait, et tout se passa bien. Simone Veil me dit, vers onze heures du soir : « Michel, je suis fatiguée et il faut que je rentre prendre mon avion. Prenons encore une question de la salle et arrêtons. »

J'annonce alors au micro que nous allons prendre une dernière question avant de laisser Simone Veil repartir à Paris.

C'est à cet instant que j'ai vu ma mère, encore elle !, partir du haut des gradins, un papier à la main, et se diriger vers le micro disponible près de la tribune. Instruit par l'expérience de la réunion avec Jacques Chirac, j'eus alors le réflexe, que je regrette évidemment, de la stopper net dans son élan.

« Mesdames et messieurs, puisque je vois qu'il n'y a plus de questions, je voudrais remercier chaleureusement en votre nom Simone Veil pour sa venue à Ugine et le soutien personnel qu'elle m'apporte. Je vous propose de chanter *La Marseillaise.* »

Ma mère était évidemment furieuse et je lui expliquai, un peu contrit : « Je ne sais pas quelle était ta question mais, à quatre jours du premier tour, pas question de prendre le moindre risque ! »

CHAPITRE 3

La politique, c'est créer du progrès

« *En politique, il ne faut pas seulement être habile.* »

Georges Pompidou,
Le Nœud gordien[1]

1. Paris, Plon, 1974.

« C'est possible ! » Le frère Franklin Armand en Haïti, ou le pouvoir de l'action

En mai 2004, prenant le relais de Dominique de Villepin au Quai d'Orsay, je faisais mon premier voyage en Haïti. C'était la première visite là-bas d'un ministre français des Affaires étrangères en deux cents ans. Dans un pays où beaucoup parlent français ! Dans un pays aussi qui fait partie des plus pauvres du monde. Dans un pays qui concentre tous les défis posés à l'action diplomatique de notre pays et de l'Europe.

En juillet, la même année, je revenais à Haïti, touché par de violentes pluies diluviennes. L'eau avait dévalé des pentes déboisées par des incendies et un torrent de boue et de cailloux avait balayé le petit village de Saint-Domingue, où je m'étais rendu pour témoigner de la solidarité française et européenne. C'est là que j'ai ramassé deux petits galets blancs qui sont depuis sur ma table de travail, comme le symbole du malheur de cette île.

Loin de la capitale de Haïti avec ses quartiers pauvres et ses bidonvilles, un homme a depuis longtemps fait de l'agriculture le premier levier contre la pauvreté : le frère Franklin Armand, dont mon épouse Isabelle, son père avant elle et tant d'amis accompagnent les efforts à travers une belle association humanitaire « Fraternité universelle ».

À Pandiassou, sur les hauts plateaux, à 300 km de Port-au-Prince, Franklin Armand a construit, avec son admirable congrégation de Petits Frères et Petites Sœurs, des centres de nutrition, des écoles, un centre de formation technique, une école agricole, des retenues collinaires. Ils ont planté des milliers d'arbres, cultivé des légumes, des fruits. Ils ont fait ce qu'il faut faire partout dans le monde pour empêcher la famine, la désertification, l'exode vers les villes ou les bidonvilles. Ils ont créé du progrès. Ils l'ont fait. C'est donc possible.

Beaucoup de lecteurs auront en mémoire ou dans le cœur d'autres exemples, d'autres visages qui prouvent que c'est possible. En Afrique, en Amérique latine, en Asie, parfois plus près de nous encore. Il y a bien un impératif agricole. L'avenir alimentaire du monde en dépend. Comme l'a dit Edgard Pisani : « L'avenir des agriculteurs du monde dépend d'une gouvernance mondiale aux prescriptions régionalement adaptées. » Et sans doute même d'une « nouvelle politique agricole mondiale », comme l'ont écrit ensemble quatre anciens ministres français[1].

Il y a un impératif agricole en ce moment même, parce qu'il y a une urgence alimentaire. Quatorze millions et demi de personnes sont menacées par un désastre humanitaire dans la seule Corne de l'Afrique, selon les Nations unies. Sécheresse et pénurie alimentaire exigent de l'aide d'urgence pour la Somalie,

---

1. Pierre Méhaignerie, Henri Nallet, Michel Rocard, Philippe Vasseur dans *Le Monde*, 2 mai 2008.

l'Éthiopie, Djibouti, le Kenya ou l'Ouganda. Mais si notre seule réponse est dans l'aide, alors elle n'est pas suffisante. Elle peut même décourager les productions vivrières locales et créer de nouvelles dépendances. Alors, en Haïti comme dans la Corne de l'Afrique et partout ailleurs, il s'agit de construire ou de reconstruire une économie de production agricole. Et là où la géographie, les fleuves, la proximité le justifient, plusieurs pays ont intérêt à mutualiser leurs destins agricoles, la gestion de l'eau et des risques sanitaires ou climatiques. Par exemple entre les pays du Maghreb et, un jour plus lointain, ceux du Proche-Orient.

N'est-ce pas précisément ce que nous faisons, nous-mêmes Européens, depuis plus de soixante ans, en construisant la politique agricole commune à l'échelle de tout un continent ? Ma conviction est faite. C'est dans l'agriculture de proximité, dans de tels projets agricoles régionaux ; c'est aussi dans une nouvelle gouvernance mondiale aux côtés des grandes fondations et des ONG que réside la clé contre les famines. Bien plus sûrement que le seul commerce sans règles.

Ces lignes sont une manière de participer au débat principal de notre époque où se trouvent mélangés le défi alimentaire et l'exigence écologique. Sans compter la morale et la justice qui font tant défaut sur notre planète telle qu'elle va. Au cœur de ce débat, il y a des hommes et des femmes qui travaillent pour nourrir les autres, et qui méritent le respect. Ils font l'un des métiers les plus anciens. Et l'un des plus modernes. En tout cas, le plus nécessaire.

Un ministre ne sait pas tout : quand l'idée d'un marin-pêcheur sauve des vies

Le 30 novembre 2007, en pleine nuit, un bateau de pêche coule en mer du Nord. Un mort, un marin disparu. Je décide de me rendre auprès des rescapés du *Mon Bijou* à Étaples, dans le Pas-de-Calais, accompagné du député, mon ami Daniel Fasquelle.

Nous prenons un café dans la maison du capitaine de ce bateau. L'atmosphère est grave, digne, comme c'est très souvent le cas dans des familles endeuillées. L'un des jeunes pêcheurs rescapés m'interpelle : « Vous êtes bien de Savoie, monsieur le Ministre ? Chez vous en montagne, les pisteurs secouristes sont tous équipés d'un ARVA[1] qui leur donne une chance d'être retrouvés sous la neige en cas d'avalanche. Pourquoi les pêcheurs français ne pourraient-ils pas être équipés d'une balise individuelle ? Si cela avait été le cas, nous aurions sans doute retrouvé notre camarade qui a dérivé dans la nuit et qui s'est noyé. »

Jamais cette idée ne m'avait été proposée par mes services. Revenant à Paris, je l'ai aussitôt fait mettre à l'étude. Des entreprises ont alors travaillé pour miniaturiser le système des balises, trouver un système léger

1. Système de détection de victimes d'avalanche.

et intégrable aux vêtements de flottaison dont chaque marin doit être équipé en mer.

Et voilà comment ce jeune pêcheur aura été à la source d'un programme qui a permis d'équiper les 6 000 marins-pêcheurs français, et sans doute de sauver un certain nombre de vies.

Pendant mes deux années comme ministre de l'Agriculture et de la Pêche, j'ai appris à connaître le monde de la mer. Marin-pêcheur est un des métiers les plus dangereux et en même temps un des plus nécessaires. C'est aussi pourquoi, dans les négociations du Brexit, je me suis attaché avec tant de véhémence à défendre le travail des pêcheurs européens qui naviguent et travaillent dans les eaux britanniques. À mes yeux, ils méritaient dans cette négociation au moins autant de respect et d'attention que les traders !

Combien d'enfants doivent mourir ? L'indignation sans frontières

Peu de temps après l'effondrement en 1979 des Khmers rouges et de leur leader sanguinaire Pol Pot, une immense opération humanitaire de la Croix-Rouge se déclenche. Il faut venir en aide à ce qu'il reste du peuple khmer, dont beaucoup d'orphelins. En trois ans environ, le régime des Khmers rouges aura massacré méthodiquement 1,7 million d'hommes, de femmes et d'enfants, 20 % du peuple cambodgien ! La Savoie se mobilise et organise une collecte de lait en poudre dans toutes les écoles du département. La décision est prise d'apporter directement ce lait au Cambodge. Les trois vice-présidents du conseil général, dont je suis, sont du voyage et embarquent dans l'avion-cargo affrété par la Croix-Rouge. Sur place, nous visitons des orphelinats et nous nous recueillons au lycée Tuol-Sleng où des milliers de personnes subirent le martyre. J'observe les conséquences de la politique, si on peut l'appeler ainsi, dans sa plus cruelle et destructrice version.

Entre deux visites, je prends le temps d'aller seul au grand stade de Phnom Penh où le général de Gaulle prononça, le 1er septembre 1966, un formidable discours contre la guerre du Vietnam menée par les Américains. Dans mon engagement personnel de jeune gaulliste, ce discours et cette guerre terrible ont beaucoup compté.

C'est à la même époque, en 1980, que la chaîne publique de télévision Antenne 2 a l'idée incongrue de créer une émission de débat politique au cours de laquelle la personnalité invitée ne serait pas interrogée par des journalistes, mais par quatre jeunes députés. C'est ainsi que je participe à une série de sept émissions, une toutes les deux semaines, en direct à 20 h 30.

Même si je constate assez rapidement que cette émission n'est pas une bonne idée et que chacun, politique et journaliste, devrait rester dans son rôle, cette série d'émissions a donné lieu à de beaux échanges. Le plus marquant, me concernant, eut lieu pendant l'émission avec Georges Marchais[1], que je réussis à mettre en difficulté en lui brandissant sous le nez la une de son journal *L'Humanité* glorifiant l'arrivée des Khmers rouges à la tête du Cambodge.

J'ai alors en mémoire mon voyage au Cambodge et mon émotion devant les visages, exposés sur les murs du lycée Tuol-Sleng à Phnom Penh, de ces milliers d'innocents que leurs bourreaux prirent le temps de photographier avant, pendant et après leur supplice, documentant ainsi le génocide méthodique de leur peuple par les Khmers rouges.

Deux autres moments me reviennent en mémoire. Le premier est la lecture d'un essai, une de mes plus fortes lectures d'adolescent, *Cambodge année zéro* de William Shawcross.

---

1. Georges Marchais a été secrétaire général du Parti communiste français de 1972 à 1984.

L'autre est un dîner improbable avec la chanteuse Joan Baez que connaissait bien l'un de mes amis à Paris, Denis de Kergorlay. Nous nous sommes retrouvés en banlieue parisienne, dans une HLM où s'était réfugié un ancien ministre vietnamien ayant pourtant participé à la libération de son pays et à la victoire d'Hô Chi Minh. Quelques années plus tard, il avait dû fuir à son tour avec ceux que l'on appellera plus tard les *boat people*. Un chanteur vietnamien très populaire, lui aussi exilé, assistait également à cette soirée. Elle se prolongea en chansons et en musique avec Joan Baez, devenue aux États-Unis l'égérie de la lutte contre ce conflit. Avec sa voix claire, aérienne, et teintée d'émotion, elle chantait :

How many dead men will it take to build a dike that will not break ?
How many children must we kill before we make the waves stand still ?

« Combien d'hommes morts faudra-t-il pour construire une digue qui ne cède pas ?/Combien d'enfants devons-nous tuer pour que les vagues s'arrêtent ? »

J'ai retrouvé le texte de cette chanson écrit de la main de Joan Baez dans un vieil exemplaire de la revue *L'Événement*, créée en 1966 par Emmanuel d'Astier de La Vigerie, écrivain et résistant, gaulliste et crypto-communiste tout à la fois, dont je dévorais les chroniques désordonnées et passionnantes lorsque j'étais lycéen. Dans une rencontre étonnante, à Paris en 1967, la chanteuse pacifiste lui avait dit aussi : « Le communisme ?

J'en pense la même chose que de toutes les idéologies qui acceptent de tuer. »

Ainsi l'émotion, l'indignation, l'engagement ne peuvent-ils avoir une quelconque frontière. Ce qui se passe dans le monde, parfois loin de nous, interpelle notre conscience. Il y a là, presque toujours, le signe avant-coureur d'un dérèglement politique, économique ou climatique qui nous concerne.

Combien de drames, de guerres civiles, de violences ethniques se sont déroulés, dans l'indifférence ennuyée ou l'excuse évidemment commode de la fatalité, souvent invoquée par les diplomates ? Certains politiciens professent qu'il vaut mieux, au fond, laisser les peuples, en Afrique ou ailleurs, régler leurs problèmes entre eux. Je me souviens des mêmes discours à propos des Khmers rouges, dont l'expérience était tellement originale qu'elle aboutit à un autogénocide. On ne trouva que les Vietnamiens pour arrêter le massacre…

Le Biafra et plus tard le Rwanda, Sarajevo et Srebrenica. Aujourd'hui l'Ukraine et le Proche-Orient. On voit bien à travers le monde dangereux et instable d'aujourd'hui l'exigence d'une diplomatie active et de structures multilatérales capables de s'interposer et au moins de freiner la mise en œuvre de la seule loi du plus fort.

Quand le politique reprend le pouvoir sur les technocrates : la bataille du compte bancaire pour tous

José Manuel Barroso, ancien Premier ministre du Portugal puis président de la Commission européenne, est un homme orgueilleux et sûr de lui. En 2009, Nicolas Sarkozy a bataillé ferme pour obtenir le portefeuille du marché intérieur et des services financiers que les Anglais ne voulaient surtout pas que l'on donne à un Français. Barroso a longtemps été sensible aux arguments des Britanniques et à leur pression.

« Le commissaire sortant, l'Irlandais Charlie McCreevy, n'a rien fait. Il n'a pas vu venir la crise. Il n'a même pas réagi à cette crise. Il cumulait bien les deux responsabilités du marché intérieur et des services financiers et tu ne voudrais pas les donner à un Français ? Ce serait incompréhensible ! » Voilà comment, se rangeant aux arguments de Nicolas Sarkozy, José Manuel Barroso me fit confiance en décidant à l'automne 2009 de confier pour la première fois de l'histoire de l'Union européenne le portefeuille du marché intérieur à un Français.

Le rencontrant quelques jours après cette nomination pour le remercier, je lui dis ma conviction et, d'une certaine manière, je le préviens : « Nous devons retrouver les fondamentaux initiaux de l'Union européenne. Ceux de “l’économie sociale de marché”. Économie, social, marché, les trois mots sont importants. Pas seulement deux. »

Et d’ajouter, en réaction à la crise financière qui a éclaté en 2008 : « Je vais avec ton appui mettre en œuvre la feuille de route du G20. Nous devons remettre de l’ordre, de la transparence, reconstruire la régulation financière internationale qui a été détricotée méthodiquement depuis trente ans. »

À cet instant, je sentais bien que cette ambition régulatrice le dérangeait. Mais il était obligé par l’engagement des principaux dirigeants du monde au sein du G20. Une feuille de route s’imposait à l’Europe, étonnamment précise à l’égard de chaque marché, de chaque acteur, de chaque produit financier. J’ai donc appliqué cette feuille de route avec l’appui tacite du président de la Commission, la compréhension de mes collègues et le soutien volontariste des groupes du Parlement européen. J’ai voulu aussi aller au-delà, avec plus ou moins de succès…

Par exemple en régulant de manière particulière les très grandes banques, celles qui sont dites *« too big to fail »*, trop grosses pour faire faillite. Ou encore en proposant et en mettant en œuvre l’« union bancaire ». Au total, j’ai préparé et fait adopter 41 lois européennes de régulation financière avec l’équipe exceptionnelle de mon cabinet, Olivier Guersent, Kerstin Jorna, Paulina Dejmek, Bertrand Dumont et tant d’autres. Et sur ces 41 lois, 2 seulement n’ont pas été votées par les Britanniques, dont les réserves initiales sur la nomination d’un Français étaient donc infondées ou, au moins, exagérées. Il faut dire que l’une des deux lois en question portait sur l'encadrement des bonus des banquiers, particulièrement élevés à la City de Londres… Le journal *The Telegraph* avait titré : « *Barnier, the most dangerous man in Europe* ».

Au milieu des 41 lois de régulation proposées, débattues et votées pendant ces cinq années, j'ai mené une bataille qui n'était pas marginale à mes yeux pour la création d'un compte bancaire de base obligatoire dans chaque pays de l'Union.

En 2013, 25 millions d'Européens ne disposaient pas d'un compte bancaire personnel et 9 millions d'entre eux s'étaient vu refuser l'ouverture d'un compte dans une banque de leur pays. Il ne s'agissait pas seulement de personnes dépourvues de revenus, mais aussi d'étudiants. Sans compte bancaire, comment se déplacer, acheter en ligne dans un monde de plus en plus numérique, recevoir un salaire ou un paiement ? C'est impossible.

C'est pourquoi mon équipe et moi avons préparé un projet de règlement pour que, dans chacun des vingt-sept pays de l'Union, une banque au moins soit obligée d'ouvrir un compte bancaire de base, à un coût très limité, à tout citoyen qui le demande.

Selon le processus normal de la Commission européenne, toute proposition de cette nature doit faire l'objet d'un examen préalable par un comité de fonctionnaires, l'*impact assessment board*, présidé par la secrétaire générale, à cette époque l'Irlandaise Catherine Day. À trois reprises, ce comité s'opposera à ce texte sous le prétexte qu'il s'agit d'une contrainte supplémentaire ou qu'un tel compte bancaire de base relève de la compétence nationale. Ainsi, chaque fois, des fonctionnaires me disent avec toute la science qui est la leur que ma proposition n'est pas juste ou pas nécessaire. Exaspéré par cette forme d'arrogance sur ce dossier, je quitte un jour le bureau de José Manuel Barroso en claquant la porte.

Finalement, c'est au cours d'un séminaire du collège des commissaires, où la parole est plus libre, que j'évoque publiquement devant tous les commissaires ce projet et le blocage technocratique dont il est victime. Craignant une polémique publique, Barroso accepte finalement que ce projet de règlement suive son cours. Il sera adopté par le Conseil des ministres des Finances et par le Parlement européen, qui désigna comme rapporteur un élu compétent du groupe de la gauche unitaire, l'Allemand Jürgen Klute. Désormais chaque citoyen, chaque consommateur européen dans les vingt-sept pays de l'Union a le droit et la possibilité d'ouvrir à son nom un compte bancaire !

Violences faites aux femmes : le courage de parler

C'est un hommage unanime qui est rendu le 19 décembre 2024 à Mme Gisèle Pelicot au terme du procès dit des viols de Mazan, qui a profondément marqué l'opinion publique. Il a enclenché une réflexion qui devrait aboutir à l'introduction de la notion de consentement dans la définition pénale du viol. Plusieurs députées, Véronique Riotton, Marie-Charlotte Garin et Sandrine Josso, ont travaillé à ces propositions.

Ce drame sordide est mis sous les projecteurs grâce au courage et à la dignité de cette femme qui a parlé.

Je lui dis simplement : « Merci madame. »

Les violences faites aux femmes, trop longtemps cachées ou tues, sont un fait de société inexcusable.

J'en ai fait dès ma déclaration de politique générale une ligne rouge pour mon gouvernement, et j'ai confié à Salima Saa la charge d'y veiller. Notre pays compte près de 270 000 victimes de violences conjugales, dont seulement 6 % portent plainte. Il est temps que la honte change de camp.

Le 25 novembre 2024, c'est avec la ministre de la Santé Geneviève Darrieussecq et le ministre des Solidarités Paul Christophe que je viens rencontrer les équipes de l'Hôtel-Dieu, en plein cœur de Paris, où se trouve un service dédié à l'accueil et au soin de femmes menacées ou agressées.

Cette maison – une parmi 98 en France – accueille des femmes victimes de violences, qu'elles soient physiques, psychologiques, sexuelles, conjugales et intrafamiliales ou encore migratoires.

Je n'oublie pas, et j'en reste encore marqué, mon dialogue avec une femme, dont je tais volontairement le nom, prise en charge dans cette maison pendant plus d'une année. Cette femme a déposé plainte contre son ex-compagnon, le père de ses enfants, pour violences conjugales de tous types depuis le début de leur relation. Notamment des violences sur et devant ses enfants.

Sa parole me touche, me révolte et m'oblige.

À la maison des femmes, elle a bénéficié des soins de l'ensemble des membres de l'équipe renforcée sur le plan psychique : suivi régulier par un médecin psychiatre, soins psychothérapeutiques.

À l'issue de cette visite, j'annoncerai la possibilité pour les femmes de porter plainte dans chaque hôpital de France doté d'un service d'urgence ou gynécologique d'ici à la fin de l'année 2025, ainsi que l'ouverture, dans chaque département de métropole et d'outre-mer, d'une maison des femmes du même type.

La libération de la parole des femmes, enfin, à laquelle participe le mouvement #MeToo, ne suffit pas. Il faut partout, y compris dans les zones rurales et les banlieues, des lignes téléphoniques et des structures d'accueil pour les victimes qui préservent leur anonymat. Des logements de substitution, des protections et un soutien social.

Mais il faut d'abord et surtout s'attaquer à la racine, dans l'éducation : inculquer l'égalité entre les femmes et les hommes. Il faut empêcher, casser cette violence dans toute la société.

L'éducation sexuelle mais aussi la limitation de l'accès aux écrans pour les plus jeunes doivent être une priorité.

Nous ne pouvons accepter, nous ne pouvons tolérer que dans la société moderne et occidentale, dans la République, ces crimes aient lieu et soient trop souvent impunis. On peut dire la même chose au sujet des violences infligées à des enfants.

Ces femmes, ces hommes ont enfin le courage de parler, c'est nécessaire ; les dirigeants politiques leur doivent d'agir dans la durée et ça n'est pas négociable.

Quand l'Allemagne veut, l'Europe peut : l'origine du Fonds de solidarité face aux catastrophes naturelles

Quelques semaines après ma nomination à Bruxelles, en 1999, la Grèce est meurtrie par un terrible tremblement de terre qui détruit notamment une partie des quartiers du nord d'Athènes. J'ai dans mon portefeuille de commissaire européen la gestion des fonds structurels et notamment du FEDER, le Fonds européen de développement régional qui mobilise alors sur sept ans près de 220 milliards d'euros pour aider les régions européennes, y compris françaises, proportionnellement à leur richesse. Pour l'instant, je me rends à Athènes afin d'exprimer la solidarité européenne à ces quartiers dévastés. Plus tard, à Strasbourg, je suis naturellement interpellé par les députés grecs qui relaient le désespoir et l'attente de leurs compatriotes.

Je suis passionné depuis longtemps par la « culture du risque » et, dans ma réponse au Parlement, m'écartant des éléments de langage prudents et convenus de mon cabinet, je reconnais que la réaction face à ce drame ne se trouve pas dans le simple redéploiement vers les zones sinistrées des fonds structurels déjà alloués à la Grèce : cela est évidemment insuffisant, même si c'est à cet instant la seule possibilité juridique.

J'ajoute qu'il faudrait à l'avenir face à de telles catastrophes disposer de deux outils nouveaux.

Une force européenne de protection civile mutualisant des unités, des équipes nationales spécialisées pour faire face à des risques de nature diverse : tremblements de terre, marées noires, catastrophes industrielles ou nucléaires, inondations, incendies ou grandes pandémies.

Et aussi, un nouveau fonds de solidarité pour aider les régions frappées par une catastrophe dépassant la seule dimension locale ou nationale.

Je me souviens des réserves de certains députés allemands à cette idée qui générerait une dépense, mais aussi des reproches du secrétariat général de la Commission pour avoir osé exprimer publiquement une proposition qui n'avait pas été préalablement discutée ou agréée. Ces deux idées-là furent donc enterrées pour quelques années.

Mais en 2002, au cœur de l'été, l'Autriche, la République tchèque, la Slovaquie et… l'Allemagne sont touchées par de très graves inondations. Dans de très nombreux villes et villages, l'émotion et la colère sont à leur paroxysme alors que les élections fédérales approchent en Allemagne. Le chancelier Schröder, inquiet, demande un geste européen. Romano Prodi, alors président de la Commission européenne, qui se trouve à Parme, interrompt ses congés et me demande de l'accompagner à Berlin et sur les sites inondés.

Dans l'avion qui nous conduit en Allemagne, je le sens désemparé et à la recherche d'une réponse concrète pour le chancelier. Je lui rappelle alors mes propositions au lendemain du tremblement de terre en Grèce trois ans plus tôt, aussitôt abandonnées. Il les fait siennes.

Ainsi, et parce que l'Allemagne était à son tour gravement touchée par une catastrophe naturelle, est né en à peine trois mois un fonds de solidarité doté d'une facilité de crédit d'un milliard d'euros. Il faudra quelques années encore pour avancer sur l'idée d'une force commune de protection civile. J'ai la conviction qu'au rythme actuel des catastrophes naturelles et du changement climatique, de tels outils communs aux Européens sont plus que jamais essentiels.

Il reste de cet épisode dramatique une conclusion peu glorieuse pour l'Union européenne. Lorsqu'un petit pays est concerné, rien ne bouge facilement. Lorsque c'est un grand pays, alors l'Europe réagit plus vite. Là est née ma conviction que dans l'Union européenne, chaque pays a une valeur ajoutée et que la solidarité doit être équitable. C'était même la philosophie ou la raison d'être du projet européen dès 1950 en réunissant l'Allemagne et le Luxembourg…

Écouter le poète : rencontre avec Aimé Césaire

Fort-de-France, le 27 décembre 2001. « Je ne dors plus, je ne mange plus. Plus rien ne fonctionne, c'est le début de la fin et lorsque je suis allongé les yeux ouverts, je revois mes camarades de Normale Sup', Léopold Sédar Senghor, mes professeurs de Louis-le-Grand. Je revois l'école de Basse-Pointe. »

Le vieil homme fatigué qui me parle ainsi est un grand poète. Il est le grand homme de son île de Martinique. Aimé Césaire nous reçoit, mon épouse et moi-même, avec une infinie courtoisie. Il est en costume et je regrette de ne porter qu'une chemise ouverte. Il a retrouvé son bureau de l'ancienne et belle mairie de Fort-de-France où son successeur, Serge Letchimy, l'a accueilli. C'est le moins que l'on puisse faire pour cet homme qui a siégé à l'Assemblée nationale entre 1945 et 1995. Cinquante années de combats pour la négritude, pour la fierté de son peuple des Antilles.

« Nous sommes un peuple avec sa culture et ses traditions. Nous ne sommes pas une petite partie de la population française. Notre histoire ne correspond pas à notre géographie. »

J'ai pour cette île et ses habitants un véritable attachement.

Je suis curieux de savoir si Aimé Césaire a pu au moins une fois avoir un dialogue d'homme à homme avec le général de Gaulle. « Non, mais nous nous sommes rencontrés », me répond-il. Dommage que la politique ait été ici aussi violente et les sentiments aussi tranchés.

« Nous sommes dans la République, elle vous appartient à vous aussi, lui dis-je. Jusqu'où doit-on aller dans l'autonomie, monsieur Césaire ? »

Ma question le trouble.

Jamais le mot d'indépendance ne sera prononcé, et sa réponse sera très pragmatique : « La limite est celle de nos moyens et de nos ressources, la limite, c'est la réalité. »

Claude Lise, qui préside le conseil général, est venu participer à notre entretien. Aimé Césaire le prend à témoin : « Vous imaginez le département chargé de payer les instituteurs ? Et s'il ne peut plus les payer, alors les élus seraient balayés en trois mois… »

Claude Lise me rappelle qu'un projet du général de Gaulle aurait permis aux départements d'outre-mer d'adapter les lois à leurs spécificités. Au fond, quarante ans après, la loi Raffarin qui relance la régionalisation n'en était pas si loin.

Aimé Césaire a ensuite sur l'Europe un mot qui n'est pas inspiré par un souci poétique : « De mon temps, j'aurais eu bien besoin de l'argent européen. » Il est vrai que l'Union européenne n'est pas indifférente. À cette époque, la seule Martinique reçoit 650 millions de fonds européens tous les sept ans. La Guyane, de son côté, reçoit deux fois plus d'argent européen que d'argent français. Les programmes que je gère à Bruxelles – je suis alors commissaire européen à la Politique régionale –, je les voudrais plus utiles encore à l'économie réelle, à la qualité de vie des gens, la santé et l'éducation. Ainsi, quelques jours plus tôt, je posais la première pierre d'une Maison de la mère et de l'enfant dans cette île ou le taux de mortalité infantile est deux fois plus élevé qu'en métropole.

Qu'a-t-elle donc à faire, l'Europe, de ces îles françaises mais aussi des Açores, des Canaries et de Madère ? Ou encore de cet immense morceau d'Amérique du Sud qu'est la Guyane ? Pour l'Allemagne ou les Pays-Bas, contributeurs nets au budget européen, ces territoires lointains sont-ils autre chose que des « charges » que la France, le Portugal et l'Espagne imposent aux autres pays européens ?

Depuis longtemps, je cherche une réponse juste à cette question. Puisque l'Union européenne a la vocation et les moyens, pas encore l'ambition, d'être une puissance mondiale, sans doute trouvera-t-elle un intérêt à être physiquement présente aux quatre coins du globe grâce à ces « frontières lointaines et actives », comme l'a dit un jour Paul Vergès, président de la Réunion.

Ma conviction est aussi que la recherche européenne, et avec elle l'industrie des biotechnologies, notamment, a besoin de ces territoires exceptionnels. La biodiversité des océans, l'immense forêt guyanaise, l'astronomie depuis le centre des Canaries, et même la lutte contre certaines maladies, tout cela influence l'avenir de tous les pays européens.

Aimé Césaire nous raconte comment il a écrit les premières pages de son *Cahier d'un retour au pays natal* sur les rives de la côte croate, dans les années 1930, après avoir découvert là-bas une île qui porte le nom de Martinik. Mais l'Europe n'est pas son combat… Et les André Breton, les Jean-Paul Sartre qui le parrainent, qui en publiant son essai *Orphée noir*, qui en préfaçant son premier ouvrage, encouragent davantage le poète et le militant d'une certaine mémoire africaine.

« Je ne sais quel gré ce peuple me saura, mais je sais qu'il lui faut autre chose qu'un commencement, quelque chose comme une naissance », écrit Césaire.

Je lis dans la belle préface du professeur Roger Toumson à son anthologie poétique[1] que l'univers césairien est un univers de l'action : « La fatalité perd son caractère irrévocable ». Un peu plus loin :

> *Le poète, a souligné Goethe, n'est pas semblable au commun des mortels. Mélange d'orgueil et d'humilité, il est proche et lointain à la fois. Pour rester fidèle à lui-même il lui faut du recul. Il doit vivre à l'écart. Mais de quel intérêt serait-il à la cité des hommes s'il n'essayait de renoncer à la solitude pour rejoindre ses semblables ?*

Au fond et au-delà du sort et du destin des Antilles, Aimé Césaire témoigne du fardeau dont l'homme noir n'est pas débarrassé. La traite et l'esclavage sont bien « le péché originel des Européens », lançant leur mission « civilisatrice » au cœur de l'Afrique comme en pays conquis.

---

1. *Anthologie poétique*, Aimé Césaire, Actes Sud, 1996.

En quittant le vieil homme qui, malgré sa fragilité, tient à nous raccompagner, je me dis que son œuvre appartient au patrimoine européen. Au bas de l'escalier de la vieille mairie, on pénètre dans un curieux petit théâtre. Il a été construit là comme le seul de l'île, après que l'éruption de la montagne Pelée a détruit celui de la ville de Saint-Pierre le 8 mai 1902. Aimé Césaire tient à nous le faire visiter : « Louis Jouvet a joué ici Giraudoux », me dit-il avec une certaine fierté.

Être inventif : quand le prix des forfaits de ski contribue au financement des routes

La Savoie a décidé de se porter candidate pour accueillir les Jeux olympiques d'hiver en 1992. Au départ, en 1981, la volonté commune de quelques femmes et hommes de toutes tendances a permis de dépasser les clivages traditionnels, les rivalités locales, les difficultés techniques. Rapidement, le projet s'est concrétisé et a exercé un pouvoir de séduction sur les partenaires qui soutiennent ce dossier. L'aventure de la Savoie olympique devient un enjeu. Élus et dirigeants sportifs, entreprises, administrations, simples habitants aussi, chacun pense que le défi peut être relevé.

Notre principal handicap vis-à-vis des autres candidatures, suédoise et norvégienne notamment, se trouvait dans les conditions d'accès routier à la vallée de la Tarentaise. Les bouchons chaque week-end de l'hiver, en particulier en février, étaient devenus tristement célèbres. Il était habituel de rester bloqué huit ou neuf heures sur la route pour franchir les soixante derniers kilomètres conduisant aux stations. Le bouchon de Cevins était le plus sérieux. Les automobilistes excédés en oubliaient sans doute de contempler ce magnifique paysage : des vignes ont été réhabilitées au-dessus de ce village dans un terrain ardoisier pour y produire un vin fameux, celui du Domaine des Ardoisières.

À coup sûr, ces problèmes récurrents d'accès et d'embouteillages ont été pour beaucoup d'élus et de citoyens la raison principale de soutenir le projet de candidature pour les Jeux olympiques. Organiser les Jeux impliquait pour tous les grands partenaires des travaux publics, État, région, département, communes, l'obligation de mener à bien en peu de temps les aménagements qui auraient dû être réalisés depuis vingt ans.

Sans attendre la décision du CIO en octobre 1986, l'actif directeur général de nos services, François Lépine, décide avec l'équipe du conseil général d'utiliser le levier de cette candidature pour enclencher un mouvement vertueux. Les travaux étaient gigantesques, mieux valait ne pas patienter. Ainsi est née l'idée d'un plan routier pour la Tarentaise destiné à porter à deux fois deux voies la route nationale 90 entre Albertville et Moutiers, dans une vallée étroite, industrielle et relativement urbanisée.

Mais comment financer un plan de plusieurs centaines de millions de francs dans un département déjà mobilisé par ses tâches habituelles, augmentées encore par la toute récente décentralisation engagée en 1981 par Gaston Defferre ?

J'avais depuis longtemps le sentiment d'une faute en manière d'aménagement de la montagne. Était-il normal que des promoteurs, toujours entreprenants et parfois visionnaires, soient autorisés à installer des milliers de lits en haute montagne, de véritables villes, à vendre à prix d'or des appartements entourés de leurs remontées mécaniques, sans avoir à contribuer aux équipements publics desservant directement leurs promotions immobilières ? Ainsi des stations d'épuration, laissées à la charge des communes, mais aussi et surtout des routes d'accès. N'y avait-il pas un lien à faire entre ces promoteurs souvent gestionnaires des remontées mécaniques et le désenclavement routier de la vallée ?

En 1983, sous le gouvernement de Pierre Mauroy, tous les prix sont bloqués. Je demande alors à Jacques Delors, ministre de l'Économie et des Finances, de me recevoir pour tester une idée originale. « Accepteriez-vous, monsieur le Ministre, de débloquer exceptionnellement de quelques pourcents le prix du forfait des remontées mécaniques dans la vallée de la Tarentaise si nous obtenons de ces sociétés qu'elles reversent le produit de cette augmentation au département pour financer un emprunt massif de quinze ans pour un plan routier avec l'État ? »

Jacques Delors m'aimait bien, était sportif et lisait *L'Équipe* tous les jours. Il trouva l'idée audacieuse et me répondit simplement : « Si vous obtenez des sociétés de remontées mécaniques qu'elles acceptent ainsi de jouer les percepteurs, alors je serai d'accord pour ce déblocage exceptionnel. Revenez me voir si vous y arrivez ! »

Quelques jours plus tard, je convoquai une réunion des maires et des présidents de toutes les sociétés publiques et privées de remontées mécaniques de la vallée pour évoquer le contenu et le financement d'un plan routier exceptionnel. Chacun dut admettre qu'en mobilisant tous les financements habituels pour ces travaux, le compte n'y était pas. À cet instant de la réunion, je posai à tous la question suivante : « Si nous demandions au ministre des Finances de débloquer exceptionnellement de quelques pourcents les prix de vos forfaits, accepteriez-vous de reverser les sommes supplémentaires ainsi perçues au budget du département pour participer au plan routier ? »

Je demandais ainsi à tous de prendre position sur cette idée à une époque où le blocage des prix imposé par le gouvernement socialiste était une dure et forte réalité idéologique et économique. Le tour de table alla dans la bonne direction, chacun exprima à la fois des doutes et son accord. Plusieurs maires chevronnés et respectés pour leur sagesse me dirent en substance : « Nous ne pensons pas que le gouvernement débloquera les prix simplement pour nous, mais nous sommes d'accord si vous obtenez ce déblocage. »

L'affaire était conclue. Je dois confesser que je n'ai pas tout de suite déclaré que le gouvernement m'avait donné son accord préalable. Je retrouvai Jacques Delors quelques jours plus tard et cette surtaxe fut décidée et annoncée, puis traduite dans un amendement au projet de loi de finances par le gouvernement en 1986. Et cela grâce à la compréhension d'Édouard Balladur, devenu ministre des Finances.

Pour parler franchement, je n'ai pas eu le sentiment de tromper quiconque. Il n'y avait pas l'intention d'un quelconque « coup de bluff ». Ce prélèvement associant les skieurs au financement de nouvelles routes modernes et plus sûres pour les amener sur les pistes était juste, légitime. Aujourd'hui encore, et alors que cette taxe a été supprimée, plus de trente ans après les Jeux olympiques, ce plan routier reste un des acquis majeurs de ces Olympiades organisées en Savoie en 1992.

La France des quatre océans : une valeur ajoutée à chérir

C'est depuis ma première visite outre-mer en 1975, en Martinique, et l'accueil affectueux et fidèle de la famille de Georges et Yolande Sainte-Rose, que j'éprouve un attachement particulier pour nos territoires et départements ultramarins, et surtout pour les femmes et les hommes qui y vivent et y travaillent. Pour ces Français du bout du monde, si loin mais si proches de nous, habitants de la métropole.

Au fil des années, dans l'exercice de mes différentes responsabilités publiques, j'ai appris à découvrir ces territoires dans leur diversité et j'ai toujours veillé, quand j'étais ministre ou commissaire européen, à ce que les enjeux de ces régions « ultrapériphériques » soient pris en compte avec pragmatisme, en recherchant des outils adaptés aux réponses à apporter à leurs spécificités. Je sais bien ce que l'outre-mer représente de richesses humaines, culturelles, environnementales et économiques pour la France et pour son avenir.

Camopi est une petite bourgade au cœur de la forêt guyanaise, le long du fleuve Oyapock qui marque la plus longue frontière française, 730 km qui nous séparent du Brésil.

Depuis Cayenne, ville principale de la Guyane, c'est en hélicoptère que l'on survole cette si vaste forêt et sa riche canopée pendant des heures. J'avais été invité, comme commissaire européen chargé des politiques régionales, à inaugurer la station d'épuration de ce village français.

Sur l'aire d'atterrissage, au côté du sous-préfet, c'est le maire de Camopi et tout son conseil municipal qui m'attendent. Les visites officielles ne sont pas si fréquentes… Chacun des élus porte fièrement une écharpe tricolore. Que la France est riche de sa diversité, de ses cultures, de son métissage ! C'est l'esprit de la République française et de l'Union européenne.

Dès mon arrivée à Matignon, je mesure les graves difficultés auxquelles sont confrontés plusieurs de nos territoires et départements d'outre-mer. Mon premier souci est d'ailleurs de donner une place particulière au ministre chargé des Outre-mer. Mon choix se porte sur le président respecté de la commission des Lois du Sénat, François-Noël Buffet, et c'est un premier signal de considération que je veux lancer à nos compatriotes d'outre-mer.

Le nouveau ministre est directement placé auprès du Premier ministre, comme un peu plus tard le sera son successeur Manuel Valls, nommé ministre d'État.

Au début du mois de septembre 2024, la situation de la Nouvelle-Calédonie est toujours grave et préoccupante. L'ordre public n'est pas encore correctement rétabli malgré des renforts massifs de nos forces mobiles, la situation économique est catastrophique, et la continuité des services publics essentiels n'est assurée que par un soutien élevé de l'État et la ténacité des personnes sur place. Il faut enfin clarifier en urgence les premières perspectives politiques sur le collège électoral et la date des élections provinciales qu'il est décidé de reporter à l'automne 2025, en accord avec le président de la République.

Au même moment et pendant plusieurs semaines, la Martinique fait l'objet d'émeutes à caractère insurrectionnel motivées au départ par les revendications sur la vie chère. Les violences inhabituelles qui en résultent sont marquées par le constat d'une imprégnation croissante des trafics de drogue dans ce département et nécessitent de conclure en quelques semaines un protocole d'accord ayant fait l'objet de longues et difficiles tractations locales.

Dans l'océan Indien, le département de Mayotte est confronté à de lourdes difficultés migratoires et d'hébergement alors même que vient seulement d'être résolue par mes prédécesseurs la question cruciale de son approvisionnement en eau. L'immigration y est massive, incontrôlée. Mayotte est aujourd'hui le seul département de France où la moitié de la population n'est pas française. Comme je l'ai dit en 2021 durant la primaire des Républicains, il faut supprimer sur cette île le droit du sol, qui provoque et encourage cette immigration clandestine venue en majorité des Comores et d'Afrique de l'Est.

Au moment où j'écris ces lignes, le cyclone Chido a tout détruit. Mayotte est en ruine et la situation ne fait que s'aggraver. Comme me le disent mes amis Mansour Kamardine, ancien député et figure de la vie politique mahoraise, ou le sénateur Thani Mohamed-Soilihi, ministre délégué à la Francophonie, il faut enfin un plan massif de soutien et de reconstruction pour cette île. Par la beauté de ses paysages et du lagon qui l'entoure, Mayotte, qu'on appelle « l'île aux saveurs », a un avenir dans l'économie touristique ou l'activité aquacole. L'île de la Réunion est à son tour gravement touchée par le cyclone Garance.

De l'autre côté de l'Atlantique, la Guyane est fragilisée par la difficulté qu'éprouvent les forces locales à contrôler l'immigration clandestine, cause de nombreux trafics aux frontières, notamment de drogue, sans parler de l'orpaillage clandestin.

Chacun de ces événements est spécifique comme chacun de ces territoires est spécifique. Pourtant, les enseignements qui doivent en être tirés s'imposent rapidement.

L'action gouvernementale doit d'abord tenir compte de l'extrême diversité des situations, des cultures, des potentialités de chaque territoire. Il y a quarante ans, la Martinique était le fleuron de nos départements d'outre-mer. Elle est aujourd'hui dans une situation sensiblement plus difficile que la Guadeloupe. La Réunion poursuit un développement de manière durable, dans une bonne harmonie entre les différentes composantes de sa population, et constitue aujourd'hui un modèle de réussite.

La qualité des élites et des élus peut, sans doute plus encore que dans l'Hexagone, jouer un grand rôle, et l'action publique doit être construite, mise en œuvre et évaluée en les associant étroitement. Et en les respectant.

Il faut passer définitivement de la logique de guichet, qui a trop longtemps prévalu, à une logique de projets, en s'appuyant sur tous les atouts de ces territoires que je rappelle sans cesse : la biodiversité marine tout au long de nos 14 500 km de côtes, la biodiversité terrestre, et en particulier les richesses biomédicales enfouies dans la canopée de l'immense forêt amazonienne en Guyane, le développement des énergies dans tous ces territoires, les ressources en nickel de la Nouvelle-Calédonie, la production de bananes, de sucre, de rhum, la base spatiale de Kourou, et avant tout le dynamisme, la jeunesse, la culture des hommes et des femmes qui y vivent.

Ces atouts des quatorze départements et territoires d'outre-mer, y compris les Kerguelen, les îles éparses ou la terre Adélie, constituent une valeur ajoutée pour toute notre nation et pour l'Union européenne. Grâce à ces territoires, notre pays, notre Europe sont présents et influents sur quatre océans. Comme des frontières lointaines.

On ne peut imaginer la France de demain, celle de nos enfants, sans des territoires d'outre-mer aimés, respectés, valorisés et sans que les Ultramarins soient considérés dans leur diversité et avec leur culture comme des Français à part entière. Il en va de même, et pour d'autres raisons, des 3 millions de Français qui vivent et travaillent à l'étranger.

J'ai déjà dit mon regret que la vie politique française soit trop « hexagonale ». Une femme ou un homme politique, s'il s'agit bien de porter une ambition française, doit connaître, aimer et respecter nos compatriotes en outre-mer et dans le reste du monde.

Désinvolture politique et déclin industriel : fermeture de l'usine Pechiney de Moutiers

Au lendemain de mon élection en tant que député, à vingt-sept ans, la joie s'est vite effacée. Un sentiment de colère et de tristesse m'emplit au moment de l'annonce de la fermeture de l'usine Pechiney de Moutiers. Quatre cents salariés et autant de familles à qui on vole espoir et perspectives. Je n'étais pas informé des intentions du groupe Pechiney de fermer cette usine, une décision qui ne s'est pas prise en une nuit. Ce premier jour de mon mandat marqua ma première rupture morale avec ce groupe et je vécus cette déclaration comme un coup de poignard de la part des dirigeants, un coup surtout dans le dos des salariés qui, dans cette cuvette sombre de Moutiers, furent privés de leur travail.

Je compris d'une certaine façon l'habileté malsaine des dirigeants de Pechiney, qui, pour ne pas perturber l'élection législative, avaient délibérément choisi de retarder leur annonce. Au risque de perdre un certain nombre de voix, j'aurais franchement préféré que les choses soient claires avant l'élection. Il m'a fallu beaucoup d'énergie, en regardant les délégués syndicaux les yeux dans les yeux, pour les convaincre de ma bonne foi.

Dans cette longue vallée de la Tarentaise, il existe à moyenne et haute altitude une vieille tradition agricole, mais, désormais, l'activité principale est portée par les sports d'hiver et le tourisme d'été. Depuis plus d'un siècle, avec l'exploitation de la houille blanche, la construction des barrages et la production d'hydroélectricité, de nombreuses industries ont eu intérêt à s'implanter en fond de vallée : les aciéries d'Ugine furent longtemps la plus grande usine d'acier inoxydable en France, l'usine d'aluminium à Venthon, d'autres usines encore à La Bathie, La Léchère, Moutiers, Bozel ou Pomblières, sans parler du site « amiral » de Pechiney, l'usine d'aluminium de Saint-Jean-de-Maurienne, rythment l'activité de cette région. Avec ces usines existe une tradition ouvrière et syndicale que j'ai toujours respectée et même admirée. J'ai eu le privilège de beaucoup de dialogues francs, directs, souvent rudes, jamais complaisants, avec les représentants syndicaux de ces usines, qu'ils appartiennent à la CGT, à la CFDT, à FO ou à la CFTC. Je sais qu'ils me respectaient comme je les ai respectés. C'est avec ces usines qu'est née une autre tradition, celle de la pluriactivité, les ouvriers paysans en bas comme les pisteurs ou les moniteurs paysans en haut. L'annonce de la fermeture de l'usine, qui fabriquait du ferrochrome, a été suivie de nombreuses manifestations et démarches auxquelles je participais. Rien n'y a fait. Un trait a été tiré sur cette usine et sur le travail de 400 ouvriers et ingénieurs, forcés de se reconvertir. Quatorze ans plus tard, c'est sur le site de cette usine qu'a été construit un immense ensemble immobilier abritant le centre de la presse audiovisuelle pour les Jeux olympiques d'Albertville et de la Savoie. Pendant trois semaines, près de 2 000 journalistes et techniciens du monde entier y ont travaillé.

Mon histoire avec le groupe Pechiney ne s'est pas arrêtée là. En 1999, les dirigeants de ce groupe, dans la quasi-indifférence des pouvoirs publics, ont décidé de se vendre à un groupe canadien dans des conditions financières et économiques qui auraient dû être rejetées par le gouvernement mais qui étaient à coup sûr profitables pour quelques-uns.

J'étais alors commissaire européen à la Politique régionale, et mon collègue Mario Monti, chargé de la Concurrence, nous informa de ce projet d'acquisition. Malgré les assurances et les discours, il y avait derrière cette vente le risque du dépeçage du groupe, la disparition du centre technique de Pechiney à Voreppe, et au bout du compte la disparition d'une industrie nationale stratégique. Je me souviens d'avoir fait une démarche inhabituelle pour un commissaire européen : celle d'écrire une lettre personnelle, comme citoyen, au Premier ministre français Jean-Pierre Raffarin pour lui dire mon désaccord et mon indignation devant les conditions de cette vente. Et l'interroger : « Pourquoi le gouvernement français et le ministre de l'Économie français, Francis Mer, n'ont-ils pas au moins demandé à la Commission européenne ce que l'on appelle une enquête approfondie pour vérifier les conditions de la vente et demander aux repreneurs des assurances supplémentaires ? » Je n'ai jamais oublié la désinvolture avec laquelle les dirigeants de ce groupe et en particulier le P.-D.G. de l'époque, Jean-Pierre Rodier, ont bradé un fleuron de l'industrie française au groupe canadien Alcan.

Dans les soubresauts qui ont suivi, le groupe Pechiney, qui était en 1971 le premier groupe industriel français, a fini à la découpe. Nicolas Sarkozy, devenu président de la République, dira de la même manière dans *Le Figaro* le 6 mars 2008 : « Je n'ai toujours pas digéré la disparition de Pechiney. Sans que le ministre des Finances de l'époque lève un petit doigt, Pechiney est devenu Alcan. Et Alcan n'existe plus. »

Cet épisode tragique s'ajoute à tant d'autres qui expliquent en France le désarmement industriel que certains pays européens, l'Allemagne, l'Italie, la Suède sont parvenus à éviter. Il nous a manqué pendant cette longue période des années 1970, sous des gouvernements de gauche comme de droite, une volonté et une ambition industrielles. Trop de dirigeants ont délibérément encouragé une financiarisation de leurs entreprises, privilégiant des opérations sur les marchés financiers et des spéculations plutôt que la consolidation de leurs investissements et le travail de leurs salariés. Depuis une dizaine d'années – mieux vaut tard que jamais –, l'État s'est heureusement doté de nouveaux moyens pour éviter les rachats d'industries stratégiques et en développer de nouvelles, par exemple avec le programme France 2030 doté de plusieurs dizaines de milliards d'euros. Même à Bruxelles, la politique industrielle n'est plus un gros mot. C'est cette pente-là qu'il nous faut désormais continuer à remonter.

Une politique doit être juste : le ministre de tous les agriculteurs

Le ministère de l'Agriculture et de la Pêche est à coup sûr l'un des plus difficiles et des plus attachants. Les crises y sont permanentes et les catastrophes naturelles viennent tout bousculer : inondations, sécheresse, grêle, sans parler des pandémies animales.

J'ai le souvenir de la fièvre catarrhale ovine, dite « maladie de la langue bleue », dont le virus arriva dès 2008, sans doute d'Afrique, transmis par des insectes transportés en avion aux Pays-Bas avant de contaminer progressivement toute l'Europe. À l'époque, cette pandémie révéla l'inconsistance des mesures de protection sanitaire, toutes différentes d'un pays à l'autre et sans aucune coordination. Cette crise grave démontra à l'inverse la capacité des laboratoires à rechercher et à trouver un vaccin efficace. Plusieurs millions de bêtes ont été vaccinées grâce aux fonds européens. Il en va de ces pandémies animales ou humaines comme des catastrophes naturelles ou industrielles : aucune ne connaît de frontières, et dans ce cas, la meilleure réponse est européenne.

Par-dessus tout, ce ministère est celui de femmes et d'hommes qui se lèvent très tôt, travaillent dur, et pour certains gagnent à peine de quoi survivre sur leurs exploitations, avec leurs familles. C'est un ministère essentiel parce que le travail de ces hommes et de ces femmes est lui-même vital. Peu de métiers dans notre pays ont été autant bousculés, interpellés, défiés que la profession agricole. Une profession qui vit avec son temps tout en gardant son âme. J'ai pour les agriculteurs et les pêcheurs un respect infini et je reste fier d'avoir été leur ministre. Ce respect est partagé par toutes celles et tous ceux qui ont été, avant ou après moi, nommés rue de Varenne jusqu'à Annie Genevard, femme tenace, calme et compétente.

C'est à ce poste, où je suis nommé le 19 juin 2007, que j'ai à préparer avec d'autres ministres la présidence française du Conseil de l'Union européenne. Nicolas Sarkozy aborde cette présidence avec beaucoup de volontarisme et le gouvernement est mobilisé pour en faire une réussite. Rendez-vous a été fixé par la Commission européenne du 1er juillet au 31 décembre 2008, ouvrant la voie à une réforme partielle de la politique agricole commune. C'est le « bilan de santé » de la politique agricole commune.

Le paradoxe pour le ministre français de l'Agriculture est d'être sollicité ou interpellé, parfois rudement et tous les jours, alors même que l'essentiel de la politique qu'il conduit a une dimension européenne. En réalité, il n'y a plus réellement de politique agricole nationale. Le budget du ministère pour l'Économie agricole s'élève à 1 milliard d'euros par an tandis que le soutien annuel de l'Union européenne à l'économie agricole française à travers la PAC est d'environ 9 milliards. Une proportion de un à neuf !

Pourtant, à mes yeux, cette politique européenne n'est alors pas juste. Les producteurs de fruits et de légumes ne sont pratiquement pas aidés. Les éleveurs ovins ou caprins sont oubliés. L'essentiel des aides tient évidemment compte de la production et des surfaces cultivées, et c'est ainsi que, s'agissant des aides directes, les producteurs de céréales ou d'autres grandes cultures en reçoivent la majeure partie.

Mon équipe dirigée efficacement par un grand préfet, Michel Cadot, puis par Gilles Pelurson, et mes conseillers spéciaux, la solide Dominique Brinbaum et le savoyard Michel Dantin, réfléchissent à ce rendez-vous du bilan de santé. Fidèle et loyal, Michel Dantin est écouté dans les milieux agricoles depuis longtemps, parce qu'il a l'expérience et le bon sens que lui ont apportés ses engagements syndicaux et d'élu. Avec eux, je consulte alors beaucoup et pas seulement les responsables du principal syndicat agricole, la FNSEA, qui ont d'ailleurs des avis différents. Jean-Michel Lemétayer, éleveur en Bretagne, Xavier Beulin, son premier vice-président, céréalier dans le Loiret, ou le secrétaire général, éleveur en Aveyron, Dominique Barrau.

D'autres syndicats ont évidemment leur « valeur ajoutée ». La Confédération paysanne, plus à gauche, et son porte-parole Régis Hochart, avec lequel je m'entends bien, ou la Coordination rurale, plus à droite, présidée par François Lucas. Les Jeunes Agriculteurs, partagés comme leurs aînés, ont leur mot à dire, et leur président William Villeneuve ne s'en prive pas. Il y a aussi les branches professionnelles et toutes les fédérations sectorielles, sans parler des très actives chambres d'agriculture.

Au milieu de tous ces partenaires, je noue un dialogue singulier et personnel avec la secrétaire de la Fédération nationale ovine, Michèle Boudoin, qui élève ses moutons dans le Puy-de-Dôme avec courage. Depuis tant d'années, ces éleveurs-là, souvent solitaires, ont été oubliés par les différents gouvernements. Ils produisent pourtant un lait et de la viande de qualité en pratiquant une agriculture extensive qui entretient et sécurise d'immenses territoires en plaine et en montagne. Ce sont eux qui m'ont fait dire que les agriculteurs sont souvent les premiers écologistes !

De tous ces dialogues et d'une écoute minutieuse et méthodique de chacun, je tire vite la conviction qu'il faut utiliser ce bilan de santé de la PAC pour redistribuer les subventions. Une politique injuste ne peut pas durer ! Et puis, il y a à Bruxelles tant d'adversaires de la PAC, des fonctionnaires mais aussi des pays membres, comme à l'époque le Royaume-Uni, que nous ne pouvons pas leur donner cette occasion de la détricoter, voire la supprimer.

Durant mon mandat, j'expliquerai aux agriculteurs cette réalité... Pour avoir une chance de durer, la PAC doit être plus juste et prendre aussi en compte avec les agriculteurs les exigences nouvelles de protection de la biodiversité et les défis nombreux du changement climatique. Je dis bien *avec* les agriculteurs, certainement pas sans eux ou contre eux. Ce sont d'ailleurs là les deux priorités de mon action : réformer la PAC au niveau européen pour la rendre plus juste et participer activement au Grenelle de l'environnement qu'anime avec passion Jean-Louis Borloo.

Très vite, nous mettons sur la table une proposition de réforme au niveau européen qui nous permettra de redistribuer chez nous, en France, environ 1,5 milliard d'aides agricoles qui basculeront du secteur céréalier des grandes cultures vers l'élevage. Une majorité claire des agriculteurs soutient cette orientation. Une forte minorité s'y oppose. Je sais que cette redistribution peut provoquer des incompréhensions, des injustices, notamment dans les zones d'exploitation mixte où les paysans, les agriculteurs produisent des céréales et élèvent des bêtes. Je sais aussi que le secteur des céréales est le seul dont les prix sont orientés vers la hausse sur le moyen et le long terme, avec d'ailleurs des risques de spéculation sur les marchés mondiaux. Décidément, ce projet de réforme est difficile, mais il est juste.

Tout au long du premier semestre 2008, de congrès en assemblée générale, je présente et je défends ma proposition. Finalement, alors que je préside le Conseil des ministres européens de l'Agriculture fin 2008, et après que j'ai invité mes vingt-six collègues ministres en Savoie pour une randonnée conviviale au cœur du massif des Bauges, le bilan de santé de la politique agricole commune est adopté au bout de longues nuits de négociations. Il ouvre la voie à cette redistribution des subventions en France. Tout au long de ce semestre européen, l'équipe diplomatique du ministère, Philippe Duclaud, Axel de Martene et Georg Riekeles, s'est déployée à Bruxelles et dans les capitales pour convaincre et dialoguer.

Un peu plus tard, en juin 2009, Nicolas Sarkozy me demande de coordonner et d'animer les listes de la majorité présidentielle à l'élection européenne. Il refuse d'ailleurs que je quitte le gouvernement. Un jour de cette campagne, le tandem surréaliste et amical que je forme avec Rachida Dati se trouve dans les Yvelines pour une réunion publique. Il y a là Valérie Pécresse et tous les élus du département, devant plusieurs centaines de personnes. Comme chaque soir, je suis le dernier à parler. Lorsque Rachida Dati, très tonique à son habitude, me passe la parole, la moitié de la salle se lève et agite des cloches jusque-là soigneusement dissimulées sous les chaises. Dans ce département très céréalier, ma réforme n'était pas passée et les agriculteurs, notamment les plus jeunes d'entre eux, voulaient me le faire savoir.

À dire vrai, j'aime bien ce genre de situation. Une fois le concert de cloches un peu calmé, j'interpelle les agriculteurs en proposant à l'un d'eux d'être leur porte-parole et de prendre le micro. L'un des manifestants accepte et vide son sac. Dans un silence relatif, je lui demande alors :

— Monsieur, vous avez sans doute une famille, là où vous êtes installé ? Pouvez-vous dire à cette salle le montant des subventions européennes que vous recevez chaque année ?

— Oui, je suis installé avec mon épouse et nous avons deux enfants. Notre exploitation reçoit de Bruxelles 600 000 euros par an.

Je le remercie et réponds :

— J'étais dans la Creuse il y a quelques jours et j'ai rencontré un éleveur ovin qui, comme vous, est marié et père de deux enfants. À la même question, il m'a répondu qu'il recevait chaque année 6 000 euros de l'Union européenne. Voyez-vous, monsieur, je suis votre ministre et j'en suis très fier, j'entends votre critique, mais je suis également le ministre de cet agriculteur de la Creuse et j'en suis également fier. La réforme que j'ai portée est juste et équitable.

Le silence s'est alors établi dans la salle et nous avons pu conclure la réunion normalement.

Un peu plus tard, le 7 juin, nos listes régionales de la majorité présidentielle ont obtenu près de 30 % des voix à cette élection européenne. Ce fut un score inédit pour les listes du parti au pouvoir. Et en Île-de-France, où j'étais personnellement tête de liste, notre score fut identique à celui des autres régions…

Je m'apprêtais à quitter quelques jours plus tard ce grand et beau ministère pour devenir député européen alors que la Fédération nationale ovine tenait à Paris son assemblée générale annuelle. Ce fut ma dernière manifestation officielle à ce poste et je n'ai pas oublié l'accueil que me firent les éleveurs et leur secrétaire générale, Michèle Boudoin, dont la fille Flavie me remit un dessin qu'elle avait elle-même fait pour me remercier. J'ai gardé aussi la belle cloche que m'ont offerte ces éleveurs parce qu'ils avaient eu le sentiment d'être considérés par leur ministre. L'accueil de ce jour-là m'a touché au point de me faire essuyer quelques larmes.

Le bon sens et les pieds sur terre : de la solidarité en pays de Savoie

Dans ce carnet de route, je veux décrire des moments qui comptent et surtout des gens qui comptent. Ces gens-là ne sont pas toujours ceux que l'on croit. Il y a bien sûr le statut social, les titres, parfois l'argent, il y a aussi les postures et, je le sais, les responsabilités qui donnent de l'importance et parfois de l'utilité, mais ce que j'ai appris très tôt sur le terrain, en particulier sur les terres de Savoie, c'est que les plus belles rencontres, les plus vraies, sont souvent celles d'hommes et de femmes simples qui ne « la ramènent » pas, qui ont du bon sens et de la sagesse.

En lançant en 1982 la candidature des Jeux olympiques, je savais que cette bonne idée susciterait des doutes, des critiques. Il fallait convaincre de grandes stations sûres d'elles-mêmes, et souvent concurrentes dans une même vallée, de se réunir autour d'une petite ville en porte de la vallée de Tarentaise : Albertville. Il fallait surmonter les jalousies, les querelles, et veiller à l'unité du département de la Savoie toujours partagé entre la Tarentaise, la vallée la plus riche et la plus développée, la grande vallée de Maurienne souvent inquiète, et l'avant-pays savoyard longtemps frustré.

Ce qui m'a frappé, à cette époque sensible où il nous fallait parler d'une seule voix auprès du gouvernement, du Comité international olympique, de la presse, c'est que les soutiens les plus sûrs et les plus sincères ne sont pas toujours venus de là où je les attendais. En Tarentaise, là où j'étais élu depuis dix ans, le mot d'ordre était souvent : « Toujours plus ! » Et certains élus ou professionnels faisaient parfois preuve d'une sorte d'égoïsme afin de préserver les intérêts acquis. Ainsi, un jour, un élu d'une grande station en bout de vallée me dit en public et sans sourciller : « Michel, pourquoi veux-tu nous obliger à construire une station d'épuration, c'est pas nous qui en avons le plus besoin, nous sommes au-dessus des autres communes. » Un autre jour, dans une autre grande station, le président du syndicat des hôteliers s'emporta : « Nous avons besoin de touristes avec un pouvoir d'achat élevé, nous devons maintenir le standing de la station et de nos hôtels, il faut que le département limite l'arrivée le week-end de tous les gens du bas qui envahissent les routes et les pistes ! »

À cette époque, j'avais absolument besoin de l'assemblée départementale de la Savoie. Les tensions étaient vives. Au fond, l'inquiétude était que la Tarentaise, toujours elle, tire son épingle du jeu au détriment des autres vallées et de l'avant-pays de Savoie. Je n'oublierai pas le soutien que m'ont apporté alors des élus ruraux à l'autre bout du département, là où il n'y aura jamais de stations de sport d'hiver parce qu'il n'y a pas de neige. Jean Blanc, sénateur et maire de La Ravoire, Albert Carron, maire d'Yenne dans l'avant-pays savoyard, dont le fils

René deviendra président de la Fédération nationale du Crédit agricole, mais encore Jacques Hochard, maire de La Motte-Servolex, Henri Guicherd et tant d'autres élus ruraux qui avaient compris, plus tôt et mieux, où se trouvait l'intérêt général du département, et que tous et chacun avaient à gagner sur le terrain avec la réussite des Jeux olympiques.

Le bon sens et les pieds sur terre, mais aussi la capacité quelquefois de relever la ligne d'horizon et d'inscrire les problèmes quotidiens, les sentiments immédiats dans une perspective plus haute et plus forte. Ainsi, lors d'une réunion à Annecy à propos du projet de parc naturel régional des Bauges, à cheval sur les deux départements de Savoie et de Haute-Savoie, la soirée se prolongeait entre Bernard Pellarin, président du conseil général de Haute-Savoie, et mon vice-président, René Girard. Une soirée bien arrosée. René Girard interpella Bernard Pellarin : « Tu parles toujours de la "limite" avec la Suisse et de la "frontière" avec la Savoie. Ne penses-tu pas que nous pourrions nous entendre pour enfin faire une union solide entre nous ? » La réponse du président de la Haute-Savoie fut brève : « Mais René, qu'est-ce que tu veux qu'on fasse avec des pauvres ! »

Depuis, les relations entre ces deux départements, qui ne faisaient pourtant qu'un du temps de la Convention en 1793, ont vécu plus de bas que de hauts. Je regrette profondément que les humeurs du moment l'emportent sur les intérêts à long terme. Je ne comprends pas comment on peut gérer la France avec les mêmes limites au XXIe siècle qu'au XIXe. Puissent les Jeux olympiques d'hiver que le Comité international olympique a confié aux Alpes françaises en 2030 permettre enfin de retricoter une relation confiante et durable entre ces deux départements d'une même province.

La cohésion sociale, clé de la compétitivité : visite à l'usine SEB de Selongey

Lorsque j'étais ministre délégué aux Affaires européennes, chaque jeudi pendant plus de vingt-six semaines, je quittais le Quai d'Orsay et ses dorures pour aller à la rencontre des Français sur ce sujet si proche et si lointain qu'est l'Europe. Mon équipe et moi, avec le soutien du Premier ministre Alain Juppé, avions lancé le « Dialogue national sur l'Europe », et tous nos jeudis étaient formatés selon un agenda précis. Une visite de terrain le matin pour mettre le projecteur sur une initiative ou un projet soutenus concrètement par l'Union européenne, un déjeuner-plateau dans un établissement scolaire, puis un grand débat ouvert au public en évitant les discours et en favorisant les prises de parole spontanées et directes. Chaque semaine, un ambassadeur ou deux des pays de l'Union européenne ou des pays candidats de l'Europe centrale et orientale nous accompagnaient, et quelquefois même l'un des commissaires européens.

Mon obsession est bien de donner en même temps une incarnation à l'Europe, avec des personnalités identifiées du grand public, et la parole aux citoyens. Et ça marche ! En métropole et outre-mer, nous avons ainsi rencontré chaque jeudi entre 600 et 1 000 personnes.

Oui, l'Europe intéresse et inquiète. Comme grand témoin de ce dialogue, j'avais fait appel à trois personnalités que j'estimais et qui se montrèrent à la fois constructives et compétentes : Christiane Lambert, présidente des Jeunes Agriculteurs, Hubert Curien, socialiste et ancien ministre de la Recherche, Jean-Paul Delevoye, alors président de l'Association des maires de France.

Ce dialogue, je l'avais voulu et j'y mettais beaucoup d'énergie, d'autant que le Quai d'Orsay n'avait pas vraiment l'habitude de telles confrontations directes avec les citoyens. Le ministre des Affaires étrangères, Hervé de Charette, m'avait d'ailleurs fortement découragé avec cette phrase qui resta gravée dans ma mémoire : « Tu vas perdre ton temps, l'Europe c'est trop compliqué pour qu'on en parle avec les gens. » Sans commentaire.

Ce matin-là, nous étions en Bourgogne, en Côte-d'Or plus précisément, pour visiter l'usine SEB de Selongey et y rencontrer ouvriers et dirigeants. Cette usine était très vieille et ses ouvriers qui y fabriquent Cocotte-Minute et friteuses avaient été formés à l'ancienne. Issus de tous les villages alentour, ils avaient appris à travailler dur, mais sur des machines-outils devenues obsolètes. L'usine avait cessé d'être compétitive et la direction faisait face à un choix cornélien : fermer l'usine et licencier un personnel qui n'était plus adapté, ou engager un programme long et coûteux de formation des salariés aux nouvelles technologies et machines modernes.

C'est cette seconde option qui fut encouragée par l'attribution d'une subvention importante du Fonds social européen, et c'est précisément au cours de ce programme de formation que j'ai fait cette visite. Je n'oublierai jamais le regard empreint de fierté de ces hommes et de ces femmes à qui on avait fait confiance.

Me rappelant le désastre industriel dans l'est ou dans le nord de notre pays, j'ai toujours regretté que l'on ne sache pas faire confiance aux hommes et aux femmes qui font marcher la France en prétextant d'un manque de compétitivité pour justifier les fermetures d'usine. Depuis cette visite à Selongey, je pense que la compétitivité d'une entreprise ou d'une société est aussi liée à sa cohésion sociale.

Plus libéral que moi, tu meurs ! Regroupement des agriculteurs pour négocier le prix du lait

C'était un mercredi comme les autres à Bruxelles. La Commission européenne se réunissait ce jour-là au treizième étage du Berlaymont[1] à dix heures, comme le Conseil des ministres en France. Une certaine dérive autoritaire était à l'œuvre depuis la désignation de José Manuel Barroso. Elle s'est aggravée ensuite sous l'autorité du tout-puissant chef de cabinet de Jean-Claude Juncker, Martin Selmayr, qui, par son intelligence et ses manœuvres, s'était largement autonomisé du président. Cette dérive est montée d'un cran encore depuis six ans avec Ursula von der Leyen qui cherche à décider de tout avec son puissant chef de cabinet, Björn Seibert.

On est loin désormais de la compétence toujours habillée de bonhomie et de cordialité de Romano Prodi et de la vraie collégialité qui régnait à cette époque autour de la table.

Ce mercredi-là, nous débattions d'une proposition de mon ami Dacian Ciolos, commissaire à l'Agriculture qui deviendra plus tard Premier ministre de Roumanie.

---

1. Nom donné au siège de la Commission européenne à Bruxelles.

Il s'agissait simplement d'autoriser les agriculteurs et leurs organisations à se regrouper pour négocier ensemble les prix avec les industriels, notamment pour le lait. Du simple bon sens ! Lorsqu'une telle proposition arrive en discussion au collège, c'est qu'elle n'est pas consensuelle et qu'elle n'a pas fait l'objet d'un accord préalable entre les vingt-sept chefs de cabinet représentant leurs commissaires. C'est d'ailleurs souvent à ce stade des chefs de cabinet, tous fonctionnaires, que se trouve, se forge ou se force un accord. José Manuel Barroso n'aimait pas les discussions et encore moins les désaccords. Et son chef de cabinet avait l'instruction de régler les problèmes à son niveau, avant les réunions du collège.

Le texte de Dacian Ciolos avait provoqué une hostilité très forte de la direction générale de la concurrence et du commissaire socialiste, l'Espagnol Joaquin Almunia. C'était en effet une entorse à la sacro-sainte doctrine de la Commission sur la « concurrence libre et non faussée ».

Depuis quelques mois, nous avions pris l'habitude de nous retrouver avec une dizaine d'autres commissaires de sensibilités différentes pour travailler ensemble, et parfois préparer ensemble les réunions du collège.

Au sein du collège, chaque commissaire est, théoriquement, égal aux autres, et le président lui-même n'a pas de voix prépondérante. Il nous arrive de voter lorsqu'un consensus n'est pas obtenu par la discussion. Ainsi Romano Prodi procédait-il à des votes indicatifs très fréquents, et le vote était alors dédramatisé.

Ce jour-là, en entrant dans la salle du collège, je salue le président et lui dis simplement : « Sur le texte de Dacian Ciolos, il y aura un débat. Merci de bien compter le nombre de commissaires qui soutiendront son texte. Sinon, je demanderai un vote ! »

Nous étions sans doute 14 sur 27 à vouloir cette nouvelle règle du jeu entre industriels de l'agro-alimentaire et producteurs. Comme à son habitude, Joaquin Almunia ne fit pas dans la dentelle et attaqua de front Dacian Ciolos sur le thème : « Avec cette proposition, vous allez provoquer la création de nouveaux cartels ! » Rien de moins… Décidément, au sein du collège, certains socialistes sont beaucoup plus libéraux que moi.

Je me souviens de lui avoir répondu en souriant : « Tu viendras expliquer ce que veut dire "cartels de paysans" chez moi, en Savoie, où les exploitations agricoles comptent en moyenne 45 vaches. »

La proposition de Dacian Ciolos fut adoptée et, très rapidement après, soutenue par le Conseil des ministres de l'Agriculture et le Parlement européen.

La politique de l'offre : accords et désaccords

La « politique de l'offre » ! Je pense qu'il existe une ambiguïté fondamentale sur ce concept et sur sa mise en œuvre depuis 2017, ambiguïté qui a permis aux commentateurs de construire un récit de divergence largement artificiel entre le président de la République Emmanuel Macron et moi-même.

La politique de l'offre, qui organise un environnement favorable aux entreprises, réglementaire autant que fiscal, en vue de créer durablement de la croissance et de l'emploi, trouve ses racines à droite, dans une inspiration libérale.

Ainsi le pacte Dutreil, qui permet de faciliter les transmissions d'entreprises en réduisant très fortement la fiscalité sur le capital transmis, date de 2003, dans le gouvernement de Jean-Pierre Raffarin. Le crédit d'impôt recherche a été stabilisé en 2004 et déplafonné en 2008, sous les mandats de Jacques Chirac et Nicolas Sarkozy.

Je cite ces dispositifs parce que ce sont deux composantes essentielles de la pérennité des entreprises françaises, et qu'ils font partie des rares mesures prises depuis les années 1980 pour contrecarrer la désindustrialisation française, survenue pendant des décennies dans l'indifférence des dirigeants.

Pendant la primaire de la droite en 2016, pratiquement tous les candidats voulaient baisser les impôts de production, réduire le taux de l'impôt sur les sociétés, fluidifier les relations sociales dans l'entreprise et, parfois, supprimer l'ISF, impôt sur lequel il existait une abondante littérature pointant son inefficacité économique et son faible rendement fiscal. Il faut reconnaître que la droite au pouvoir n'a pas eu le courage de le supprimer tout à fait et ne l'a finalement qu'aménagé et allégé.

En 2017, il a suffi à Emmanuel Macron de reprendre ces différentes idées qui, je le crois, correspondaient d'ailleurs à sa conviction personnelle. Des réformes ont ainsi été mises en œuvre dès 2017 en matière de fiscalité (baisse de l'impôt sur les sociétés, stabilité des dispositifs de crédit d'impôt à la recherche et à l'innovation) et de droit du travail (primauté à la négociation collective au niveau de l'entreprise et de la branche, création du comité social et économique). Tous ces projets se trouvaient dans son programme de candidat à l'élection présidentielle.

S'y sont ajoutées des mesures qui n'y figuraient pas explicitement, notamment la réforme de l'ISF pour en exclure le patrimoine hors immobilier, et le prélèvement forfaitaire unique à 30 % sur les revenus du capital. Ces choix favorisent objectivement les revenus du capital et ont contribué à donner au président l'image, vraie ou fausse, du « président des riches ». Emmanuel Macron a pourtant récusé la théorie du

« ruissellement », ce qui est heureux d'ailleurs, car cette théorie n'a jamais produit d'effets mesurables.

Quoi qu'il en soit, cette politique de l'offre a été vigoureusement mise en œuvre à partir de 2017.

Quels en ont été les résultats ? Il est très difficile de dresser un constat objectif dès lors qu'en parallèle de cette politique de l'offre sont intervenues, d'un côté, une stimulation de l'économie par l'injection d'une masse d'argent public considérable, de l'autre, des mesures d'environnement institutionnel et réglementaire beaucoup moins favorables pour les entreprises.

L'ensemble des mesures de soutien au pouvoir d'achat a été théorisé dans le « quoi qu'il en coûte » ou les « boucliers tarifaires », dont la sortie s'est avérée très difficile et le coût astronomique pour les finances publiques.

Or, les ouvriers, les agriculteurs, les pêcheurs, les artisans, toute cette France « qui se lève tôt » veut, et c'est normal, vivre de son travail, ce qui implique, puisque les entreprises ont reçu un choc positif de compétitivité, qu'elles augmentent les salaires, et que le travail reçoive une part suffisante de la valeur créée.

Force est de constater que cela ne s'est pas produit, puisque, en dix ans, la part des salariés ne gagnant pas plus que le salaire minimal est passée de 10 % à presque 18 % du total des salariés dans notre pays !

À défaut de bons salaires payés par les entreprises, l'État a versé des subventions : chèque énergie, primes diverses, dispositifs anti-inflation, bonus réparation, etc. Non seulement le coût pour les finances publiques est problématique et représente une bonne part de l'augmentation de notre dette, mais la socialisation permanente des besoins et des solutions l'est aussi. Et les entreprises ont raison de souligner qu'elles étouffent sous le poids de la réglementation, d'un État trop pesant, d'un système de protection sociale en expansion constante dont le coût repose sur le travail et sur elles, mais aussi, de plus en plus, sur l'ensemble de la collectivité via les déficits.

D'autre part, l'État a investi massivement dans l'économie avec des dispositifs dont le plus emblématique est France Relance, doté de 54 milliards d'euros, dont l'efficacité reste à évaluer, mais aussi d'initiatives qui sont de vrais succès, comme les sommets Choose France par exemple.

En parallèle, malheureusement, la réglementation s'est fortement épaissie, contrecarrant largement, par les coûts qu'elle implique, les effets positifs des mesures de compétitivité. L'exemple des obligations de reporting environnemental des entreprises, issues d'une directive européenne au nom techno de « CSRD », en est une parfaite illustration. J'avais fait de sa disparition ou de son report un objectif de mon action en tant que Premier ministre. J'ai aussi reçu de nombreux chefs d'entreprises dont chacun avait un exemple de réglementation inutile, coûteuse et ne protégeant personne, qu'il convenait d'abolir. Un de mes regrets sera d'avoir laissé ce travail de simplification drastique inachevé, par la force des choses.

En réalité, j'étais donc largement aligné avec le président de la République sur la politique de l'offre. Je souhaitais certes mettre l'accent spécifiquement sur la simplification, la réforme de l'État, pour alléger et privilégier l'action locale, et tâcher de « désocialiser » certains dispositifs. Mais je n'ai jamais souhaité revenir sur les choix, fondateurs et essentiels, consistant à bâtir un cadre stable et favorable à la création d'entreprises, à leur développement et à leur transmission, ainsi qu'à l'innovation. J'avais d'ailleurs dans mes équipes des collaborateurs convaincus de la justesse des choix opérés en faveur de la compétitivité depuis 2017. La baisse du chômage et le retour d'emplois industriels sur le sol français sont de bonnes nouvelles économiques, même si, appuyées aussi sur des dispositifs de soutien public, elles restent des succès fragiles.

Les mesures fiscales emblématiques que j'envisageais en tant que Premier ministre (et qui sont toujours à l'ordre du jour), telles que la surtaxe d'impôt sur les sociétés ou la contribution différentielle sur les hauts revenus, étaient négociées avec les entreprises et les partenaires sociaux. Elles ne font plaisir à personne, et je suis d'avis qu'il faut baisser les prélèvements obligatoires, pas les augmenter. Mais nécessité fait loi et ma feuille de route était aussi de réduire le déficit. Ces choix n'allaient pas contre la politique de l'offre, d'autant que ces impositions étaient vues comme temporaires.

J'ai aussi voulu inciter les entreprises à augmenter les salaires et à sortir des salariés du SMIC en « reprofilant » les allègements de charges sociales sur les bas salaires. L'idée de base était très valable : réduire les allègements de charges sociales patronales au niveau du SMIC pour les repositionner au-delà du SMIC, et ainsi faciliter les hausses de salaires tout en maintenant la compétitivité-coût.

Mais le rendement budgétaire associé à cette mesure, 4 milliards d'euros (montant somme toute modeste au regard des 80 milliards d'allègements de charges sociales dont bénéficient chaque année les entreprises) a créé un débat improductif avec le parti Renaissance, proche du président de la République. J'y ai perdu trop de temps politique et d'énergie pour un résultat décevant puisque, après négociation avec les parlementaires, le rendement a été réduit à 1,6 milliard d'euros et la mesure a été largement vidée de sa substance. Finalement, j'aurais gagné du temps en l'abandonnant tout à fait et sans attendre.

C'est une leçon que je retiens : il ne faut pas courir trop de lièvres à la fois, il faut faire attention à ne pas perdre les gens en route, il faut, enfin, éviter de « faire l'ange », au risque de « faire la bête », comme le disait Pascal.

Il faut aussi prendre garde de ne pas laisser les gens au bord de la route… Tout en soutenant celles et ceux qui font marcher l'économie, le gouvernement doit prendre soin des plus faibles et des plus fragiles. Il n'y a pas de fatalité si on ne se laisse pas gagner par le fatalisme. Pour avoir vu l'engagement et l'enthousiasme d'associations comme le Secours populaire, ATD Quart monde et sa branche Territoires zéro chômeur, le Secours catholique ou encore les Restos du Cœur, je sais qu'il y a un chemin pour plus de fraternité dans notre pays.

CHAPITRE 4

Prendre son risque

« L'espérance est un risque à courir. »[1]

Georges Bernanos

1. Conférence aux étudiants brésiliens, Rio de Janeiro, 22 décembre 1944.

Tu prends ton risque !
Mises en garde de Jacques Chirac

Avec Jacques Chirac, j'avais établi une relation respectueuse, devenue au fil du temps cordiale, directe et franche. Nous avions pris l'habitude de nous tutoyer. Ministre des Affaires étrangères, je le voyais en tête à tête chaque mardi pendant une heure et nous faisions le tour précis de l'actualité internationale. Il me faisait confiance et souhaitait simplement une transparence permanente de ma part envers son sherpa et conseiller diplomatique, Maurice Gourdault-Montagne. En me confiant en mars 2004 le Quai d'Orsay, il ne savait pas mon attachement au Liban. Ce fut pour lui une heureuse surprise, car il avait pour ce pays et, surtout, pour l'un de ses dirigeants, Rafic Hariri, une amitié personnelle solide.

Tout au long de cette mission intense et brève d'une année et demie, Jacques Chirac me dira à trois reprises : « Tu prends ton risque ! »

Une première fois lorsque je lui annonçai mon intention de me rendre au Rwanda pour y rétablir un dialogue utile avec le président Kagamé après la tragédie du génocide contre les Tutsi en 1994 et les polémiques sur le rôle de la France. Il m'interdit de m'y rendre. Malgré son avertissement, j'établis un dialogue régulier avec le ministre rwandais des Affaires étrangères, Charles Murigande, parfaitement francophone. Ne pouvant me rendre dans son pays, je rencontrai le président rwandais à Pretoria à l'occasion du dixième anniversaire de la fin de l'apartheid.

Une autre fois, je décidai de faire une visite officielle en Côte d'Ivoire, pays très proche de la France à cette époque. Là encore, Chirac me demanda d'y renoncer avec cet argument : « Ce qui est en jeu en Côte d'Ivoire actuellement relève de la compétence du ministère de la Défense… » J'en suis resté là !

Début 2005, ému et impressionné comme beaucoup par la révolution orange en Ukraine, j'indiquai au chef de l'État mon projet d'aller rapidement à Kiev. Il fronça les sourcils mais ne s'y opposa pas. Sa seule remarque fut de nouveau : « Tu prends ton risque. » Je voyais bien qu'à ses yeux une telle visite pouvait froisser Vladimir Poutine, le grand voisin russe à l'évidence mécontent de l'indépendance de l'Ukraine et inquiet déjà de tout rapprochement de ce pays avec l'Occident. C'est ainsi que je fus le premier ministre européen à me rendre à Kiev le 5 février 2005 pour y rencontrer longuement Viktor Iouchtchenko, président ukrainien, mais aussi la dynamique et intrigante Première ministre Iulia Timochenko.

Ces situations dans lesquelles j'ai dû prendre mes distances vis-à-vis du président de la République m'ont appris qu'un ministre, en diplomatie comme dans d'autres domaines, doit être capable de se forger une opinion et de la défendre, loyalement mais fermement, vis-à-vis du Premier ministre et du président de la République, sans jamais en faire étalage publiquement.

Le lendemain de ma visite officielle en Ukraine, j'appelai mon père en Savoie, comme chaque semaine. Bien m'en a pris. Il mourut dans la nuit d'une crise cardiaque. Ce fut notre dernière conversation.

De la jeunesse en politique : soutien rétrospectif de Raymond Poincaré

Raymond Poincaré fut l'une des grandes figures politiques de la IIIe République. Il fut aussi, en tant que président de la République, un personnage central de la Première Guerre mondiale, et c'est lui qui appela Georges Clemenceau à la présidence du Conseil en 1917. Né le 20 août 1860, il devient conseiller général du canton de Pierrefitte, dans la Meuse, à vingt-six ans, puis député à vingt-sept ans dans ce même département.

C'est à cette époque sans doute que, très jeune candidat à la députation, il se fit interpeller bruyamment par un groupe de paysans au cours d'une réunion publique : « À votre âge, monsieur Poincaré, vous feriez mieux d'aller finir vos études plutôt que de nous causer de politique ! » Et lui de répondre sans se démonter : « Monsieur, la jeunesse est un défaut que l'on corrige chaque jour davantage ! »

Je ne sais pas si cette citation est exacte ou s'il s'agit d'un proverbe. On me l'a rapportée ainsi et c'est avec cette histoire que j'ai commencé chacune de mes réunions publiques en Haute-Tarentaise au moment de l'élection cantonale de 1973. J'avais alors vingt-deux ans et venais à peine de terminer mon service militaire. J'avais la prétention ou l'ambition d'être élu dans ce beau canton montagnard, et avec l'aide rétrospective de Raymond Poincaré, je fus élu !

Être aimable sans être complaisant : mon interview de Valéry Giscard d'Estaing

Au début du mois de mai 1981, alors que je suis en week-end en Normandie, Jean-François Deniau, qui dirigeait la campagne pour la réélection de Valéry Giscard d'Estaing, m'appelle pour me demander de venir voir le président le dimanche soir à 18 heures.

À l'heure dite, je me rends à l'Élysée, où le président me reçoit dans un petit bureau. Je me souviens encore de ses mots :

— Cher ami, vous avez donc soutenu Chirac au premier tour ! (Il sous-entendait sûrement que ce n'était pas ce que j'avais pu faire de mieux). Pour gagner, j'ai désormais besoin des voix des soutiens de Chirac. Il faut que je parle à ces gens-là. Je vous demande d'accepter demain de m'interroger dans l'émission de la campagne officielle qui sera diffusée le soir même.

— Monsieur le Président, pas de problème pour moi. J'ai soutenu Chirac mais j'ai annoncé que je voterais pour vous dimanche prochain. Notre dialogue devra être honnête et franc pour être utile et efficace, je veux vous poser les questions que je souhaite vous poser.

Et Giscard, agacé, de répondre :

— Très bien, si vous y tenez, mais dans ce cas-là, vous ne répliquerez point !

C'est ainsi que nous nous sommes retrouvés à la Maison de la radio le lendemain, dans un cadre et avec des contraintes qui paraîtraient archaïques aujourd'hui, pour l'enregistrement de cette interview. Première question : « Monsieur le Président, beaucoup d'électeurs de ma circonscription de Savoie ont voté pour Jacques Chirac et ne veulent pas voter pour vous dimanche prochain. J'ai rencontré il y a quelques jours sur le marché de Bourg-Saint-Maurice une femme agricultrice que je connais bien et à qui j'ai demandé : "Pourquoi ne voulez-vous pas voter pour VGE dimanche prochain ?" Sa réponse a été claire : "Parce qu'il ne nous aime pas !" »

Le Monde écrira le lendemain que cette interview avait été aimable mais pas complaisante. Cela ne m'a pas empêché de recevoir dans la foulée beaucoup de messages d'insultes de la part d'électeurs chiraquiens : « Tu l'auras, ton portefeuille ! » J'ai compris plus tôt que d'autres que le report de voix que Giscard espérait et dont il avait absolument besoin ne se ferait pas correctement. François Mitterrand sera finalement élu président de la République le dimanche suivant, avec 52 % des voix contre 48 %.

Ainsi les citoyens ont-ils des raisons que la raison ne connaît pas…

Donner leur chance aux jeunes : abaissement du seuil d'éligibilité

Curé défroqué, l'abbé Borrel avait été élu conseiller général de la Haute-Tarentaise en 1967 à l'issue d'une campagne poujadiste contre les promoteurs immobiliers en montagne, et notamment aux Arcs. Une fois élu, il avait mis son canton en quarantaine. Il rejetait toutes les initiatives du conseil général, au point qu'il lui arrivait même de voter contre des subventions à son propre territoire.

L'abbé Borrel publiait des tribunes dans un hebdomadaire appelé *La Renaissance savoyarde* pour lequel j'écrivais aussi régulièrement. Le patron de ce journal était un vieux gaulliste anticlérical. Avant 1973, cet abbé m'écrit pour me féliciter d'un de mes articles en me disant : « Ce sont des jeunes comme vous qui assureront la relève. » Il ne croyait pas si bien dire !

Au même moment, j'avais suggéré au maire d'Albertville, le docteur Jean-Baptiste Mathias, devenu sénateur, de présenter une proposition de loi pour abaisser l'éligibilité aux élections cantonales de vingt-trois à vingt et un ans dans toute la France. En 1971, cette proposition de loi du sénateur Mathias a été adoptée avec l'accord du gouvernement, ce qui me permit, deux ans plus tard, de me présenter contre l'abbé Borrel. Je remportai ce combat, devenant à vingt-deux ans le premier jeune citoyen à bénéficier de la nouvelle loi.

Et tout le reste de mon parcours en fut déterminé. Ainsi la confiance que me fit cet élu chevronné alors que j'avais à peine vingt ans me donna une conviction qui s'est renforcée avec le temps et les cheveux blancs. Il faut faire confiance, mettre le pied à l'étrier, donner une première, voire une seconde chance aux jeunes de participer, dans l'entreprise, dans la société. Je n'ai jamais regretté d'avoir fait confiance avec Jean-Claude Killy à tant de jeunes talents pour nous aider à réussir les Jeux olympiques d'Albertville. Ou encore, à quarante-huit ans, d'avoir passé le relais de la présidence de la Savoie à Hervé Gaymard, un élu solide, cultivé et passionné qui avait dix ans de moins que moi. Ou, plus récemment, d'avoir appelé au gouvernement un grand nombre de nouveaux et souvent jeunes ministres. Sans parler de mes équipes en Savoie, au gouvernement ou à Bruxelles qui ont toujours compté des jeunes compétents, ambitieux et heureusement impertinents !

Parfois, il faut s'en remettre au ciel : frayeur à sept jours de la cérémonie d'ouverture

Nous sommes le samedi 1er février 1992 ; dans sept jours exactement débuteront les XVIe Jeux olympiques d'hiver dans un stade circulaire tout en tubulures autour d'un mât immense, comme un cirque sans toit. Un stade entièrement démontable de 35 000 places dans une petite ville, Albertville, qui compte alors 18 000 habitants !

De notre bureau du COJO tout proche, nous entendons chaque soir la musique des répétitions quotidiennes qu'organise le jeune metteur en scène Philippe Decouflé. Jean-Claude Killy et moi assistons souvent à ces répétitions pour nous changer les idées. C'est ainsi que, ce jour-là, à 18 heures, nous sommes assis sur les gradins où devront se tenir le président de la République, François Mitterrand, et le vice-président des États-Unis, Dan Quayle. Le fidèle Rémy Charmetant, responsable des épreuves olympiques, Jean-Claude Blanc, jeune et dynamique responsable du marketing des JO, sont à nos côtés. Il deviendra plus tard responsable des plus grandes organisations sportives, de la Juventus de Turin au PSG. Notre moral tombe au plus bas. Le brouillard est si épais qu'on distingue à peine l'autre côté de ce stade immense.

Durant ces cinq années de préparation de la cérémonie, nous avons imaginé toutes les éventualités et toutes les situations, doublé tous les systèmes, anticipé toutes les crises, mais nous ne pouvons pas maîtriser la météo. Seule la Chine, aux Jeux olympiques de Pékin en 2008, se permit un coûteux programme d'ensemencement des nuages pour éviter la pluie au-dessus du stade.

Le même brouillard le 8 février serait une catastrophe pour la cérémonie elle-même et pour la retransmission télévisée. À ce moment-là, nous ne pouvons nous en remettre qu'au ciel, et justement…

Un texte de Barthélemy de Pise, du XIVe siècle, indique que des marins auraient été sauvés d'une tempête après avoir invoqué sainte Claire. Je ne sais pas comment ni quand cette tradition se transforma au fil des ans, mais l'ordre de Sainte-Claire, dit des Clarisses, garde la réputation dans plusieurs de ses monastères de pouvoir favoriser la pluie ou le beau temps à l'occasion d'événements importants.

Sur le conseil de ma belle-mère, Solange Altmayer, et pour mettre toutes les chances de notre côté à la veille des Jeux olympiques, mon épouse fit parvenir à l'un de ces monastères, situé à Senlis, quelques centaines de francs pour appeler les intentions du Seigneur sur la cérémonie d'ouverture des Jeux olympiques le 8 février 1992.

Le jour dit, en fin d'après-midi, il n'y avait pas un nuage dans le ciel au-dessus d'Albertville et la patrouille de France survola magistralement le stade où commençait la cérémonie d'ouverture. Quelques jours plus tard, je reçus une lettre de la supérieure de ce monastère nous remerciant de les avoir sollicitées : « Nous ne pensions pas, écrit-elle, être associées d'aussi près à la réussite des Jeux olympiques. »

Pour dire vrai, je ne sais pas si Tony Estanguet a eu l'idée de solliciter les Clarisses avant la belle et pluvieuse cérémonie d'ouverture des Jeux olympiques en juillet 2024 à Paris. Je regrette de ne pas lui avoir fait cette suggestion qui aurait pu éviter à Thomas Jolly quelques larmes en apprenant la météo !

Le ministère de l'Impossible : faire appel à plus intelligent que soi

Le Ministère de l'Impossible. C'est le titre que Robert Poujade donna au livre[1] qu'il consacra au ministère de l'Environnement. Professeur de lettres, il devint député de Côte-d'Or puis maire de Dijon, cette ville qu'il aimait tant. C'est à lui que Georges Pompidou fit appel en 1971 pour créer de toutes pièces le premier ministère français de l'Environnement, quelques mois seulement après avoir prononcé un grand discours prémonitoire à Chicago sur les enjeux écologiques de la biodiversité et de l'environnement. La grande voix de René Dumont était alors solitaire, et la cause écologique déjà dévoyée par des groupes militants souvent violents, opposés en particulier à l'énergie nucléaire ou à l'extension d'un camp militaire sur le plateau du Larzac.

Un ministre ne peut pas grand-chose sans une équipe. Cette première équipe de pionniers était exceptionnelle : le Savoyard Jacques Belle, compagnon de route de Robert Poujade, devint son directeur de cabinet, Serge Antoine, Hubert Perrot, Pierre Eydoux, Raymond Guillou, Jean-Pierre Bernard, Pierre Chassande, Philippe Guérin, Dominique Moyen, Jean

1. Paris, Calmann-Lévy, 1975.

Servat et tant d'autres en faisaient partie, animés pendant plus de deux ans par une véritable morale de l'action.

Jacques Belle, auprès de qui j'avais travaillé au siège de l'UDR[2], me proposa un poste de chargé de mission à la fin de mon service militaire, en août 1973. Ce fut pour moi un privilège d'intégrer ce ministère, et le début de mon engagement pour une écologie humaniste et concrète. Motivée par un ministre sincère, encouragée par la confiance du chef de l'État et du Premier ministre, Jacques Chaban-Delmas, cette équipe construisit un ministère crédible en arrachant des morceaux d'administration à d'autres ministères, Agriculture, Équipement, Industrie, Santé... pour les assembler derrière une cause commune, de manière cohérente.

Vingt ans plus tard, nommé à mon tour à la tête de ce ministère, j'ai voulu rendre hommage à Robert Poujade et à son équipe en les invitant à déjeuner. Ils sont tous venus, leur fierté de pionniers restée intacte.

Ministère de l'Impossible ? Sans doute pas. Ministère marginal à coup sûr lorsque le Premier ministre ne mesure pas personnellement les enjeux écologiques et environnementaux. Pendant longtemps, faute d'une conscience écologique et malgré l'évidence des risques et des enjeux, ce ministère a été bien davantage un poil à gratter qu'un entraîneur.

À l'époque, en 1973, ce fut ma première expérience – modeste mais déterminante – dans les allées du pouvoir et dans un cabinet ministériel. L'exemple

2. Union des démocrates pour la République.

de Robert Poujade reste attaché à l'image d'un ministre convaincu et déterminé, et à l'importance pour tout dirigeant de savoir s'entourer d'une équipe solide, faite parfois de collaborateurs plus intelligents ou compétents que soi mais qui savent chacun où est leur place et tous travailler ensemble.

Faire beaucoup avec peu, en partant de presque rien : inspiré par l'ordre de mission de Pierre de Chevigné

Le général Pierre de Chevigné était officier des corps francs pendant la drôle de guerre. Dès la fin du mois de juin 1940, il rallie la France libre et devient l'un des hommes de confiance du général de Gaulle. Il resta à ses côtés jusqu'à la libération de Paris et fut nommé compagnon de la Libération en 1945. Il s'éloigne en 1958 de l'homme du 18 Juin et entre alors dans une opposition résolue au nouveau président français, comme l'écrit avec précision Guillaume Piketty dans la biographie[1] qu'il consacre à Pierre de Chevigné avec le soutien de son petit-fils, Henri de Castries.

Cette biographie détaillée contient une lettre manuscrite que le général de Gaulle écrivit depuis Londres à Pierre de Chevigné, le 18 février 1942, pour lui confier la mission d'implanter aux États-Unis une antenne de la France libre : « Mon cher ami, votre mission commence. Elle est, comme vous le sentez, capitale. Il s'agit de faire beaucoup avec peu et en partant de presque rien. »

C'est par cette phrase que, nommé Premier ministre, j'ai choisi de commencer mon discours de politique

1. *Français, libre*, Paris, Tallandier, 2022.

générale, prononcé devant l'Assemblée nationale le 1er octobre 2024. Faire beaucoup pour répondre aux nombreuses attentes des Français. Avec peu, compte tenu de l'état de nos finances publiques. Mais j'avais pris le soin de préciser que je ne partais pas de presque rien, en me référant aux nombreux atouts de notre pays et au travail de mes prédécesseurs. Combien d'hommes et de femmes politiques, dans des circonstances bien moins tragiques que celles que connut Pierre de Chevigné, auraient besoin de recevoir un tel ordre de mission ?

Quand une défaite électorale prépare l'avenir : Jean-Claude Juncker me bat, puis me fait confiance

Le congrès du Parti populaire européen (PPE), qui rassemble plus d'une trentaine de partis de droite et de centre droit en Europe, à Dublin en mars 2014 fut un vrai moment de démocratie interne. Notre parti avait alors milité avec le Parti socialiste européen, les Libéraux et les Verts pour instaurer le système du *Spitzenkandidat*[1]. Il s'agissait de mettre davantage de démocratie dans les institutions européennes et de lier directement, dans l'esprit même du traité de Lisbonne, l'élection européenne et la désignation du président de la Commission européenne. Chaque grand parti européen désigna alors son porte-étendard et il fut décidé que celui des partis qui obtiendrait le plus de sièges au Parlement européen aurait la priorité pour proposer son chef de file à la présidence de la Commission européenne.

Le PPE chercha évidemment à donner l'exemple en organisant une primaire ; dans ce contexte, encouragé par beaucoup, je décidai de participer au sein du PPE à cette élection interne. J'étais alors commissaire européen en charge du Marché intérieur et des Services

1. Tête de liste en allemand.

financiers et le président sortant, José Manuel Barroso, ne se présentait plus. Mon handicap le plus important était sans doute d'être français et que la France fût dirigée à l'époque par le Parti socialiste et François Hollande. Cela me privait du soutien actif du président de mon pays au sein même des instances du PPE.

Je pris donc la précaution, avant d'officialiser ma candidature, de rencontrer tous ceux, parmi les Premiers ministres appartenant au PPE, qui étaient susceptibles de se porter candidats avec davantage d'atouts que moi. Donald Tusk à Varsovie, Enda Kenny à Dublin, Jean-Claude Juncker à Luxembourg, chacun me répondit qu'il ne se présenterait pas.

Mais quelques semaines plus tard, battu aux élections dans son pays, Jean-Claude Juncker se trouva libéré de son poste de Premier ministre et changea de position. Il y fut encouragé, sans trop de surprise, par les Allemands de la CDU-CSU. Voilà comment nous nous retrouvâmes face à face au congrès de Dublin pour demander aux 700 délégués représentant les vingt-sept pays de l'Union de nous départager. J'avais en effet maintenu ma candidature malgré les pressions nombreuses venant d'Allemagne et même du président – français – du PPE à l'époque, Joseph Daul.

Le résultat fut clair et, pour ce qui me concerne, honorable. À l'issue d'un vote à bulletins secrets, Jean-Claude Juncker l'emporta avec 60 % des suffrages, fort de l'appui personnel d'Angela Merkel et de la CDU-CSU, qui avaient convaincu au dernier moment la grande délégation du Partido Popular espagnol (chrétien-démocrate) de voter pour leur candidat. Le combat avait été loyal, il n'y avait aucune rancune entre nous. Notre amitié était intacte. Un peu plus tard, après la nette victoire du PPE aux élections européennes, Juncker fut logiquement proposé comme président de la Commission européenne par le Conseil européen puis investi par le Parlement européen.

À deux reprises dans les deux années qui suivirent ce congrès, Jean-Claude Juncker m'adressa un signe de confiance. D'abord en me nommant son conseiller spécial pour la défense. Il fut alors le premier président de la Commission européenne à marquer son engagement pour une vraie politique européenne de défense, et son chef de cabinet, Martin Selmayr, appuya personnellement mon action et mes propositions. Ce furent les premières étapes d'une stratégie européenne de défense avec l'idée d'un fonds européen d'investissement spécifique et d'une coopération structurée. À l'époque, le président de la Commission disposait d'un véritable centre d'analyse et de prospective, l'EPSC, et c'est sous ce timbre que je publiai avec mes conseillers de l'époque, le Norvégien Georg Riekeles et le Français Guillaume de La Brosse, deux notes qui font aujourd'hui sens dans le contexte de la guerre provoquée par la Russie en Europe et aux portes de l'Union.

Jean-Claude Juncker me fera une seconde fois confiance en me proposant la mission de négociateur en chef de l'Union européenne sur le Brexit, à la suite du référendum britannique de juin 2016.

Je garde de cet homme chaleureux l'image d'un dirigeant européen convaincu que, pour certains enjeux, le « tout », c'est-à-dire l'action commune des Européens, est plus efficace et pèse plus lourd que l'addition des initiatives nationales. Tout au long de sa vie politique à la tête du gouvernement du Luxembourg, il a joué avec succès l'intermédiaire entre François Mitterrand et Helmut Kohl, entre la France et l'Allemagne et avec tous les autres. Les petits détails l'intéressaient moins que les grands enjeux. Mais il s'intéressait toujours, et continue de s'intéresser, aux hommes et aux femmes qui croisaient sa route.

Chapitre 5

Créer une morale collective de l'action

« Certains mots doivent être compris au singulier plutôt qu'au pluriel. C'est le cas du mot "honneur". »[1]

Jean d'Ormesson

1. RTL, 4 novembre 2012.

Créer une morale collective : *team building* au ministère de l'Agriculture

Au lendemain du référendum perdu du 29 mai 2005 sur la Constitution européenne, le nouveau Premier ministre, Dominique de Villepin, décapite toute l'équipe du Quai d'Orsay.

Quelques mois après avoir quitté cette belle administration, je saisis la main tendue par Alain Mérieux, grand patron lyonnais humaniste, et je rejoins la holding de son groupe comme vice-président en charge des relations internationales.

C'est une expérience que je n'oublierai pas, au milieu d'un long parcours d'élu et de responsable de collectivités publiques. Ce groupe est alors constitué de cinq sociétés dont le « navire amiral », bioMérieux. À part une acquisition américaine, le groupe est solidement implanté dans l'Hexagone et plus précisément dans la région Rhône-Alpes, qui est aussi la mienne et où Alain et Chantal Mérieux ont tant d'attaches et de racines.

Alain Mérieux est un véritable entrepreneur, toujours à l'affût, jamais blasé, profondément attaché à son territoire. Il sait que le monde bouge et change très vite. Voilà pourquoi il s'investit et il investit dans cet immense pays qu'est la Chine, au point d'être sans doute le seul grand patron occidental à être reçu il y a encore quelques mois en tête à tête par le président Xi Jinping.

Il faut avoir participé au dîner d'anniversaire de bioMérieux le 22 juin 2023, qui occupait toute la halle Tony-Garnier à Lyon et où étaient invités les 9 000 collaborateurs de la société. Cette entreprise est efficace et unie parce qu'il y règne une morale collective insufflée par son président, une fierté commune. Alain Mérieux l'entretient et la cultive.

Ainsi, pendant le temps de ma présence à ses côtés, je participe au début de l'année 2007 à l'une des « conventions du management » qu'il organise dans le sud de la France en réunissant toutes les équipes de recherche et développement du groupe. Il y a là plus de 600 personnes pendant trois jours et le président du groupe donne de sa personne tout au long de ces journées pour rencontrer, écouter et motiver les uns et les autres. J'ai dit alors à Alain Mérieux que les administrations publiques, et l'État en particulier, seraient bien inspirées d'organiser de telles réunions de *team building*.

Lorsque Nicolas Sarkozy et François Fillon me proposèrent de revenir au gouvernement comme ministre de l'Agriculture et de la Pêche, en mai 2007, j'emportai cette leçon reçue au sein du groupe Mérieux. En 2008, je donnai rendez-vous dans le Gard, dans un centre de vacances réservé pour l'occasion, à 600 cadres du ministère de l'Agriculture, de l'administration centrale à Paris et des directions régionales et départementales, avec des invités extérieurs venus partager leur expérience. Franck Riboud, P.-D.G. de Danone à l'époque, expliqua comment il faut s'efforcer de « transformer le changement en progrès ». Ce fut un séminaire intense et fructueux. Je ne crois pas que, dans ce ministère, ni dans beaucoup d'autres, les fonctionnaires aient eu beaucoup d'occasions de se réunir ainsi.

De l'importance d'avoir des équipes motivées et soudées. Mais aussi plurielles et diverses. Au ministère de l'Agriculture, j'avais recruté un jeune Norvégien dans mon équipe diplomatique, Georg Riekeles…

Georg Riekeles, toujours curieux, brillant, et quelquefois impertinent. Nous nous sommes croisés pour la première fois dans le grand amphithéâtre Émile-Boutmy de Sciences Po en 2001, à l'occasion d'une conférence que je donnais sur la défense européenne. Il m'a interpellé par une question un peu rude, dans un français impeccable. À la fin de cette conférence, nous nous sommes retrouvés autour d'une bière et avons sympathisé. Il a fait dès lors partie de mes équipes, où il a su se rendre indispensable.

Plus tard, en 2009, nommé commissaire européen, j'ai naturellement voulu l'intégrer dans mon cabinet, mais cette nomination s'est immédiatement heurtée au veto du président de la Commission, José Manuel Barroso. J'en ai alors fait une question personnelle, allant moi-même plaider sa cause dans le bureau du président. « Il n'est pas citoyen européen. Et pourquoi pas un Chinois, pendant que tu y es ? » me rétorqua Barroso.

J'ai dû démontrer qu'il y avait déjà une bonne vingtaine de Norvégiens au sein des différentes instances européennes, et que, dans le passé, Jacques Delors lui-même avait recruté un stagiaire américain. « Je réponds de sa loyauté ! » ai-je dû assurer pour obtenir un accord, en rappelant au président Barroso que la Norvège était depuis longtemps partie intégrante et active du marché intérieur européen.

Georg Riekeles jouera à mes côtés un rôle névralgique dans l'équipe de négociation du Brexit avec les Britanniques.

De la bonne gestion des deniers publics : déménagement du ministère de l'Environnement

Nommé ministre de l'Environnement par Édouard Balladur le 30 mars 1993 au sein d'un gouvernement de cohabitation, je prends aussitôt mes marques le premier jour avec comme seuls collaborateurs Claude Faure, qui dirige à mes côtés les services du département de la Savoie et Jean-Marc Eysseric, efficace conseiller pour la presse. Le ministre et le cabinet se trouvent alors dans un hôtel particulier de l'avenue Georges-Mandel. Quant aux services, ils sont entassés dans un immeuble poussiéreux en bord de Seine, à Boulogne-Billancourt.

Le jour de la passation de pouvoir, j'ai rendez-vous au fond du couloir avec la ministre sortante, Ségolène Royal. Comme les autres ministres de gauche qui ont été battus, elle a fait ses cartons. Tous ses collaborateurs ont disparu. Aucun n'a laissé la moindre note de suivi pour aucun dossier. Elle-même, péremptoire comme souvent, me reçoit sans cacher son amertume et son hostilité. « Sur les dossiers à suivre, vous n'aurez qu'à demander aux services de vous faire le point, me dit-elle. J'ai simplement une affaire engagée que vous devriez conclure sans problème, c'est le regroupement du ministère et des services en un seul endroit. Nous avons longuement négocié avec le groupe Bouygues pour louer une tour à la Défense, voici le dossier, il me paraît normal que ce soit vous qui le signiez. » J'avais au sujet de ce regroupement une idée assez précise… mais certainement pas la même que Ségolène Royal !

Je crois ce jour-là n'avoir même pas ouvert le dossier que me tendait Mme Royal ; je lui répondis : « Je n'ouvrirai pas ce dossier, madame, vous pouvez le garder. Je n'installerai pas le ministère à la Défense, loin de tous les autres ministères avec lesquels nous devons travailler. »

Ségolène Royal n'avait pas fait grand-chose. Nommée ministre de l'Environnement le 2 avril 1992, elle avait d'ailleurs dit à son équipe : « Comme nous n'avons pas le temps d'agir, nous allons parler ! »

Quelque temps plus tard, à la faveur d'une conversation avec Clara Gaymard, alors directrice de cabinet du ministre des Affaires sociales, j'appris que la direction de la Poste qui occupait un grand immeuble appartenant à l'État, avenue de Ségur, allait déménager. L'emplacement était idéal, à quelques centaines de mètres de Matignon ou encore du ministère de l'Équipement, de l'Industrie, et de la direction de la pêche.

Nous avons aussitôt posé une option pour nous installer tous, services et cabinet, à cet endroit, créant une synergie nouvelle et une dynamique dont ce petit ministère a toujours eu besoin pour exister et affronter les vents contraires au sein du gouvernement.

Cette histoire a une autre morale : le ministère du Budget dirigé par Nicolas Sarkozy a tellement été surpris qu'un ministre propose de lui-même une économie de loyers de plusieurs millions par an qu'ils laissèrent exceptionnellement le montant de cette économie dans mon budget. Nous avons alors décidé d'affecter cette somme, en totalité, au Conservatoire du littoral, dont le budget en cette année 1994 fit un bond historique et durable.

Plus tard, nommé au ministère des Affaires étrangères, je ne mis pas beaucoup de temps à mesurer la distance et le contraste entre le somptueux hôtel du Quai d'Orsay réservé au ministre et à son cabinet et l'ensemble des services et directions.

Toutes celles et ceux qui y ont travaillé peuvent en témoigner : le Quai d'Orsay n'est pas le plus commode des lieux de travail. La plupart des bureaux y sont petits et biscornus. Qui plus est, le bâtiment ne permet pas d'accueillir tous les agents du ministère des Affaires étrangères, qui sont en 2004 encore disséminés sur onze sites différents dans Paris.

Je garde en mémoire les paroles d'un grand P.-D.G. : « Quand on regroupe les personnels dans un même lieu, on crée une nouvelle synergie, on fait des économies, on renforce l'esprit d'équipe. » Après m'être assuré du soutien unanime des syndicats, j'engage donc le chantier du regroupement des agents dans un seul lieu. Je mets plusieurs sites à l'étude, dont des tours situées en face de TF1, l'île Seguin, d'immenses bâtiments de bureaux vides parallèles à Bercy, et le site désaffecté de l'hôpital Laennec. Le Quai d'Orsay restructuré devait quant à lui être transformé en centre international de conférences.

Dans ce projet d'ampleur, je suis soutenu par le président de la République, Jacques Chirac. Le ministre de l'Intérieur de l'époque, Dominique de Villepin, très attaché aux ors de la République, préfère me mettre en garde : « Tu vas te faire piquer le Quai d'Orsay par le Premier ministre. »

Le nouveau Premier ministre n'aura finalement pas l'occasion de me « piquer » le Quai d'Orsay puisque, aussitôt arrivé à Matignon, Dominique de Villepin, avec l'aide de son ministre des Affaires étrangères, Philippe Douste-Blazy, choisit d'enterrer le projet. Une partie du ministère s'installera finalement à Convention, dans le XVe arrondissement.

À Paris, les pouvoirs publics ont pris leurs habitudes dans des palais, des hôtels particuliers et des salles, notamment dans le VIIe arrondissement. Est-ce aujourd'hui le plus commode et le plus efficace ? À coup sûr pas le plus économe pour le budget public. Je fais la part du prestige et de la dignité qui doivent s'attacher à des lieux de pouvoir et à ceux qui les occupent temporairement.

On est loin cependant de la simplicité et de la modernité des ministres danois ou norvégiens !

C'est à cela aussi que je pense dans ma toute dernière interview télévisée comme Premier ministre, le 3 décembre 2024, devant 11 millions de téléspectateurs des deux chaînes TF1 et France 2 qui m'interrogeaient : « Les dorures, je m'en fous ! »

Quand les bureaucrates prennent le pouvoir : les discours sur la politique régionale

Eneko Landaburu était en 1999 directeur général de la Commission européenne pour la politique régionale. Un très haut fonctionnaire chevronné, chaleureux et compétent, basque, d'une famille éprouvée par la violence de l'ETA, socialiste et humaniste. Il fut un peu plus tard, légitimement, déçu de ne pas avoir été nommé secrétaire général de la Commission européenne.

Très vite s'est établie entre nous une relation amicale et confiante. Néanmoins, au tout début, en octobre 1999, son premier réflexe fut naturellement de vouloir me transformer en porte-parole de sa direction générale. Arrivant avec mon cabinet dirigé par Christine Roger mais n'ayant aucune expérience des usages et méthodes de la Commission, je lui demandai :

— Monsieur le Directeur général, comment devons-nous travailler ensemble ? Quelles étaient vos habitudes avec mon prédécesseur, Monika Wulf-Mathies ?

— Monsieur le Commissaire, c'est très simple, chaque vendredi après-midi, nous faisions le point ensemble et avec nos équipes respectives. Ce jour-là d'ailleurs, si vous le voulez bien, je vous apporterai des projets de discours que nous préparerons pour vous. Il y a de nombreux congrès, des conférences, des débats où vous êtes sollicité, partout en Europe et à Bruxelles. Vous pouvez vous appuyer sur nous, nous avons l'habitude.

Nous nous sommes ainsi retrouvés pour une première relecture des sept ou huit discours prévus pour différentes manifestations dans les semaines à venir. La direction générale avait évidemment changé de langue, passant de l'allemand au français, mais certainement pas de style. Au hasard, je pris un texte dans la pile de discours placée au milieu de la table. Il s'agissait du projet de discours pour le congrès des maires de France qui aurait lieu quelques jours plus tard en novembre, à Paris. Je commençai à lire à haute voix ce discours, butant sur des sigles, des mots, des abréviations que je ne comprenais pas : « Objectif 1-2-3 », « Urban », « Docup ». Le langage bureaucratique dans toute sa splendeur, qui fait que la distance se creuse tant entre les citoyens et la Commission européenne. Je m'interrompis alors… « Si vous imaginez, monsieur le Directeur général, que je vais lire un tel discours, vous vous trompez ! Il y aura devant moi 3 000 maires, dont les maires de Savoie et sans doute le maire de Bourg-Saint-Maurice dont j'ai été le conseiller général pendant vingt-sept ans ! Savez-vous ce que ce maire va penser en m'écoutant si je lis ce discours ? "Barnier, ça fait un mois à peine qu'il nous a quittés pour monter là-haut, à Bruxelles. Et on ne comprend déjà plus ce qu'il nous dit !" »

Depuis ce jour-là, j'ai prononcé de nombreux discours. Mes équipes avaient l'instruction d'éviter systématiquement des mots, des sigles incompréhensibles et trop de chiffres. À Bruxelles comme à Paris, quand les fonctionnaires ou les bureaucrates prennent le pouvoir, c'est que les femmes et les hommes politiques le leur ont laissé.

Pro et sympa : les voies de l'esprit d'équipe

« J'ai pris la décision de te nommer Premier ministre. »

Le président de la République Emmanuel Macron et moi avions pris l'habitude de nous tutoyer depuis le temps où lui était secrétaire général adjoint de l'Élysée en charge des questions économiques et financières, et moi, commissaire européen. Ce jeudi 5 septembre au matin, je mesure sans émotion la gravité de ce moment et de cette décision.

Je m'y suis préparé depuis la veille à la suite du long entretien que j'ai eu dans la soirée avec Emmanuel Macron.

Au fond, cette journée du jeudi 5 septembre est assez simple. Je réunis très tôt mon équipe rapprochée avant de me rendre à l'Élysée. L'annonce officielle de ma nomination est faite à midi par communiqué de presse du Palais.

C'est dans l'appartement qu'Isabelle et moi louons que je prépare la passation de pouvoir. Notre fils Benjamin tape lui-même les quelques lignes de mon allocution.

Dans la petite équipe qui m'entoure, il n'y a aucune forme de triomphalisme ni de jubilation. Chacun est concentré et sait ce qui l'attend.

Prise au dépourvu, Isabelle descend à la supérette voisine. Elle est aussitôt assaillie par les journalistes regroupés devant l'immeuble qui l'interrogent en direct sur les chaînes d'information en continu :

— Dans quel état d'esprit se trouve votre mari ?

— Il est concentré, il va faire de son mieux et on sera là pour l'entourer !

Un peu plus tard, vers 19 heures, après la passation de pouvoir, nous partageons un verre pour la première fois à Matignon. Il y a là Isabelle Misrachi, arrivée de Bruxelles où elle commençait tout juste sa retraite, Marie-Claire Carrère-Gée, sénatrice de Paris qui est à mes côtés depuis la primaire des Républicains en 2021, tout comme Antoine Lévêque, qui m'aide pour la presse, Simon Dufeigneux et Erwan de Rancourt qui me conseillent amicalement depuis des années, Robin Emschwiller et Guillaume Lamidon, mes anciens et actuels jeunes collaborateurs. Et évidemment, ma famille proche. Certains feront partie de l'équipe, d'autres non. Tous sont solidaires. Il n'y a dans ce groupe aucune forme d'arrogance. Au contraire.

Déjà prévaut le sentiment que le temps passe vite et qu'il faut dès maintenant bâtir une équipe solide.

Jérôme Fournel sera mon directeur de cabinet. C'est un inspecteur des finances brillant et compétent. Il connaît bien Alexis Kohler et l'entourage du président. Il est capable de m'aider dans l'urgence à bâtir un budget pour notre pays.

On me conseille de faire appel à un jeune préfet issu de la Légion étrangère ayant combattu en Afghanistan, Baptiste Rolland. Il sera efficacement à son poste de chef de cabinet dès le lendemain. Pour seconder

Jérôme Fournel, Valérie Bros et Jérôme Marchand-Arvier acceptent de prendre en charge les deux grands pôles de l'économie et de l'action sociale.

Je n'ai regretté aucun de ces choix.

Comme je l'ai souvent fait, j'ai besoin de mélanger les profils, de mutualiser les opinions. Le vendredi matin, Michel Cadot, grand serviteur de l'État et préfet respecté, accepte de me rejoindre comme conseiller auprès du Premier ministre. Il suivra directement les questions régaliennes, sécurité, immigration, justice et les outre-mers. Sous son autorité, ce pôle élargi démontrera pendant ces trois mois son efficacité et sa vision. Il est très vite renforcé par le chef de la BRI[1], Simon Riondet, l'unité intervenue lors de l'attentat islamiste au Bataclan le 13 novembre 2015.

Pour consolider cette équipe de tête de mon cabinet, je demande à Arnaud Danjean d'être mon conseiller spécial sur les questions politiques et géopolitiques. Ancien de la DGSE, puis député européen pendant quinze ans, Arnaud sait de quoi il parle sur les questions de défense et de sécurité. À Strasbourg et à Bruxelles, il est respecté et écouté. Il a toujours gardé solidement les pieds sur la terre de sa Bresse louhannaise natale. Il connaît la passion mais aussi les déceptions de la politique. Je lui fais confiance.

C'est sur cette équipe rapprochée que je m'appuie, avec le conseil de quelques autres, pour bâtir mon cabinet et réfléchir sans tarder à l'architecture du gouvernement.

Mon souci n'est pas et n'a jamais été de contraindre quiconque à travailler avec moi. Le critère pour

1. Brigade de recherche et d'intervention.

rejoindre mon cabinet n'est pas non plus partisan et politique. Il ne l'a jamais été. En revanche, j'ai besoin de collaborateurs compétents, loyaux, capables de former un vrai collectif au service du pays.

On dirait en anglais : il faut qu'ils aient un *team spirit* !

Aussitôt, tous se déploient pour rechercher et solliciter les meilleurs talents dans l'administration et ailleurs. C'est ainsi que le cabinet du Premier ministre sera très vite constitué, en quelques jours. Au total, 62 conseillers m'accompagneront, répartis en dix pôles.

Comme il est d'usage, ils seront réunis à mes côtés pour une photo collective sur les marches descendant vers le jardin de l'hôtel Matignon.

Une fois la séance photo terminée, j'ai voulu adresser quelques mots à ceux qui se tenaient face à moi sur ces marches. J'en connaissais certains : Matthieu Hébert, venu de Bruxelles reprendre sa place de conseiller pour les discours qu'il avait si bien tenue pendant quatre ans dans mon équipe du Brexit, ou Valérie Bros, devenue dirigeante d'entreprise après avoir été membre de mon cabinet au ministère des Affaires étrangères. Ou encore l'ancien député François Cornut-Gentille sur les sujets de l'industrie de défense.

Je découvrais le visage d'une grande partie d'entre eux, la plupart jeunes et enthousiastes ; j'ai beaucoup apprécié de travailler avec tous. Le pôle parlementaire, animé avec passion par Matthieu Labbé et Romain Marleix pour le Sénat, sera l'un des plus mobilisés pendant cette période.

Avec ces quelques mots devant ces spécialistes des questions économiques, budgétaires, sociales, agricoles, de sécurité, de justice, des collectivités territoriales ou encore d'éducation, conseillers parlementaires, politiques et communicants, je n'ai voulu donner qu'une seule consigne, une seule exigence que je me suis toujours efforcé de m'imposer à moi-même : « Soyez pros et sympas ! »

Pro et sympa. Voilà, selon moi, la formule qui résume le mieux ce qu'on est en droit d'attendre d'un décideur public, qu'il soit élu, membre d'un gouvernement, directeur d'une administration ou haut fonctionnaire.

Il s'agit évidemment d'être professionnel, c'est-à-dire compétent. Et, en vérité, à la hauteur de sa tâche. Cela ne veut pas dire être omniscient ni croire que l'on n'a rien à apprendre de personne. Dans les affaires de l'État comme en toute chose, les plus grands professionnels savent bien que l'on n'est jamais meilleur qu'en écoutant les autres, en prenant conseil auprès de ses pairs, en ne négligeant jamais aucune idée, d'où qu'elle vienne.

On attend d'un décideur public qu'il travaille dur, qu'il aille au fond des choses et ne se contente pas de l'à-peu-près quand il s'agit de l'avenir de son pays. Plus que jamais, alors que les Français pressentent confusément que les temps s'annoncent âpres, notre pays a besoin de professionnels, qui parlent seulement quand ils maîtrisent leur sujet, qui travaillent avec ardeur et ne se contentent pas de savoir vaguement, ou de loin. Des pros, voilà le type de gens dont j'ai toujours souhaité m'entourer, à plus forte raison dans les moments difficiles, lorsque le chemin est escarpé et le passage incertain.

C'est une des clés de l'action publique, mais ça n'est pas la seule.

J'ai toujours pensé, et les semaines passées à Matignon ont conforté cette conviction, qu'on ne fait rien sans affect. Un décideur public, quels que soient son intelligence, sa science, son savoir-faire, n'est guère plus utile qu'un ordinateur s'il n'est pas aimable, courtois, soucieux des autres. S'il n'a pas à cœur d'être utile à ses concitoyens. S'il n'est pas prompt à s'émouvoir du sort des gens. S'il n'est pas capable d'autodérision ni de plaisanterie. S'il sait écrire une note excellente mais ne prête pas attention aux tracas de ceux qui l'entourent. S'il peut démontrer brillamment mais ne sait pas sourire, simplement. En somme, s'il n'est pas sympa.

Je n'ignore pas que, parmi les collaborateurs qui m'ont accompagné, ma propension à leur répéter sans cesse, comme un mantra : « N'oubliez pas, soyez pros et sympas ! » a nourri chez eux, lorsque j'avais le dos tourné, les plaisanteries de bonne guerre que suscitent les manies des chefs. Tant mieux ! On m'a même rapporté qu'un groupe WhatsApp avait été créé pour véhiculer dans l'équipe les mots, les phrases qu'il m'arrivait de beaucoup répéter.

Cette morale collective, cette « morale de l'action » pour reprendre le mot de Georges Pompidou, donne à un cabinet, à une équipe, une efficacité et une crédibilité qu'aucune statistique, aucune évaluation ne pourra jamais mesurer.

Le 4 décembre, le soir de la censure, la messe dite, toute cette belle équipe m'a longuement applaudi à mon retour de l'Assemblée nationale, et j'en ai été très ému. Beaucoup d'entre eux avait les larmes aux yeux.

Ils s'applaudissaient en fait eux-mêmes, parce que cette aventure avait été collective.

Pour tout dire, j'ai été fier de cette équipe comme de mon gouvernement. Dix-neuf ministres de mon gouvernement seront reconduits par mon successeur, François Bayrou, qui reprendra dans son propre cabinet une quarantaine de mes collaborateurs.

Ils auront été pros et sympas et je souhaite qu'ils le restent !

Un ministre connaît parfois ses dossiers : premier Conseil des ministres de l'Environnement

C'était mon tout premier Conseil des ministres européens à Bruxelles, après avoir été nommé ministre de l'Environnement quelques semaines plus tôt en mai 1993. Un conseil très technique et complexe, bien peu bucolique. À l'ordre du jour : un projet de directive contre la pollution de l'air dans le secteur industriel.

J'étais accompagné de mon brillant et sympathique conseiller technique, Alexis Galley, dont le père Robert avait été ministre du général de Gaulle. À ses côtés, dans ma délégation, il y avait ce jour-là un conseiller du secrétariat général des affaires européennes, placé auprès du Premier ministre, et un « expert » du ministère de l'Industrie. Tous les trois hauts fonctionnaires et diplômés de grandes écoles. Ils étaient assis derrière moi quand débuta le Conseil des ministres. Comme c'est la tradition, après l'exposé du commissaire européen présentant son projet, les douze ministres de l'Union prirent la parole pour un tour de table. Quelques interventions passèrent puis j'entendis dans mon dos le jeune conseiller des services du Premier ministre dire à Alexis Galley sur un ton péremptoire, et sans beaucoup de discrétion : « C'est le moment, lâche-le ! »

Il parlait bien de moi... Comme si j'étais un cheval sur un champ de courses !

Cette injonction signifiait : « C'est le moment, dis à ton ministre qu'il demande la parole et qu'il lise le papier que nous lui avons préparé. »

Ce jeune haut fonctionnaire comprit assez tôt que, dans un tel cas, il ne faut pas parler si fort. À sa décharge, il avait sans doute l'habitude d'accompagner à Bruxelles des ministres qui arrivaient souvent en retard, partaient en avance, lisaient sommairement les dossiers préparés par leur cabinet. Forts de ces expériences, les hauts fonctionnaires comme lui cherchent à faire intervenir le ministre avant qu'il s'en aille afin d'assurer la continuité avec le représentant permanent, ambassadeur auprès des institutions européennes. Et ils ne s'embarrassent guère de précautions.

Un conseil à Bruxelles qui regroupe tous les ministres européens et la Commission est un moment important. Il faut y être au début et partir à la fin. Il faut écouter chacun de ceux qui y parlent et attendre en retour la même écoute de leur part. L'influence française ne se décrète pas, elle se construit chaque jour à de telles occasions par l'écoute, le respect, l'attention aux autres.

Quant aux dossiers, il vaut mieux les lire et les comprendre avant d'arriver ! Il n'est pas exclu qu'un ministre s'appuyant sur son expérience locale ou nationale puisse apporter sa propre valeur ajoutée à des éléments de langage ficelés par avance entre fonctionnaires !

Le sens de l'État : malaise du président Mitterrand en plein Conseil des ministres

Un mercredi d'avril 1995, je retrouve mes collègues du gouvernement à l'Élysée dans le salon qui jouxte la salle du Conseil des ministres pour le café traditionnel vers 9 h 45. Depuis deux ans, le Conseil commence rarement à l'heure, soit parce que François Mitterrand prend son temps, soit parce que son entretien personnel avec le Premier ministre, Édouard Balladur, se prolonge.

Ce jour-là, l'attente est plus longue que d'habitude, et ce n'est qu'à 10 h 30 que nous sommes invités à rejoindre la salle du Conseil avant que le président fasse son entrée. En cette fin de septennat, nous savons tous que François Mitterrand est sérieusement malade. Depuis des mois, il prend sur lui pour présider le Conseil des ministres le plus normalement possible et, malgré sa fatigue, commenter l'actualité, rappeler des points d'histoire et tracer des perspectives. J'ai, au-delà du président, du respect et de l'admiration pour l'homme politique passionné d'histoire et de littérature.

Au milieu de ce Conseil des ministres, et alors qu'il a donné la parole au ministre de l'Intérieur, Charles Pasqua, le président s'affaisse et perd connaissance un moment. Face à cette situation improbable, le Premier ministre invite Charles Pasqua à développer plus longuement son propos. Assis dans un coin de la salle, le secrétaire général de l'Élysée se lève et apporte au président de la République un sachet de poudre à avaler. Le président reprend alors conscience, reste à sa place pour un autre point à l'ordre du jour, mais, très vite, les débats sont abrégés et il met fin au Conseil des ministres.

Ce jour-là, il y a autour de François Mitterrand 33 ministres de la droite et du centre. Une seule personne dans la salle est proche de lui, Hubert Védrine. Nous mesurons tous la gravité du moment et l'émotion particulière qui s'y attache. Aucun de nous n'évoquera à la sortie ni les jours suivants le malaise du président de la République. Sans doute le sens de l'État ! En serait-il ainsi aujourd'hui ?

De la fidélité en politique : parcours parallèles avec Dacian Ciolos

En devenant président du conseil général de la Savoie en 1982, j'avais aussitôt cherché à impulser des politiques dans les domaines qui m'ont toujours paru importants, mais quelquefois contraires aux priorités de mes propres amis politiques. Ainsi de la protection de l'environnement et de la coopération avec des pays en développement. Avec l'aide de deux conseillers généraux eux aussi motivés, le socialiste Jean Fressoz et mon fidèle compagnon de route Albert Gibello, nous nous engageons tour à tour dans trois projets de coopération décentralisée, en Casamance au Sénégal, à Haïti, et en Roumanie, trois pays francophones ou francophiles où les besoins vitaux étaient nombreux.

Le projet de coopération avec la région d'Arges, située au nord-ouest de Bucarest, débuta en 1988, et une première délégation de cette région fut reçue en Savoie. Avec quelques élus se trouve un jeune fonctionnaire du ministère de l'Agriculture roumain, Dacian Ciolos. Le contact entre nos deux équipes est cordial, efficace, et devient amical au fil des rencontres à Chambéry ou à Pitesti. Le conseil général des jeunes collégiens qu'anime avec dynamisme Xavier Trosset à Chambéry se rend même en Roumanie.

Dacian Ciolos, francophone et marié à une Française, devint au fil des années sous-directeur de son administration nationale et gravit les échelons, comme son mérite le justifie. Nous nous voyons régulièrement jusqu'à nous trouver l'un et l'autre au même moment ministres de l'Agriculture de nos pays respectifs. Pendant la présidence française de l'Union européenne, en 2008, Dacian Ciolos m'aidera beaucoup à convaincre nos collègues ministres des pays d'Europe centrale et orientale à faire passer une réforme partielle de la politique agricole commune, qui sera l'un des acquis majeurs de cette présidence.

Un peu plus tard, Dacian Ciolos m'informe que le directeur général de l'agriculture à la Commission européenne lui a proposé d'en devenir l'un des directeurs. Ma réponse est assez tranchée : « Tu es ministre de l'Agriculture dans ton pays, tu ne vas pas accepter de devenir simplement directeur à la Commission européenne. Tu peux faire beaucoup plus. Pourquoi ne pas devenir commissaire européen pour la Roumanie, la prochaine fois ? »

Ainsi, il se met en campagne avec mon soutien. En visite à Bucarest, je saisis l'occasion d'une audience avec le président de la République, Traian Băsescu, pour plaider la cause de Dacian Ciolos. Je ferai de même auprès du président du Sénat roumain, Mircea Geoană, qui anime le Parti socialiste dans l'opposition. « Avec un candidat comme Dacian Ciolos, la Roumanie peut, j'en suis sûr, obtenir l'un des grands postes à la Commission européenne. »

Un peu plus tard, en octobre 2009, Dacian Ciolos est proposé comme commissaire à l'Agriculture par le président Barroso. Nous nous retrouverons tous les deux dans ce collège, souvent solidaires et durablement amis, une amitié née vingt ans plus tôt dans une rencontre locale et que nous avons l'un et l'autre cultivée. J'ai souvent constaté qu'on sait rarement, en France, prendre le temps de tisser des liens avec des personnalités étrangères, les accueillir dans un cadre privé, entretenir par des mots ou des gestes des amitiés qui sont riches et souvent passionnantes.

La force de l'incarnation : messe en mémoire de Robert Blanc

Robert Blanc, le charismatique « trappeur » des Arcs, si souvent coiffé de sa toque à queue de castor est mort le 4 février 1980. Robert Blanc était un homme d'ascension, alpine tout d'abord pour son territoire des Arcs, sa vallée, son pays de Savoie qu'il aimait tant. Ascension sociale aussi, lui, le berger devenu guide de montagne puis porte-drapeau de cet immense domaine skiable aux côtés de Roger Godino, Bernard Taillefer, Charlotte Perriand et tant d'autres.

Aujourd'hui encore, je me rappelle avec émotion la messe célébrée en sa mémoire au-dessus du hameau de la Ville-des-Glaciers, sur les hauteurs de Bourg-Saint-Maurice, en passant par la route du cormet de Roselend, là où sera inauguré un refuge portant son nom. Robert Blanc a été emporté par une avalanche, tué par ce qu'il aimait, par sa raison de vivre, la neige, la montagne, la nature. En son honneur, lui l'homme mascotte de la station des Arcs, un air de trompette fut joué dans cette cathédrale naturelle nichée à 2 000 mètres d'altitude.

Chaque été, à chaque étape vers le cormet de Roselend, sur le Tour du Mont-Blanc, je repense à cet hommage, à cet homme hors de l'ordinaire. Un grand projet, et la création d'une station de montagne en était un à coup sûr, a davantage de chances d'aboutir s'il est incarné.

La transparence plutôt que les fuites : une méthode inédite à Bruxelles

C'est Jean-Claude Juncker qui, le premier, comprit que la transparence serait la clé de la confiance. Être désigné comme négociateur de la Commission européenne pour le Brexit était nécessaire, mais pas suffisant. Le Conseil européen, composé des chefs d'État ou de gouvernement des vingt-sept, d'un côté, et le Parlement européen, de l'autre, auraient pu légitimement eux aussi désigner leur propre négociateur. Il aurait alors fallu en permanence parlementer à trois pour le seul bénéfice des Britanniques, qui auraient bien sûr joué les uns contre les autres.

Dès le début de ma mission, en septembre 2016, le président de la Commission m'apporta son soutien pour que je devienne l'unique négociateur au nom des trois institutions. J'entrepris alors une tournée des capitales des vingt-sept. Mark Rutte, Premier ministre néerlandais et aujourd'hui secrétaire général de l'OTAN, donna le premier signal de confiance en me recevant lui-même à La Haye. Tous les autres chefs d'État et de gouvernement, parmi lesquels Angela Merkel et François Hollande, me confirmèrent le même soutien lors de mes visites. Il restait à convaincre le Parlement, qui désigna le tonique Guy Verhofstadt pour coordonner le travail des groupes politiques sans pour autant chercher à négocier à ma place.

La contrepartie de cette confiance a été une promesse rare et difficile, en tout cas à Bruxelles : celle d'une véritable transparence. En effet, la Commission européenne avait jusqu'alors la prérogative de négocier seule des accords politiques et internationaux, et l'habitude d'en rendre compte épisodiquement aux autres institutions. Malgré les réserves de Martin Selmayr, le tout-puissant chef de cabinet du président, celui-ci se porta garant de cette méthode nouvelle. Au moment de la mettre en œuvre, j'ai d'abord expliqué en souriant que cette transparence valait bien mieux et bien plus qu'une succession de fuites. Ainsi, mes deux adjointes et moi-même avons tout dit de la négociation, dans le détail, à tout le monde, sur tous les sujets, et au même moment.

Le Conseil des ministres mit en place un groupe spécial sous la férule efficace de Didier Seeuws ; au rythme d'une réunion par semaine, notre équipe informa tour à tour les vingt-sept « délégués Brexit », ou les vingt-sept ambassadeurs, du contenu précis des négociations. Chaque Premier ministre ou président recevait ainsi un télégramme diplomatique le jour même. Au bout de quelques mois, la confiance était établie et la preuve était faite d'une véritable transparence. Promesse tenue !

À l'initiative du président du Conseil européen, Donald Tusk, et avec l'accord de Jean-Claude Juncker, je fus très tôt et exceptionnellement invité à chacun des Conseils européens lorsqu'un point Brexit était à l'agenda. Ce contact direct et régulier à la table des chefs d'État ou de gouvernement fut une seconde clé de la confiance.

Enfin, malgré la fatigue et le temps que cela exigeait, je pris la décision de visiter chaque semaine, pendant les quatre années de la négociation, une capitale européenne, pour y retrouver dans son bureau le Premier ministre ou le président, pour rencontrer aussi les ministres clés, les parlementaires nationaux dans une audition publique et les dirigeants des syndicats et du patronat. Y compris à Budapest, pour y retrouver le Premier ministre Viktor Orbán durant des visites soigneusement préparées par mon assistant Barthélemy Piche, qui connaissait bien la Hongrie pour y avoir effectué un stage dans le cadre d'Erasmus.

Cette transparence et ce dialogue, pratiqués avec sincérité, assiduité et méthode, eurent un autre mérite encore que de faciliter du côté européen la confiance des dirigeants et le travail en commun. Ils eurent une vertu pédagogique. Nos explications et nos échanges, à Bruxelles et dans chaque capitale, ajoutés aux échos de presse sur le chaos et les turbulences provoqués au Royaume-Uni par le Brexit lui-même, démontrèrent assez vite un peu partout les conséquences négatives d'un retrait de l'Union européenne. Au fil des ans, on entendit ainsi de moins en moins fort les Marine Le Pen, Geert Wilders ou Matteo Salvini plaider dans leurs pays pour une sortie de l'Union européenne ou de la zone euro.

Depuis, le Royaume-Uni fait l'expérience de la solitude dans un monde où les liens historiques et culturels du Commonwealth comptent moins que les intérêts commerciaux et politiques. C'est le chacun pour soi ! Le grand allié américain, sous la houlette de Donald Trump, joue sa carte « *America first* » et même « *America only* » !

Presque dix années après le vote du Brexit par 52 % des Britanniques et ce divorce plutôt bien organisé, personne n'a jamais été capable de m'expliquer en quoi quitter le marché unique européen et l'union douanière représentait une quelconque valeur ajoutée, un quelconque intérêt national pour les Britanniques.

Qui ne se ressemble pas s'assemble : quand Rachida Dati imagine la famille Le Quesnoy

En juin 2009, le président de la République Nicolas Sarkozy fait le choix du tandem Barnier-Dati pour conduire la liste de la majorité en Île-de-France aux élections européennes. Il me demande en même temps d'être animateur de la campagne nationale dans les huit circonscriptions où nous sommes engagés.

Je lui donne rapidement mon accord, en lui redisant mon vif souhait d'être par la suite nommé commissaire européen dans la nouvelle Commission européenne qui prendra fonction à l'automne. Sarkozy accepte, ce qui ne l'empêchera pas d'ailleurs de proposer le poste à Jean-Pierre Raffarin – celui-ci le refusera.

Quant à Rachida Dati, après une longue résistance, elle accepte finalement d'être candidate. C'est une femme qui en veut. Elle a du tempérament et parfois de la hargne. Beaucoup de politiques ont gardé la trace de ses textos vengeurs ou menaçants. Fidèle à ses racines, elle s'est faite avec de l'ambition, du culot, du travail. Elle n'est pas banale, même quand elle bouscule ou provoque.

Notre tandem est improbable. Lors de notre première rencontre de préparation de la campagne, je dis à Rachida Dati : « Nous ne nous ressemblons pas, nous n'allons pas au même endroit. Mais durant cette campagne, il ne doit pas y avoir une feuille de papier à cigarette entre nous. C'est comme ça que cela marchera. » Et cela a marché !

De son côté, Rachida Dati dira à mon sujet dans une interview au journal *Le Parisien* : « "Oh là là, il est pas très drôle", m'ont prévenue quelques âmes charitables du microcosme. Entre nous deux, ça a marché tout le temps. J'imaginais la famille Le Quesnoy[1]. Pas du tout ! J'ai adoré sa femme Isabelle et ses trois enfants, qui le chambraient un peu quand il était coincé. On a fait campagne en Seine-Saint-Denis, il n'était jamais bégueule, allait vers les gens. J'ai même réussi à lui faire faire la boîte à questions de Canal +... »

Notre résultat était inespéré pour une liste du parti au pouvoir, de surcroît conduite par deux ministres en exercice : 29,5 %, le meilleur score de la droite et du centre à une élection européenne et un groupe de 30 députés motivés au Parlement européen !

---

1. Protagonistes du film populaire *La vie est un long fleuve tranquille*, d'Étienne Chatiliez.

Ne jamais sous-estimer le poids des photos : réunion avec les négociateurs britanniques

David Davis, secrétaire d'État britannique à la Sortie de l'Union européenne, revenait ce jour-là à Bruxelles pour un nouveau *round* de négociation. Il était accompagné d'Olly Robbins, l'efficace conseiller de Theresa May, ainsi que de l'ambassadeur du Royaume-Uni auprès de l'Union européenne à Bruxelles, Tim Barrow. Ce trio britannique est plutôt compétent et sympathique. J'avais proposé qu'avant de retrouver nos deux délégations pour une réunion formelle, nous fassions un point en petit comité dans mon bureau. Les Britanniques laissèrent leurs dossiers dans la grande salle et nous rejoignirent dans mon bureau au cinquième étage du Berlaymont, où je les reçus avec mes deux adjointes, Sabine Weyand et Stéphanie Riso, toutes deux respectées à Bruxelles pour leur compétence.

Nous posons nous-mêmes nos dossiers devant nous sur la table en verre. Une séance photo avait été demandée par les Britanniques, et leur chargé de presse n'avait à cet instant qu'un seul souci : il n'y avait aucun drapeau britannique dans mon bureau. Un peu plus tard, mon conseiller de presse Dan Ferrie soumettra chacune des photos aux Britanniques pour validation.

L'honneur est sauf ! Aucun drapeau n'est visible, ils donnent donc leur accord.

Cette photo fera le tour d'Europe. Personne n'avait vu, de leur côté comme du nôtre, ce qui saute pourtant aux yeux : les trois négociateurs européens sont attablés chacun avec un gros dossier alors que, face à eux, les Britanniques souriants sont assis sans aucune note ni dossier, comme s'ils venaient négocier les mains dans les poches, avec désinvolture. Et voilà comment une photographie publiée de bonne foi sur les réseaux sociaux peut être détournée, interprétée et commentée sans refléter la réalité. Le diable est souvent dans les détails !

De la nécessité d'illustrer et d'humaniser : la bataille des photos et des drapeaux à Bruxelles

Nommé commissaire européen à la Politique régionale en 1999 et chargé du second budget de l'Union européenne avec les fonds structurels, je décide d'aller saluer les fonctionnaires de la direction générale de la politique régionale, placée sous mon autorité.

En entrant dans le bâtiment, je découvre partout, à chaque étage, des murs gris ou blancs sans aucune image ou illustration. Chaque bureau, chaque couloir a la même froideur, le même anonymat. Bruxelles et l'Europe dans toute leur neutralité, leur uniformité, leur conformisme. Le décor est posé. C'est pourtant l'endroit qui voit passer le plus de visiteurs, car c'est ici qu'il y a le plus d'argent. Quelle impression pouvaient donc rapporter chez eux les innombrables visiteurs de cette direction générale, élus locaux, parlementaires, maires, acteurs économiques ?

Nous avons donc décidé d'habiller ces bureaux et ces couloirs. Chaque fonctionnaire, chaque bureau reçut la mission d'illustrer l'action menée sur le terrain. Quatre cents photos furent ainsi sélectionnées pour mettre en images des projets menés dans chacune des 242 régions de l'Union européenne. Des visages d'hommes et de femmes, des paysages, des équipements, tous accompagnés ou soutenus par l'Union européenne au titre de cette politique de cohésion qui doit tant à Jacques Delors. J'ai recommandé qu'à chacune de ces photos soient ajoutés deux drapeaux, évidemment le drapeau national du pays concerné, mais aussi le drapeau européen. L'Europe près de chez vous !

Dans le même esprit, en 2016, au tout début de la négociation sur le Brexit, mon équipe est installée dans une aile du cinquième étage du Berlaymont, siège de la Commission européenne à Bruxelles. Ces bureaux sont traditionnels et fonctionnels, et comme partout, les murs en sont gris ou blancs. Compte tenu de la nature sensible de notre travail, des précautions supplémentaires ont été prises. Les services compétents ont exploré les murs et les plafonds pour y déceler d'éventuels micros et l'entrée principale est contrôlée par un système de reconnaissance digitale. Il règne dans nos couloirs la même impression d'une institution européenne sans odeur, sans saveur, sans couleur.

J'ai alors demandé au secrétariat général de la Commission l'autorisation de faire installer dans le couloir menant à mon bureau les drapeaux de chacun des vingt-sept pays de l'Union européenne. C'est une première ! Nulle part ces vingt-sept drapeaux nationaux ne sont présents dans les bureaux de la Commission européenne, au contraire de la pratique en vigueur au Conseil et au Parlement européens. La première réponse fut évidemment négative. Il m'a fallu rappeler que cette équipe du Brexit négociait à la fois pour la Commission, le Parlement européen et tous les États membres. Rien n'y a fait. Jusqu'à ce que

Jean-Claude Juncker lui-même tranche et me donne raison sur la recommandation de sa cheffe adjointe de cabinet, Clara Martinez.

De la nécessité d'illustrer, de personnaliser et d'humaniser les locaux des administrations.

Chapitre 6

Ne jamais sacrifier l'avenir au présent

« Seuls ceux qui ont la mémoire longue
sont capables de penser l'avenir. »

Friedrich Nietzsche

Un monde plus sûr est un monde plus juste : discours aux Nations unies

Une seule occasion m'a été donnée de m'exprimer devant l'assemblée générale des Nations unies, le 23 septembre 2004, et j'ai vécu ce moment comme un honneur.

Chaque pays est représenté brièvement par la voix de son président ou de son ministre des Affaires étrangères. La veille, le président Bush avait concentré son intervention sur la sécurité du monde et la liberté, la lutte contre le terrorisme et contre les régimes autocratiques complaisants avec les terroristes. Il n'était pas question que la France, solidaire des États-Unis d'Amérique dans le cadre de l'Alliance atlantique, s'écarte de cette ligne. Mais, à mes yeux, la sécurité n'était pas le seul ni le premier enjeu.

Dans cette enceinte unique et irremplaçable qu'est l'ONU, je choisis de prendre dans mon discours le contrepoint de celui de George W. Bush. D'abord en soutenant fortement et sans ambiguïté l'action des Nations unies sur tous les fronts, son assistance à 17 millions de personnes réfugiées, son programme alimentaire qui aide près de 100 millions d'individus à survivre à travers le monde. Bref, sur ce point, un soutien au multilatéralisme.

J'ajoutai : « Nous luttons sans merci contre le terrorisme. Attachons-nous dans le même temps à traiter ses racines. Cela veut dire qu'il faut mettre fin aux situations que les terroristes exploitent. Redonner espoir aux exclus de la planète, redonner leur dignité aux peuples qui en sont privés, faire prévaloir partout le dialogue et la coopération entre les civilisations, les cultures, les religions plutôt que l'affrontement et l'intolérance. Un monde plus sûr et plus libre sera d'abord un monde plus juste. »

Aujourd'hui, je ne regrette pas d'avoir évoqué dans ce discours le conflit au Proche-Orient comme une priorité.

« Après les espoirs de Madrid, Oslo, Camp David et Taba, l'absence de perspectives nourrit aujourd'hui le désespoir, l'extrémisme et toutes les formes de violence. Cette crise centrale ne trouvera de solution qu'avec la relance d'un règlement négocié, fondé sur le droit international permettant à tous les peuples de la région de vivre dans la dignité et la sécurité. [...] Dans cette région du Moyen-Orient, qui ne voit que tout est fragile et tout se tient ? Qui ne comprend que, partout, la seule voie est celle de la souveraineté et de la justice pour les peuples ? »

Vingt ans plus tard, le monde est devenu plus complexe encore, plus imprévisible, plus fragile avec le changement climatique. Est-il plus sûr ? Est-il plus juste ? Je n'en suis pas certain.

Dans cette région du Proche-Orient en particulier, la barbarie inouïe dont le Hamas a fait preuve le 7 octobre 2023 dans son attaque terroriste au sud d'Israël, a provoqué dans le pays une réaction de légitime défense. La sécurité et l'intégrité d'Israël ne sont pas négociables. Et pourtant, il faudra bien que ces deux peuples se reparlent et trouvent le chemin pour vivre côte à côte. Le devoir moral et politique des Européens est, plus que jamais, de les accompagner.

La fin ne justifie pas toujours les moyens : le tour du monde en quatre-vingts heures

Le bilan carbone des déplacements gouvernementaux est enfin davantage pris en compte, mais le chemin est encore long. Il faut dire que nous partons de loin !

Fin juillet 1995, tout nouveau ministre des Affaires européennes, je reçois l'instruction du cabinet du chef de l'État de me rendre au Brunei où se réunissent les ministres des Affaires étrangères de l'ASEAN[1]. Ce n'est pas un cadeau.

Jacques Chirac vient de décider d'une nouvelle campagne d'essais nucléaires dans le Pacifique, en Polynésie. Tous les pays et micro-États sont vent debout contre cette annonce. Les États-Unis ne sont pas étrangers à cette contestation, tout comme le Japon ou l'Australie. Pourquoi envoyer là-bas le ministre des Affaires européennes ? L'Élysée m'explique que le ministre des Affaires étrangères, Hervé de Charette, est mobilisé ailleurs, tout comme le ministre de la Coopération, Jacques Godfrain. Bref, il n'y a pas à discuter, le président ajoutant : « Tu as été ministre de l'Environnement, cela sera peut-être utile ! »

1. L'Association des nations de l'Asie du Sud-Est.

Je participe donc les 1er et 2 août à différentes réunions où la France est mise en accusation. Je me souviens de mon arrivée dans cette salle où tous les regards se braquent sur moi, et où je prends place exactement face au secrétaire d'État américain, Warren Christopher. Ce fut un mauvais moment à passer. En marge de cette conférence, la France est d'ailleurs également exclue du Forum du Pacifique Sud.

Un an plus tard, les circonstances ont changé, la campagne d'essais est terminée et Jacques Chirac annonce leur fin définitive.

Un mercredi, le 5 septembre 1996, la sonnerie de l'interministériel retentit dans mon bureau. Seuls le Premier ministre et le chef de l'État utilisent cette ligne spéciale.

— Ici Jacques Chirac. Où as-tu prévu d'être samedi à midi ?

Après un coup d'œil éclair dans mon agenda, je lui réponds que je serai au concours agricole de Bourg-Saint-Maurice.

— Non, tu seras à Majuro !

— C'est où Majuro ?

— C'est la capitale des îles Marshall, et c'est là qu'a lieu samedi le Forum des États du Pacifique Sud. Ils vont réintégrer la France et exigent la présence d'un ministre. Je ne veux pas y envoyer Gaston Flosse, secrétaire d'État, et aucun autre ministre du Quai n'est disponible !

— Et je vais comment à Majuro ?

— Regarde s'il y a des avions de ligne, et si ça n'est pas le cas, tu prendras mon avion !

Et voilà comment, le lendemain soir, vers vingt-trois heures, nous sommes partis de Villacoublay dans le Falcon présidentiel. C'est pratique pour un périple de près de trente heures avec une première escale à Terre-Neuve, au Canada, puis à San Francisco et Honolulu, aux États-Unis, avant d'atterrir sur cet atoll assez pauvre de Majuro.

Je suis resté à peine vingt-quatre heures sur place, le temps de saluer tous les ministres présents et de tourner avec eux cette page en actant la réintégration de la France dans ce forum et en confirmant la fermeture du centre d'expérimentation d'essais nucléaires de Mururoa. Nous reprîmes ensuite le chemin inverse, faisant ainsi le tour du monde en moins de quatre-vingts heures. Aujourd'hui, on est heureusement bien plus attentif au bilan carbone des déplacements ministériels qu'à l'époque… Pour tout dire, je ne suis pas fier d'avoir dû faire un tel périple sur ordre du chef de l'État.

Déjà le 13 juin 1992, François Mitterrand lui-même n'avait pas donné le bon exemple. À l'époque, j'étais, dans l'opposition, un des rares députés de droite spécialisés en matière d'environnement, au sein de la commission des Finances de l'Assemblée nationale.

J'avais de bonnes relations avec l'équipe du président de la République, et en particulier avec sa conseillère Bettina Laville. C'est à elle que je dois d'avoir été du voyage à Rio de Janeiro, au Brésil, où se tenait le premier grand sommet mondial sur l'environnement. C'est d'ailleurs une autre femme de caractère qui avait initié cette prise de conscience globale des enjeux climatiques. Gro Harlem Brundtland, Première ministre de Norvège, avait rédigé un an plus tôt un rapport prémonitoire, « Notre avenir à tous ». « Il faut penser globalement et agir localement », avait-elle recommandé.

Les chefs d'État et de gouvernement du monde entier avaient été invités à Rio de Janeiro par le secrétaire général des Nations unies, et bien peu ont manqué cette rencontre.

Rendez-vous avait été donné à la délégation accompagnant François Mitterrand au pavillon d'honneur de l'aéroport de Roissy pour embarquer le samedi matin dans le *Concorde*. Simone Veil était là au titre du Comité 21 qu'elle avait créé. L'environnement était aussi une cause qui lui tenait à cœur. Le vol matinal dura trois heures. À l'arrivée, François Mitterrand, pris en charge par le cortège des voitures officielles, arriva à l'heure malgré les embouteillages pour prononcer son discours en fin de matinée. Quant à nous, membres de la délégation, nous fûmes transportés en bus de l'aéroport jusqu'au lieu du congrès à travers la circulation difficile de Rio. Je me souviens d'être entré dans la salle du sommet derrière Simone Veil, furieuse, quelques minutes seulement avant la fin du discours du président de la République. Après un déjeuner rapide, toute la délégation française fut reconduite à l'aéroport pour un retour immédiat vers Paris.

Paris-Rio-Paris en une petite journée… Bonjour le bilan carbone !

Quatre ans plus tard, en 1996, je me rendrai à La Paz, en Bolivie, pour représenter la France à une réunion des ministres des Affaires étrangères d'Amérique latine et centrale. Je connaissais le travail des chercheurs français de l'ORSTOM en particulier sur les glaciers tropicaux. Sur l'Altiplano, au pied d'un de ces glaciers, l'un des chercheurs me dit : « Ce que nous observons sur ce glacier, confortés par les observations de nos collègues en Indonésie mais aussi en Afrique, nous donne la certitude scientifique que le climat désertique aura gagné le sud de la France à la moitié du siècle prochain, c'est-à-dire autour de 2050. »

Nous y sommes. Presque !

Inutile d'insulter le passé pour préparer l'avenir : premier discours devant l'Assemblée nationale

Durant mon mandat parlementaire à l'Assemblée nationale, de 1978 à 1995, je n'ai eu que peu d'occasions de prononcer de grandes interventions à la tribune. À coup sûr, le rapport parlementaire sur le défi écologique, publié en 1992 sous le titre « Chacun pour tous, le défi écologique », restera la contribution législative dont je suis le plus fier aujourd'hui.

Onze ans plus tôt, en 1981, j'avais été choisi par le groupe RPR[1] et son président Claude Labbé pour donner la réplique au discours de politique générale du nouveau Premier ministre choisi par François Mitterrand après l'alternance, Pierre Mauroy. J'avais été pendant les trois années précédentes le benjamin de l'Assemblée nationale. C'est un titre que l'on perd assez vite ! À vrai dire, dans l'élection législative qui venait d'avoir lieu au lendemain de la dissolution décidée par François Mitterrand, mon souci avait moins été de rester le benjamin que de rester député…

Dans cette 2e circonscription de la Savoie qui n'échappait pas à la vague de gauche, puisqu'elle venait tout juste de voter à 51 % pour le candidat socialiste, je

1. Rassemblement pour la République.

fus réélu député dès le premier tour avec 54 % des voix. À l'Assemblée nationale, la droite et le centre étaient réduits à la portion congrue. Les candidats ne se bousculaient pas pour porter la contradiction au nouveau Premier ministre. Philippe Séguin fut l'un des rares à m'apporter un appui fraternel en m'aidant à préparer ce discours.

Il est toujours utile de vérifier après coup si l'on a eu raison ou tort de dire certaines choses ou de prendre certaines décisions. Les avertissements que je lançai ce jour-là au nom de l'opposition sur l'excès de bureaucratie, l'augmentation des prélèvements fiscaux et sociaux, l'échec des nationalisations se sont révélés justifiés. Mais force est de constater que la droite au pouvoir a pris sa part dans l'augmentation des prélèvements et l'aggravation du déficit public. « Monsieur le Premier ministre, vous n'avez pas besoin de travestir ou d'insulter le passé pour nous parler de l'avenir que vous préparez. » Pourquoi donc en effet faut-il toujours davantage critiquer les autres plutôt que de mettre en avant son propre projet ? Dans mes campagnes électorales sur le terrain, je prenais d'ailleurs soin de ne jamais citer le nom de mes concurrents.

Un peu plus loin dans ce discours, j'ajoutai : « Le pire est déjà de décourager par trop de contrôles, trop de bureaucratie, trop de contraintes ceux qui, dans nos régions, investissent, prennent des risques, créent des activités et des emplois. »

Nous sommes bien en 1981, pas encore en 2025 !

Enfin, « nous souhaitons de toutes nos forces le succès de la France. Nous ne désirons pas votre échec même si hélas, nous le craignons, parce que cela serait celui de la France. Notre peuple a mis un grand espoir dans le changement. Puisse cet espoir ne pas être déçu. »

Ainsi, j'exprimais avec une forme d'utopie l'idée qu'il vaut toujours mieux inviter les électeurs à voter positivement pour un projet que de s'opposer à celui des autres simplement par posture…

Un président doit aimer les arbres ! Pompidou, défenseur de l'environnement

Un écho dans les « Indiscrets » de *L'Express* me valut quelques sueurs froides et, sans doute, des inimitiés inutiles à l'Élysée. Dans un « off » qui n'en était pas vraiment un, je confiai à un journaliste : « Le problème de Jacques Chirac, c'est qu'il n'aime pas les arbres ! Pour être un bon président, il faut aimer les arbres. » J'ai en mémoire les longues promenades, parfois solitaires, du général de Gaulle dans la forêt au bas de sa propriété de la Boisserie, à Colombey-les-Deux-Églises. Georges Pompidou et François Mitterrand avaient l'habitude de méditations solitaires ou à deux au milieu des bois. Je ne crois pas que Jacques Chirac, pourtant les pieds sur sa terre de Corrèze, ait souvent trouvé le temps de telles promenades.

Georges Pompidou avait même porté au plus haut niveau la défense des arbres. La lettre que le président de la République adresse à son Premier ministre, Jacques Chaban-Delmas, le 17 juillet 1970, vaut d'être citée dans son intégralité :

Monsieur le Premier Ministre,

J'ai eu par le plus grand des hasards communication d'une circulaire du ministère de l'Équipement, direction des Routes et de la Circulation routière, dont je vous fais une photocopie.

Cette circulaire, présentée comme un projet, a en fait déjà été communiquée à de nombreux fonctionnaires chargés de son application puisque c'est par eux que j'en ai appris l'existence.

Elle appelle de ma part deux réflexions :

La première, c'est qu'alors que le Conseil des ministres est parfois saisi de questions mineures telles que l'augmentation de l'indemnité versée à quelques fonctionnaires, des décisions importantes sont prises par les services centraux d'un ministère en dehors de tout contrôle gouvernemental.

La seconde, c'est que, bien que j'aie plusieurs fois exprimé en Conseil des ministres ma volonté de sauvegarder « partout » les arbres, cette circulaire témoigne de la plus profonde indifférence à l'égard des souhaits du président de la République. Il en ressort en effet que l'abattage des arbres le long des routes deviendra systématique sous prétexte de sécurité. Il est à noter que l'on n'envisage qu'avec beaucoup de prudence et à titre de simple étude le déplacement des poteaux électriques ou télégraphiques. C'est que là il y a des administrations pour se défendre. Les arbres, eux, n'ont semble-t-il d'autres défenseurs que moi-même, et il apparaît que cela ne compte pas […].

La sauvegarde des arbres plantés au bord des routes, et je pense en particulier aux magnifiques routes du Midi bordées de platanes, est essentielle pour la beauté de notre pays, pour la protection de la nature, pour la sauvegarde du milieu humain. Je vous demande donc de faire rapporter la circulaire des Ponts et Chaussées et de donner des instructions précises au ministère de l'Équipement pour que, sous divers prétextes, vieillissement des arbres, demandes de municipalités circonvenues et fermées à tous soucis d'esthétique, problèmes financiers que posent l'entretien des abris et l'abattage des branches mortes, on ne poursuive pas dans la pratique ce qui n'aurait été abandonné que dans le principe et pour me donner une satisfaction d'apparence.

La vie moderne dans son cadre de béton, de bitume et de néons créera de plus en plus chez tous un besoin d'évasion, de nature et de beauté, l'autoroute sera utilisée pour les transports qui n'ont d'autre objet que la rapidité. La route, elle, doit redevenir pour l'automobiliste de la fin du XXe siècle ce qu'était le chemin pour le piéton ou le cavalier : un itinéraire que l'on emprunte sans se hâter en en profitant pour voir la France. Que l'on se garde de détruire systématiquement ce qui en fait la beauté.

Veuillez agréer, mon cher Premier ministre, l'assurance de mes sentiments les meilleurs.

Je pense souvent à cette lettre de Georges Pompidou, précurseur en matière de défense de l'environnement. Dans les forêts de Sologne, il y a en marge de notre propriété un arbre multiséculaire planté sous Henri IV, et donc daté d'environ 1600. Il faut au moins cinq personnes se tenant la main pour en faire le tour. Cet arbre m'inspire et, avec une forme de superstition que j'assume, il m'arrive d'aller l'admirer et quelquefois de m'y appuyer. Certains appellent cela la sylvothérapie !

Intérêt général contre intérêts privés : classement de la presqu'île de Giens

La protection de certains sites remarquables contre le béton et les spéculateurs est au cœur de la défense de l'intérêt général. Ces sites doivent être préservés et entretenus pour être ouverts au plus grand nombre plutôt que réservés à quelques privilégiés.

Voilà pourquoi, comme ministre de l'Environnement, j'ai apporté tant d'attention aux outils dont dispose l'État pour acquérir ou protéger des sites remarquables. Il y eut évidemment, et longtemps avant, la création de parcs nationaux, dont les premiers ont été celui de la Vanoise en Savoie et de Port-Cros, en 1963. Il y a aussi les parcs naturels régionaux qui offrent une bonne illustration de ce qu'est le développement durable. L'homme reste au milieu du site, il n'en est pas exclu. Simplement, à travers une charte que signent les communes et les acteurs économiques ou associatifs, chacun s'engage à faire attention, à être économe de ressources et d'espaces naturels qui ne sont ni gratuits ni inépuisables. Les activités agricoles ou industrielles sont ainsi préservées, mais aussi orientées pour protéger les espaces et les ressources naturelles. Il y a aujourd'hui en France métropolitaine et d'outre-mer 58 parcs naturels régionaux. J'ai personnellement soutenu dans ma région la création de deux parcs bidépartementaux : le parc de Chartreuse entre la Savoie et l'Isère et le parc des Bauges entre la Savoie et la Haute-Savoie.

Le parc naturel du massif des Bauges est né un samedi de novembre 1990 à la salle des fêtes du Châtelard-en-Bauges, où le nouveau jeune maire d'Aillon, André Guerraz, avait invité les maires de 55 communes de Savoie et de Haute-Savoie à échanger. Pour de tels projets, il faut assumer tant de réunions, de polémiques, de péripéties, mais ce temps-là n'est jamais perdu. C'est celui du dialogue, de la confrontation, du respect mutuel qui se construit. Voilà comment est né ce trente et unième parc naturel régional, officialisé en 1996 en présence de six ministres ou anciens ministres.

C'est avec la même ténacité que nous avons manié la loi de 1930, qui permet de classer certains sites et de faire remonter le pouvoir d'urbanisme, le droit de construire, au niveau national. Il faut être prêt, chaque fois, à affronter et à contenir le poids des intérêts privés, qui trouvent alors des relais jusqu'au sommet de l'État. J'ai beaucoup utilisé cette loi autour de la dune du Pilat, mais aussi pour sauvegarder le massif des Maures, les caps Camarat, Lardier et Taillat à Saint-Tropez, le village du Monal en Savoie ou encore la presqu'île de Giens, dont Yann Piat, la députée d'Hyères, était venue personnellement me demander le classement en 1993 pour, m'avait-elle dit, empêcher davantage de bétonisation et de spéculations. Cette femme, qui avait été membre du Front national mais l'avait quitté, était une députée solide et courageuse. Elle fut assassinée dans l'exercice de son mandat quelques mois plus tard. Je me suis alors attaché à accélérer le classement de la presqu'île de Giens en sa mémoire.

Nous n'héritons pas la terre de nos ancêtres, nous l'empruntons à nos enfants

J'aime l'île de Porquerolles où je me suis très souvent rendu en famille et avec des amis. Porquerolles et, surtout, l'île voisine de Port-Cros sont le cœur du premier parc national marin créé en 1963 par le général de Gaulle et Georges Pompidou.

Frappé par le flux quotidien de visiteurs arrivant toutes les demi-heures par bateaux entiers pour y passer la journée, louant des vélos, transportant des glacières, occupant toutes les plages et laissant forcément un grand nombre de déchets, je me disais qu'ici comme ailleurs le principe pollueur-payeur devait être appliqué.

Voilà comment, devenu ministre de l'Environnement en 1993, j'ai proposé au Parlement de créer une taxe pour l'environnement affectée aux départements et payable sur chaque billet de liaison maritime conduisant à une île et sur chaque ticket de péage d'un pont menant à une île comme Ré.

Le principe pollueur-payeur était la grande affaire du tout premier ministre de l'Environnement, Robert Poujade, dans les années 1970. En montagne, à la campagne, sur le littoral, des sites remarquables et souvent exceptionnels ne peuvent pas être protégés et entretenus par les seuls contribuables locaux. Cette taxe sur les transports maritimes était donc juste. Il en allait de même pour le prix d'un stationnement au pied des Baux-de-Provence ou du Mont-Saint-Michel.

Un jour de juillet 1994, nous nous trouvions pour une visite dans le parc national maritime de Port-Cros. Nos enfants étaient tout jeunes. Au large de cette île magique et protégée, la chance nous fut donnée d'assister à un ballet de dauphins tout autour de notre bateau. Ils étaient une quinzaine et émergeaient sans cesse des eaux pour y replonger aussi vite, comme dans une valse. C'est alors que notre aîné, qui a toujours aimé la nature, s'exclama avec de grands yeux émerveillés : « Papa, il faudrait applaudir ! »

« Il n'y a rien de plus beau qu'un enfant qui s'endort en rêvant », écrivait Paul Éluard. Il y a aussi tant à dire en observant un enfant ému ou émerveillé par le spectacle de la nature, que nous devons protéger pour les générations futures.

C'est à cette époque que nous avons engagé une belle initiative avec le Conseil général de la Savoie pour mobiliser tous les collégiens du département : « Cent défis pour la planète ». Chaque collège proposa un projet concret et nous avions, avec des partenaires privés, réservé un budget important pour financer les trois meilleurs. Toujours avec l'aide de mon conseiller Vincent Derkenne, cette initiative se prolongea au niveau national et devint « Mille défis pour la planète ». Nicolas Hulot, dont je sais la sincérité de l'engagement même si je ne suis pas toujours d'accord avec lui, a été le parrain enthousiaste et convaincant de cette initiative.

Prévenir vaut toujours mieux que guérir : mission européenne sur la protection civile

Le 9 janvier 2006, je reçois un appel téléphonique du président de la Commission européenne alors que je travaille dans l'une des salles du Conseil d'État où j'avais été nommé quelques mois plus tôt.

José Manuel Barroso, se souvenant sans doute de mes interventions au moment du tsunami survenu un peu plus d'un an auparavant dans l'océan Indien, me propose d'être son conseiller spécial pour une mission consacrée à une meilleure politique européenne de protection civile. C'est une mission qui demande une journée de travail par semaine à Bruxelles, non rémunérée.

Je sollicite alors un rendez-vous avec le vice-président du Conseil d'État, Renaud Denoix de Saint Marc. Sa réaction est immédiate et négative : « Cher ami, vous ne pouvez pas servir deux maîtres à la fois. Soit vous voulez faire cette mission à Bruxelles, et alors vous vous mettez en disponibilité du Conseil d'État, soit vous y renoncez ! » Je savais Renaud Denoix de Saint Marc très agacé par les nominations d'anciens ministres et qu'il cherchait à les mettre au pas. Je le savais aussi souverainiste, critique envers l'Union européenne, mais de là à imaginer une telle réaction !

Ma réponse fut brève : « Monsieur le Président, je vais naturellement me mettre en disponibilité, puisque c'est votre décision, mais je ne la comprends pas. Vous devriez au contraire payer des membres du Conseil d'État pour être conseillers spéciaux à Bruxelles afin d'y créer de l'influence française, plutôt que de les en empêcher. »

Le lendemain de cet entretien, je demandai ma disponibilité et je rappelai Alain Mérieux qui m'avait proposé, quelques mois plus tôt, de le rejoindre au sein de son groupe pour suivre les questions internationales. C'est ainsi que j'ai pu conduire cette mission passionnément, pendant six mois, en travaillant quatre jours par semaine chez Mérieux et une dernière journée à Bruxelles. Un jeune haut fonctionnaire de la Commission européenne, Jean-Marc Pisani, m'apporta son expertise et son enthousiasme. Nous nous sommes rendus en Italie, où la protection civile est très développée. À Londres, où le gouvernement était réticent à toute forme d'action nouvelle à l'échelle européenne. À Berlin, où la protection civile est la compétence des Länder. À Paris, évidemment.

À Bruxelles, j'ai mis autour de la table les différentes directions générales traditionnellement enfermées dans leur silo et j'ai finalement posé sur le bureau du président Barroso un rapport, « EuropeAid », complet et opérationnel, fondé sur la conviction que la prévention coûte toujours moins cher que la réparation et que, lorsqu'on y est forcé, une réparation organisée et anticipée est toujours plus efficace que si elle est improvisée.

Dans ce rapport, sept catégories de risques différents (inondations, incendies, catastrophes maritimes, catastrophes industrielles, terrorisme, grandes pandémies, tsunami et séisme) sont identifiées et anticipées. Un centre commun est proposé afin de mutualiser les réponses d'unités nationales interopérables et s'entraînant ensemble, prédisposées dans chaque pays.

J'avais aussi imaginé une double flexibilité : un pays peut décider de participer ou non à la force ; un pays peut s'engager à ne participer qu'à une ou plusieurs réponses de son choix. Le Portugal, par exemple, choisit de participer à la force en mettant l'accent sur la lutte contre les catastrophes maritimes de type *Erika*[1] ainsi que sur la prévention des incendies.

Depuis 2006 et la publication de ce rapport, la Commission européenne a travaillé dans cette direction notamment sous l'impulsion de Kristalina Georgieva, aujourd'hui directrice du Fonds monétaire international, et plus récemment grâce au commissaire slovène Janez Lenarčič. On voit bien que le changement climatique et tous les risques qu'il comporte et qu'il aggrave vont nous obliger à aller plus loin. La solidarité des Européens sur notre continent et dans le reste du monde lorsqu'une catastrophe majeure se produit sera plus efficace et moins coûteuse si l'on mutualise à l'avance les réponses en termes de formation, de préparation, de transport.

1. Du nom d'un navire échoué sur la côte atlantique.

Complicité surprenante : plan Écophyto 2018

Je deviens ministre de l'Agriculture et de la Pêche en 2007, remplaçant Christine Lagarde nommée au ministère de l'Économie et des Finances. Le nouveau ministre d'État chargé de l'Écologie et du Développement durable, Jean-Louis Borloo, s'engage avec résolution et enthousiasme. Il propose d'organiser un Grenelle de l'environnement.

Habituellement, les ministres de l'Agriculture et de l'Écologie défendent des positions qui les conduisent à ne pas s'apprécier et parfois même à s'opposer. Il se trouve que nous nous retrouvons sur une même ligne progressiste et humaniste et que le ministre de l'Agriculture que je suis devenu s'intéresse depuis longtemps à l'écologie. Je décide donc de coopérer avec Borloo plutôt que de résister. Il faut convaincre les dirigeants agricoles très méfiants qu'il vaut mieux pour eux être acteurs dedans plutôt que spectateurs dehors. À mon cabinet, c'est ma conseillère Emmanuelle Soubeyran qui est à la manœuvre. Ainsi nous mettons en place le plan Écophyto 2018 en bonne intelligence avec les chercheurs, les associations de protection de l'environnement et les dirigeants agricoles, au premier rang desquels le président de la FNSEA,

Jean-Michel Lemétayer, ainsi que le président de la Confédération paysanne.

Ce plan prévoit de diminuer de moitié en dix ans la consommation des produits phytosanitaires et des pesticides dans l'agriculture et les espaces verts publics. Il est ambitieux, sans doute trop car il est évidemment impossible d'interdire l'usage de certains produits si une solution alternative n'est pas disponible pour les agriculteurs. Et la recherche ne propose pas toujours ces solutions assez tôt… Mes successeurs à ce ministère décideront de le retarder et d'en décaler l'application dans le temps. Ce n'est pas la première fois que je mesure au sein du gouvernement l'utilité des complicités et amitiés personnelles pour faire avancer les dossiers. Dans l'autre sens, des querelles ou des inimitiés peuvent aussi créer des retards ou des blocages…

Effet d'annonce, effet de suivi, anticipation : création du fonds Barnier

Dans l'action publique comme dans la vie professionnelle ou privée, l'effet de suivi est au moins aussi important que l'effet d'annonce. Ainsi, plus de trente ans après le vote de la loi dite « Barnier » relative au renforcement de la protection de l'environnement, le 2 février 1995, je reste intéressé par le suivi des 90 mesures nouvelles que cette loi comportait. L'une d'elles en particulier a permis la création d'un fonds de prévention des risques naturels majeurs. Ce fonds chargé des indemnités d'expropriation était alimenté par un prélèvement de 100 millions de francs chaque année sur les surprimes d'assurances finançant le régime des catastrophes naturelles.

Aujourd'hui, le fonds Barnier est sollicité de toutes parts, dans la vallée de la Vésubie, après les crues torrentielles dans les Hauts-de-France, ou à La Faute-sur-Mer, en Vendée. L'idée de ce mécanisme m'avait été donnée par Haroun Tazieff, ingénieur et pionnier de la vulcanologie. Ce Polonais naturalisé français avait une voix rocailleuse reconnaissable entre toutes. François Mitterrand l'avait chargé en 1984 du secrétariat d'État à la Prévention des risques naturels, mais c'est au titre de son mandat d'élu dauphinois au conseil départemental qu'il vint un jour me trouver juste après ma nomination au ministère de l'Environnement. « Il y a dans l'Isère une montagne, près du massif de Belledonne, la Séchilienne, et cette montagne bouge. Un jour, elle s'effondrera sur le hameau de l'Île-Falcon, où se trouvent 90 maisons qui seront détruites. Vous devez faire quelque chose, monsieur le Ministre ! »

J'étais mis devant ma responsabilité par un homme de science et de terrain. C'est ainsi qu'est née dans mon équipe, dont Michèle Pappalardo ma directrice de cabinet et mes conseillers Guy Chauvin et Alexis Galley, l'idée de déplacer des habitations ou des usines qui se trouvent sous la menace permanente d'un risque certain ou récurrent. De faire déménager, mais aussi d'indemniser de manière juste, sans tenir compte du risque qui prive souvent ces biens de toute valeur. Au fond, il s'agissait de prévenir une catastrophe ou un risque avant qu'il ne se produise.

Encore fallait-il trouver l'argent. Nous avons alors imaginé une surtaxe sur les primes d'assurances que nous payons tous pour nos habitations dans le cadre du régime des catastrophes naturelles. Nous avons introduit cette mesure d'expropriation et d'indemnisation pour risque majeur dans notre projet de loi sur la protection de l'environnement. C'est au Sénat que la bataille fut la plus rude. Quelques parlementaires de la haute assemblée relayèrent efficacement les réserves des compagnies d'assurances. Le plus ardent fut alors le vice-président du Sénat, Étienne Dailly, qui me dit un soir dans son bureau : « Vous voulez pénaliser les compagnies d'assurances qui fonctionnent bien. C'est irresponsable, je vous casserai. » Et moi de lui répliquer : « Si vous m'y forcez, je détaillerai le montant des sommes collectées par les compagnies d'assurances sur le dos de leurs assurés et les secteurs dans lesquels cette épargne est placée à des fins spéculatives. »

Dans sa sagesse, le Sénat appuya ma proposition contre Étienne Dailly. Le fonds Barnier vit le jour et, trente ans plus tard, il est malheureusement de plus en plus sollicité.

Vous me passerez sur le corps ! Projet de ligne à haute tension entre la France et l'Italie

En 1993, la Savoie est de nouveau agitée, et à juste titre, par les défenseurs de l'environnement qui se mobilisent contre un projet EDF de ligne à haute tension. Il s'agit d'augmenter la capacité d'exportation de la France vers l'Italie, qui a renoncé aux centrales nucléaires. Comme souvent avec EDF, le plus simple et le plus direct paraît le mieux. Et donc, cette ligne avec des dizaines de pylônes de trente à quarante mètres de haut est prévue tout au long de la vallée de la Maurienne jusqu'au Piémont en passant sans trop de précautions par le parc national de la Vanoise, le tout premier parc national créé en 1963 par le général de Gaulle et Georges Pompidou.

Les écologistes n'ont pas toujours raison et ceux qui construisent des infrastructures, SNCF, EDF ou collectivités locales, n'ont pas toujours tort. Mais dans ce cas, les dégâts et le symbole sont trop forts. Il me semble qu'avec de la volonté, du temps, et un effort de recherche il serait possible de faire passer une telle ligne de transport électrique sous la montagne plutôt que par-dessus. Précisément, des forces vives de Savoie, et notamment le très actif député de la Maurienne, Michel Bouvard, se battent au côté de l'État et de la région pour la liaison ferroviaire Lyon-Turin dont les premiers chantiers exploratoires ont commencé. Un tunnel de base de 13 km doit être creusé entre la France et l'Italie. Pourquoi ne pas y ajouter une gaine pour le transport électrique ?

C'est dans ce contexte de grande tension, si je puis dire, entre protecteurs de la nature et aménageurs que je reçois dans mon bureau de ministre de l'Agriculture le directeur général d'EDF. Il sait mon hostilité au projet de ligne aérienne mais il veut me convaincre. Les arguments d'EDF ont souvent été assez simples, et parfois « sonnants et trébuchants ». « Nous pouvons, me dit-il, apporter au département et aux communes des compensations financières. » Comme si un peu d'argent distribué une fois allait effacer ou compenser la dégradation définitive d'un paysage exceptionnel.

On pourrait sans doute trouver aujourd'hui les mêmes attitudes et les mêmes pressions dans beaucoup de régions et de communes confrontées à l'installation d'éoliennes ou à des projets d'urbanisme… Ce jour-là, ma discussion avec le directeur général d'EDF est brève et froide. Je me souviens même d'y avoir mis fin en lui disant : « Notre entretien est terminé. Vous me passerez sur le corps avant de faire passer cette ligne à très haute tension dans le parc de la Vanoise. »

Quelque temps plus tard, ce projet fut abandonné devant la résistance de beaucoup d'élus locaux, des écologistes et du département. La recherche progressant, j'ai appris que, grâce à la technologie de la supraconductivité, il devenait possible de faire passer la très haute tension électrique en souterrain. Le chantier du Lyon-Turin serait la première occasion, sur une telle distance, de faire transiter de l'énergie entre la France et l'Italie.

After Brexit the EU will no longer exist : le cynisme de Nigel Farage

C'était un froid lundi de janvier et il pleuvait, comme souvent à Bruxelles. À sa demande, j'avais proposé un entretien à Nigel Farage. Je n'étais pas sûr que ce rendez-vous allait m'apporter un rayon de soleil… Pour lui, c'était un coup médiatique supplémentaire, ce qu'il savait faire de mieux. Comme souvent, les responsables d'extrême droite qui sont reçus dans un lieu officiel, c'est-à-dire reconnus, se comportent avec un respect qui frise l'obséquiosité. J'avais déjà constaté cette attitude lorsque, parmi d'autres présidents de groupes au Parlement européen, j'avais reçu pour une réunion Jean-Marie Le Pen au Quai d'Orsay en 1996.

Nigel Farage était accompagné de deux collaborateurs surtout intéressés par la place de la City et l'espoir, perdu d'avance, de préserver durant la négociation du Brexit l'avantage du passeport financier dont bénéficiaient les banques britanniques.

J'écoutai avec attention le leader populiste de l'UKIP[1], par ailleurs député européen, m'expliquer les raisons du Brexit dont il avait été un des principaux

1. UKIP : United Kingdom Independence Party, parti europhobe.

artisans. Je n'avais sans doute pas tout compris et, honnêtement, il est incapable de m'en démontrer le moindre avantage réel pour les Britanniques comme pour les Européens. Le Brexit était déjà et reste aujourd'hui un jeu « perdant-perdant ».

Après l'avoir patiemment écouté, je lui posai deux questions précises, et ses réponses furent spontanées et éclairantes.

Je lui montrai d'abord cette photo de Boris Johnson s'affichant avec fierté devant le fameux bus rouge sur lequel ce slogan est apposé : « Nous envoyons à l'Union européenne 350 millions de livres sterling par semaine, finançons notre service de santé publique à la place ! »

— Ce que vous avez écrit sur ce bus n'était ni vrai ni possible !

Et lui de me répondre cyniquement et du tac au tac :

— Vous avez raison ! J'avais bien dit à Boris de ne pas le faire !

C'est d'ailleurs avec le même cynisme qu'il avait lui-même posé pour une affiche devant une foule de migrants et de réfugiés syriens, en expliquant qu'il fallait mettre fin à la liberté de circulation dans l'Union européenne, confondant délibérément la liberté de circulation entre pays européens, qui est une des quatre libertés fondamentales de l'UE, avec l'immigration venue de pays tiers, qu'il faut évidemment contrôler.

Au terme de cet entretien, je lui posai ma seconde question :

— Monsieur Farage, vous avez gagné le Brexit ! Nous sommes en train de le mettre en œuvre, le traité est en cours de négociation. Dites-moi, comment voyez-vous les relations futures entre le Royaume-Uni et l'Union européenne ?

Là aussi du tac au tac, et cette fois-ci avec une certaine forme d'arrogance, sa réponse fusa :

— *Mister Barnier, after Brexit, the European Union will no longer exist*[2].

Je tenais la preuve évidente que l'objectif de certains leaders du Brexit était bien de faire imploser l'Union européenne. Et que c'était là non seulement l'expression de leur nationalisme et de leur souverainisme, mais aussi la raison du soutien qui leur a été apporté à la fois par certains réseaux américains comme celui de Steve Bannon et par certains canaux russes.

Mon équipe et moi sommes sortis de cet entretien plus déterminés encore qu'auparavant à préserver l'intégrité du marché unique et l'unité de l'Union européenne à tous les étages de la négociation. Et aussi à négocier sans esprit de revanche, mais sans rien céder aux Britanniques qui cherchaient en permanence à obtenir le « beurre et l'argent du beurre » ou, comme le dit un dicton populaire en Allemagne, à « vouloir danser dans deux mariages à la fois » !

Cette négociation était extraordinaire. Il fallait qu'elle reste unique et que chacun comprenne bien, au Royaume-Uni et dans chaque pays européen, que quitter l'Union européenne est possible, mais qu'il faut en assumer soi-même les conséquences…

---

2. « Monsieur Barnier, après le Brexit, l'Union européenne n'existera plus. »

Chapitre 7

Toujours prêt !

« Tous les hommes pensent que le bonheur
se trouve au sommet de la montagne
alors qu'il réside dans la façon de la gravir. »

Confucius

Être capable d'anticiper : entretien surprise avec George W. Bush

Être reçu par le président des États-Unis sans l'avoir demandé ! Ce fut, en avril 2005, ma dernière visite officielle à Washington en tant que ministre des Affaires étrangères. Pierre Vimont, qui dirigeait mon cabinet, et moi nous étions fixé comme objectif de nous rendre deux fois par an aux États-Unis et une fois par an en Chine. Ce jour-là, l'ambassadeur de France, Jean-David Levitte, avait organisé à la Maison-Blanche un entretien avec le nouveau conseiller à la Sécurité nationale, Stephen Hadley, qui avait remplacé Condoleezza Rice quelques mois plus tôt.

J'avais été informé que George W. Bush souhaitait me saluer dans le bureau de son conseiller, comme les présidents des États-Unis le font quelquefois pour marquer, sans perdre trop de temps, une attention particulière à l'égard d'un visiteur de la Maison-Blanche. J'étais donc préparé à une poignée de main chaleureuse et assez flatteuse pour le simple ministre que j'étais.

Quelques minutes après notre arrivée, Stephen Hadley m'informa que j'allais finalement être reçu dans le Bureau ovale !

En politique, il faut constamment se tenir prêt à toute éventualité. Le président m'accueillit d'une poignée de main franche et virile. « *Hello minister ! Good to see you again. Thanks for what you did in Lebanon, I appreciate it* », me lança-t-il en me regardant droit dans les yeux. Comme à tous ses visiteurs, sans doute, il me fit faire le tour du bureau puis me montra à travers la porte vitrée son chien qui courait dans le jardin. Ayant peu d'atomes crochus avec la race canine depuis une morsure reçue au cours de mon enfance, je vis avec appréhension ce fidèle compagnon courir vers nous. À mon soulagement, il resta cependant dehors. Le président m'invita ensuite à m'asseoir à la place d'ordinaire réservée aux chefs d'État. C'est ainsi que pendant une trentaine de minutes, le ministre que j'étais dialogua avec l'un des hommes les plus puissants de la planète.

La raison de cet entretien, il me le dit d'emblée, était donc de remercier la France pour la manière dont nous avions pris l'initiative d'un changement de régime au Liban. Notre pays avait réussi à pousser la Syrie, son armée et ses services secrets hors du pays du cèdre, sans intervention militaire aucune.

Ce fut possible grâce à la résolution 1559 proposée par Jacques Chirac quelques mois plus tôt ; une résolution soutenue à l'ONU par le Royaume-Uni et les États-Unis et sur laquelle la Russie s'était abstenue, ce qui permit son adoption et, *de facto*, contraignit la Syrie à se retirer.

Sans doute la Syrie s'est-elle vengée quelques mois plus tard en orchestrant, en plein Beyrouth, l'assassinat du Premier ministre Rafic Hariri.

De mon côté, je pris le temps d'évoquer deux points avec le président des États-Unis d'Amérique : d'une part, l'intensification de notre effort conjoint pour pousser à la libération d'Íngrid Betancourt, citoyenne française alors retenue par les FARC en Colombie depuis 2002. D'autre part, la situation au Proche-Orient et cette improbable négociation qui devait reprendre entre Israéliens et Palestiniens. Je racontai à George W. Bush ma récente visite à Gaza et Tel-Aviv. Je lui redis ma conviction déjà évoquée auprès de Condoleezza Rice qu'il était temps de remettre ce conflit au cœur des priorités américaines.

On était alors bien loin des efforts de Jimmy Carter réunissant à Camp David en 1978 le président égyptien Anouar el-Sadate et le Premier ministre israélien Menahem Begin. Plus loin encore du second sommet pour la paix, Camp David II, organisé par Bill Clinton avec Ehud Barak, Premier ministre d'Israël, et le président de l'Autorité palestinienne, Yasser Arafat. Sans parler des accords d'Oslo, dont la déclaration de principes fut signée par Yitzhak Rabin, Premier ministre israélien, et par Yasser Arafat.

Je dis franchement à George W. Bush ma conviction : seul un nouvel engagement des États-Unis et de l'Union européenne en bonne coordination avec les États de la région permettrait de redonner une espérance pour la paix. Faute de quoi, ce conflit restera la source des plus grandes tensions dans la région tout comme dans nos propres pays, et la sécurité d'Israël sera toujours très fragile.

Toujours tout vérifier avant : campagnes électorales, hélicoptères et auto-stop

Au lendemain du décès de Georges Pompidou, le 2 avril 1974, Jacques Chaban-Delmas engage très vite, trop vite, la campagne présidentielle. Je n'ai aucune hésitation à le soutenir et je rejoins presque aussitôt son comité de campagne. Alors que je suis le benjamin des conseillers généraux de France, on me demande d'être l'un des 100 élus nécessaires pour parrainer officiellement sa candidature auprès du Conseil constitutionnel.

On m'affecte à l'équipe chargée des déplacements, et je suis en particulier chargé d'organiser la logistique d'une journée compliquée, le 28 avril, qui doit mener le candidat le même jour de Strasbourg à Nancy puis à Saint-Étienne et enfin à Grenoble. C'est à Grenoble, ma ville natale, que je l'attendrai à l'aéroport avec un hélicoptère pour le conduire au Palais des congrès, au centre-ville.

L'avion spécial à peine immobilisé sur le tarmac, Chaban s'engouffre dans l'hélicoptère avec son directeur de campagne et son attaché de presse. J'occupe le dernier siège. L'hélicoptère suit alors l'Isère pour rejoindre Grenoble et se poser à l'hôpital civil où l'attend le comité local de soutien. Au-dessus de la métropole, le pilote, sûr de lui, aperçoit une grande croix blanche sur le parking d'un groupe d'immeubles et dit : « On se pose, ça doit être là ! » À l'évidence, il n'avait pas repéré le trajet à l'avance, et… moi non plus.

Quelques secondes plus tard, l'hélicoptère est immobilisé sur la dépose de l'hôpital militaire et nous constatons avec stupéfaction que personne ni aucun véhicule n'est là pour attendre le candidat. Nous nous sommes trompés d'hôpital ! Je tente d'expliquer à Jacques Chaban-Delmas : « À l'évidence, nous n'avons pas atterri au bon endroit, nous pourrions redécoller et nous rendre au bon hôpital… » Il me répond sèchement : « Pas question ! On ne doit pas perdre de temps, faites comme vous voulez mais trouvez-moi une voiture ! »

N'en menant pas large, je traverse en courant la pelouse qui nous sépare d'un parking et je me précipite sur la première voiture qui arrive : une Deux-Chevaux ! Celle-ci est conduite par un homme respectable avec une grande barbe et un chapeau noir. Paniqué, je lui dis :

— Monsieur, je ne sais pas qui vous êtes…

— Je suis le grand rabbin de Grenoble !

— Monsieur le Rabbin, pardon mais j'ai un service à vous demander : le président Chaban-Delmas, qui est à Grenoble pour sa campagne, vient d'atterrir ici mais ça n'est pas là qu'on l'attend ! Accepteriez-vous de le conduire au Palais des congrès où se tient son meeting ?

— Bien sûr !

Et c'est ainsi que le candidat rejoignit le lieu de rassemblement assis sur le siège passager d'une Deux-Chevaux conduite par le grand rabbin de Grenoble !

Chaban, qui m'aimait bien, ne mentionna plus cet incident. Il enchaînait les étapes d'une campagne de plus en plus difficile, avec dans le dos le poignard qu'y avait planté Jacques Chirac. Je n'ai d'ailleurs pas eu besoin de recevoir une engueulade pour prendre une résolution : celle de toujours tout vérifier, plutôt deux fois qu'une, dans toute organisation et dans tout projet. Une semaine plus tard, le 5 mai, Jacques Chaban-Delmas recueillait 15 % des suffrages contre 32 % pour Valéry Giscard d'Estaing, qui battra de justesse François Mitterrand au second tour.

Dans le même registre, je garde en mémoire le périple improbable d'Édouard Balladur en 1995. Être Premier ministre en campagne présidentielle est un exercice difficile, et en réalité impossible. Ministre de l'Environnement dans son gouvernement, j'avais choisi de le soutenir sans d'ailleurs avoir le sentiment de trahir Jacques Chirac, dont je n'avais pas été très proche jusqu'alors. C'était une bataille au corps à corps entre deux anciens amis pour une seule place.

Ce jour-là, Édouard Balladur se rendait à Avignon pour l'inauguration du musée Frédéric-Mistral, que nous devions rejoindre en hélicoptère. Au moment de décoller, le pilote nous avertit que des zones de brouillard dense pouvaient affecter le vol. J'étais à bord au côté du Premier ministre, de son conseiller presse et d'un autre membre de son cabinet.

Ce qui devait arriver arriva : en plein vol, le pilote nous avertit que le brouillard nous empêcherait d'atteindre notre point de destination et qu'il fallait rebrousser chemin. Édouard Balladur, péremptoire, lui répondit : « Nous n'avons pas le temps, posez-vous où vous pouvez et nous trouverons une voiture ! »

C'est ainsi que l'hélicoptère du Premier ministre, dans une trouée au milieu des nuages ciblée par le pilote, atterrit au milieu d'un terrain de football. Personne, évidemment, ne nous y attendait. « Trouvez-moi une voiture ! » nous ordonna le Premier ministre. Je traversai alors le stade en courant, avec son attaché de presse.

Sur la route, je vis une première voiture, de marque allemande. Il faut une voiture française, me dis-je ! Nous avons attendu la seconde voiture, même si elle était également de marque allemande, une Mercedes précisément, pour l'arrêter et demander à sa conductrice de conduire Édouard Balladur au musée, ce qu'elle accepta. L'opposition s'empara avec férocité de cette séance d'auto-stop, dont personne ne crut qu'elle était réellement improvisée !

Il n'y a pas d'âge pour représenter son pays : premier discours en Afrique

En 1972 a lieu au Zaïre le cinquième anniversaire du MPR, le Mouvement populaire pour la révolution, parti unique dirigé par Joseph-Désiré Mobutu. Le dirigeant zaïrois a engagé quelques années plus tôt son pays dans le retour à l'« authenticité africaine ». Léopoldville devient Kinshasa et Joseph-Désiré Mobutu change de nom pour Mobutu Sese Seko Kuku Ngbendu wa Za Banga. Plusieurs traductions de ce nouveau nom existent, parmi lesquelles celle-ci, dont je ne suis pas sûr qu'elle soit vraie : « Le coq auquel aucune poule ne résiste » !

Jacques Foccart, le « M. Françafrique », collaborateur de Pompidou après avoir été celui de De Gaulle, m'appelle alors que je suis chargé des relations internationales au bureau national de l'Union des jeunes pour le progrès. Il me propose de faire partie d'une délégation au congrès du MPR. Deux députés, un sénateur et moi-même y formerons cette délégation française.

À l'arrivée à Kinshasa, nous sommes accueillis à l'aéroport par une Mercedes avec chauffeur pour chacun de nous ! Le lendemain, nous assistons à un défilé de sept heures. Le surlendemain, il est prévu que l'on parte en avion militaire à Gbadolite, village de

Mobutu, transformé en capitale bis où a lieu le congrès du MPR.

Au moment de partir, les trois autres membres de la délégation sont rappelés à Paris pour le vote de confiance au Premier ministre Jacques Chaban-Delmas. Je me retrouve donc seul. Quand le chef du protocole demande qui est le chef de la délégation française, je lui réponds que ça doit être moi, car j'en suis l'unique membre. Je me retrouve ainsi à faire un discours devant huit chefs d'État africains et 2 000 délégués du MPR. Ils semblent aussi étonnés que le général Mobutu, assis au premier rang et coiffé d'une toque en peau de léopard, et dont je croise le regard dubitatif, d'entendre un délégué français âgé de vingt et un ans s'exprimer devant leur congrès.

Ne pas vendre la peau de l'ours : je ne serai pas ministre de l'Éducation nationale

À deux reprises, j'ai été sollicité sans suite pour entrer au gouvernement. En janvier 1987, par un dimanche brumeux, alors que je me trouvais dans mon bureau du château des ducs de Savoie, Édouard Balladur m'appelle depuis le Luxembourg où il était ce jour-là, mobilisé par un réaménagement monétaire.

— Michel, bonjour, le Premier ministre Jacques Chirac vous a-t-il appelé ?

— Non, pourquoi, monsieur le Ministre d'État ?

— Il va vous proposer, comme je le lui ai suggéré, de remplacer Alain Devaquet au ministère de la Recherche et de l'Université. Il vous appellera demain s'il ne le fait pas aujourd'hui.

La conversation avec Édouard Balladur se poursuit même sur le budget de la recherche, qui mérite à mes yeux d'être consolidé. Le lendemain et le surlendemain passent sans aucune nouvelle du Premier ministre. Deux jours plus tard, Édouard Balladur m'indique les réserves de Charles Pasqua et de Jacques Toubon à ma nomination. Bien m'en prit de n'avoir évoqué cette proposition qu'auprès de deux personnes, mon épouse et mon premier vice-président au département, le sénateur Jean Blanc.

La saga pour ce poste continue puisque Dominique Perben se le voit proposer le mercredi. Plus confiant, il en parle autour de lui à tel point que sa nomination fait la une du journal de Saône-et-Loire, où il est élu. En raison de rivalités régionales, lui aussi passera à la trappe quarante-huit heures plus tard, et c'est finalement Jacques Valade, sénateur de la Gironde, qui devient ministre de la Recherche et des Universités.

En 2007, vingt ans plus tard, ayant bien compris qu'il ne faut jamais vendre la peau de l'ours, je vécus une expérience comparable. Le nouveau Premier ministre de Nicolas Sarkozy, François Fillon, dont je suis proche, a le projet de me nommer ministre de la Défense. Il y renonce en raison de tous les équilibres auxquels il faut répondre dans la constitution d'un gouvernement. Je peux désormais en témoigner moi-même...

François Fillon, qui est tenace, me rappelle la veille de l'annonce du gouvernement pour me demander si j'accepterais d'être ministre de l'Éducation nationale.

— C'est en effet un grand ministère, lui dis-je, mais j'avais compris qu'il était promis à Xavier Darcos, objectivement mieux préparé que moi pour une telle fonction.

— En effet ! me répond Fillon, le président hésite à nommer quelqu'un de la maison à l'Éducation.

— C'est d'accord de mon côté si vous ne nommez pas Xavier Darcos.

Un peu plus tard dans la journée, je participe à une réunion au palais de l'Élysée avec une partie des équipes de campagne de Nicolas Sarkozy. François

Fillon me serre la main avec confiance. Le nouveau secrétaire général de l'Élysée, Claude Guéant, me félicite, et le président lui-même me dit amicalement :

— C'est bon, j'ai pensé à toi !

Le lendemain matin, l'annonce du nouveau gouvernement doit être faite à neuf heures sur le perron de l'Élysée. Mon épouse Isabelle et moi avons organisé un café, chez nous, avec quelques membres très proches de mon équipe. Trente minutes avant l'heure annoncée, c'est François Fillon lui-même qui me téléphone pour me dire ses regrets.

— Le président a encore réfléchi cette nuit. Finalement, nous allons bien nommer Xavier Darcos à l'Éducation, il a été très soutenu par Henri Guaino en particulier.

Il raccroche rapidement. Dans de tels moments, il faut avoir les nerfs solides.

Un mois plus tard, au lendemain des élections législatives, le président est obligé à un jeu de chaises musicales en raison de la défaite injuste à Bordeaux d'Alain Juppé. François Fillon me propose alors le ministère de l'Agriculture et de la Pêche. Je m'y trouve très vite bien et opérationnel comme Xavier Darcos à l'Éducation. Un bon ministre doit être à coup sûr généraliste. Il lui faut aussi être motivé et compétent sur les enjeux de son portefeuille.

Savoir passer le relais : élections sénatoriales en Savoie

Durant l'été 2023, Éric Ciotti, alors président des Républicains, me demande de réfléchir à l'idée de conduire la liste de notre famille politique aux élections européennes de juin 2024. Je suis sensible à cette proposition, sûrement une question d'*ego*, même si je sais qu'il contacte aussi d'autres personnalités.

Un peu plus tard, en décembre, après l'en avoir informé, j'exprime dans *Le Figaro* ma décision de ne pas être candidat. Pour envoyer simplement un signal de renouvellement, notamment en faveur de François-Xavier Bellamy qui le mérite.

À cet instant, je pense à un homme à qui je dois tant en Savoie : le sénateur Jean Blanc. Chrétien et démocrate, son fil bleu restera un message d'humanisme, de foi en l'homme, de tolérance, depuis la Jeunesse agricole catholique jusqu'à son groupe centriste au Sénat en passant par le Mouvement républicain populaire, le MRP, aux côtés de Joseph Fontanet. Il fut élu pendant cinquante-quatre ans en Savoie. Et pourtant cet homme si sage, qui avait les pieds sur terre et du bon sens, n'a pas vu, à la fin, qu'il devait préparer le passage de témoin.

En septembre 1995 ont lieu les élections sénatoriales et nous choisissons d'être candidats ensemble, en tandem, pour les deux sièges renouvelables en Savoie. Il a alors soixante-quinze ans. Il me dit à plusieurs reprises : « Si je ne me présente pas, nous perdrons ce siège. » L'usure fait son œuvre mais elle n'est pas toujours visible. Jean Blanc est battu au second tour par le candidat socialiste, un coup de tonnerre dans la vie politique savoyarde.

À cet instant, cet homme que j'aime tant et à qui je dois beaucoup subit une défaite injuste et qu'il aurait pu éviter. Le paradoxe est que ce même homme, en 1982, treize ans plus tôt, avait eu une attitude différente en choisissant de me passer le relais alors qu'il était tout à fait capable d'assurer lui-même la présidence du conseil général de la Savoie.

Il avait soixante-deux ans, l'expérience, la sagesse. J'en avais trente et un et je pouvais attendre. Et pourtant ce soir-là, Jean Blanc refusa. « Je suis trop vieux, me dit-il. Le conseil général va changer de dimension avec la décentralisation, ce sera trop lourd pour moi. » C'est ainsi que je suis devenu président du département, et que j'ai eu le privilège d'avoir à mes côtés un certain nombre de vice-présidents qui auraient tous pu être mon père : Jean Blanc, mais aussi Albert Carron, Jacques Hochard ou encore Ferdinand Martin.

Il y a un temps où la transmission est à la fois le choix le plus utile et le plus nécessaire. Sans nostalgie ! Je mets aujourd'hui à mon actif personnel d'avoir passé en 1999 la présidence du conseil général de la Savoie à Hervé Gaymard, un élu brillant et de dix ans mon cadet. Ou encore d'encourager, et ce n'est qu'un exemple, le jeune député de la Loire Antoine Vermorel-Marques à s'engager sur les sujets si essentiels d'une écologie humaniste et concrète, comme je l'avais fait moi-même en arrivant à l'Assemblée nationale trente ans plus tôt.

Plus récemment, ce n'est pas un hasard si, en formant le gouvernement dans un contexte grave et difficile, j'ai fait confiance à un grand nombre de jeunes élus qui devenaient ministres pour la première fois plutôt qu'à des « poids lourds » chevronnés et parfois concurrents ou désabusés. Ainsi, Maud Bregeon, Othman Nasrou, Antoine Armand, Nicolas Darragon, François Durovray, Benjamin Haddad, Alexandre Portier, Thani Mohamed-Soilihi, Clara Chappaz, pour ne citer que les plus jeunes, firent leurs premières armes, et les firent bien.

De la trahison en politique : coups de poignard de Jacques Chirac et Éric Ciotti

« Un traître est celui qui quitte son parti pour s'inscrire à un autre ; et un converti celui qui quitte cet autre pour s'inscrire au vôtre », avait écrit Georges Clemenceau.

Clemenceau avait-il raison ? J'ai connu quelques grandes trahisons et beaucoup d'autres faiblesses liées à l'opportunisme. Jacques Chirac, au lendemain du décès de Georges Pompidou, alors président de la République, se met en marche pour barrer la route à Jacques Chaban-Delmas dans l'élection présidentielle qui s'improvise en 1974. C'est dans la fameuse salle Colbert de l'Assemblée nationale que se retrouvent les députés de l'Union des démocrates pour la République (UDR) pour une réunion exceptionnelle et dramatique. Debout et véhément, entouré de 43 députés qui l'avaient rejoint, Jacques Chirac planta alors un poignard dans le dos de Chaban devant le groupe tout entier en lui disant qu'il ne pouvait pas gagner et qu'il fallait soutenir Valéry Giscard d'Estaing.

J'étais là, jeune conseiller parlementaire du secrétaire d'État à la Jeunesse et aux Sports, Pierre Mazeaud, dans le petit couloir d'accès à l'hémicycle de cette salle, effondré et médusé devant cette trahison en direct, au sein même de notre famille politique.

Jacques Chirac obtint ce qu'il souhaitait en contrepartie et devint quelques semaines plus tard le premier Premier ministre de Valéry Giscard d'Estaing. Cela ne l'empêcha pas de rompre leur alliance deux ans plus tard, « considérant qu'il ne disposait plus des moyens d'assumer efficacement ses fonctions de Premier ministre ». Pour autant, cette trahison, la première à laquelle je fus confronté, se déroulait dans la même majorité, Valéry Giscard d'Estaing ayant été auparavant le ministre du général de Gaulle et de Georges Pompidou.

À l'autre bout de mon engagement politique, la trahison d'Éric Ciotti est d'une nature différente. C'est au lendemain d'une dissolution incompréhensible décidée par Emmanuel Macron le soir de l'échec de sa liste à l'élection européenne du 9 juin 2024.

Éric Ciotti, président de notre parti, Les Républicains, annonce, sans crier gare, sur TF1 son ralliement à l'extrême droite, au Rassemblement national.

Dans mon bureau du siège des Républicains, place du Palais-Bourbon, je n'ai pas voulu croire à la rumeur qui montait et descendait les étages ce matin-là. Comment le président de la grande famille gaulliste, ou de ce qu'il en reste à cet instant, pouvait-il passer avec armes et bagages du côté des héritiers de Jean-Marie Le Pen ? Comment pouvait-il brader son propre parti, sans en avoir parlé à quiconque ?

J'avais pour Éric Ciotti une forme d'estime depuis notre confrontation durant la primaire du parti en 2021. Il était à l'évidence plus à droite que moi et obnubilé par les questions régaliennes de la sécurité, de la justice et de l'immigration. Son engagement réussi dans la primaire, puisqu'il était arrivé en tête, avait déplacé le « centre de gravité » du débat interne vers la droite, très à droite. Je me suis souvent senti comme un outsider durant les débats télévisés, ce qui explique sans doute la base très rétrécie sur laquelle nous nous sommes retrouvés quelques mois plus tard, derrière Valérie Pécresse, à l'élection présidentielle.

Après son échec, Éric Ciotti jeta son dévolu sur le parti lui-même et en devint le président en 2022, par le vote des militants et surtout grâce au soutien délibéré et intéressé de Laurent Wauquiez.

Éric Ciotti cherche depuis à habiller cette trahison par des arguments et des raisonnements politiques. Il ne s'agit en réalité que d'un ralliement opportuniste pour préserver ou conforter sa place à Nice et réaliser un jour son rêve de devenir ministre de l'Intérieur. Je peux comprendre un tel rêve, mais certainement pas au prix du sacrifice de son parti, avec son histoire et ses valeurs, sans parler des militants et des électeurs.

À vrai dire, l'extrême droite aujourd'hui est forte parce que les autres sont faibles. Elle attire à elle non seulement les opportunistes, mais d'abord des Français sincères et excédés.

Tant de citoyens en ont ras le bol de l'impuissance publique, de la distance et de l'arrogance d'une certaine élite parisienne. Voilà quarante ans, et je prends ma part, que les impôts et les prélèvements publics augmentent en même temps que le déficit. L'insécurité se diffuse dans les villes autant que dans les campagnes et avec elle un sentiment insupportable d'impunité.

Tout serait permis et rien ne serait jamais puni. C'est le sentiment d'exclusion, celui de ne pas être considéré ou respecté, qui nourrit les votes pour les extrêmes et, tout aussi grave, l'indifférence et l'abstention.

Les dirigeants du pays ont progressivement oublié de faire la pédagogie de l'Europe et du monde au moment où tant de changements géopolitiques et technologiques nous obligeaient au contraire à nous réformer et à nous adapter. La priorité a été donnée aux services contre l'industrie et la production comme l'a clairement démontré à l'Assemblée nationale mon ami Olivier Marleix.

Le travail est souvent moins bien rémunéré que la somme des aides sociales, et ce n'est ni normal ni justifié pour ceux qui se lèvent tôt, rentrent tard.

Enfin, le malaise face à des politiques d'immigration et d'intégration laxistes, naïves et finalement inefficaces. Le refus d'un grand nombre de ces immigrés d'accepter et de respecter nos règles, notre langue, notre culture. Et, au premier rang, les exigences de la laïcité. Et l'échec de l'accueil et de l'intégration de ceux que nous voulons accueillir.

Tout cela additionné et depuis si longtemps, voilà qui explique que tant de Français soient désabusés et en colère. Tous ces citoyens doivent être désormais mieux écoutés. Leur colère mérite davantage que des vidéos-slogans sur TikTok et des mots. Il faut, enfin, et à chaque niveau, local, national et européen, répondre à ce sentiment populaire. J'avais noté l'avertissement salutaire de la journaliste Françoise Degois : « Le monde politique est malade de son narcissisme, de son déficit existentiel, de son incapacité à prendre soin des autres. Mêmes mots valisent qui sonnent creux, sonnent faux car ils sont profondément insincères. Pourquoi ? Car ils ne parlent que d'eux en faisant semblant de nous parler à nous. »

C'est ce sentiment populaire lorsqu'il n'est pas entendu qui nourrit le populisme. Les campagnes électorales ne feront plus illusion, il faut à coup sûr parler et promettre moins pendant une campagne et agir davantage après.

Marine Le Pen tout comme ses alliés de circonstance à l'extrême gauche surfent avec habileté sur ce sentiment populaire. Mais, au fond, son idéologie et sa tactique restent les mêmes. Celles que son père exprimait sur une vieille affiche qui reste pour moi la quintessence de la démagogie. « Vos idées sont les miennes ! »

Celles aussi qui ont conduit le Rassemblement national, dans une grande confusion d'ailleurs, à tout promettre, aux ouvriers comme aux patrons, avec un programme socio-économique malgré tout très étatiste. Celles enfin qui l'obligent désormais à parler de l'Europe avec une certaine gêne, alors qu'il reste viscéralement opposé au projet européen comme Marine Le Pen l'a dit au moment du Brexit.

Il ne s'agit plus de s'agiter fébrilement contre l'extrême droite. Les Français ont envie, ont besoin d'un projet politique qui les entende, qui les respecte et qui fasse respecter la France.

Toujours avoir un plan B : les câbles sectionnés de la cérémonie d'ouverture

L'organisation de Jeux olympiques est une aventure humaine, sportive et économique hors du commun. C'est aussi une entreprise complexe techniquement et financièrement dont la réussite repose au bout du compte sur l'image et la diffusion des épreuves sportives dans le monde entier.

Les services techniques de diffusion de la chaîne publique française qui avaient obtenu les droits de retransmission avaient d'ailleurs décidé de tester la haute définition pour la toute première fois à l'occasion de ces Jeux d'Albertville en 1992. Tout reposait sur la capacité technique de diffuser les images à toutes les chaînes du monde détentrices des droits, en particulier la chaîne américaine CBS qui avait remporté l'appel d'offres pour 243 millions de francs. Un câble spécial reliait le stade d'Albertville, lieu des cérémonies d'ouverture et de clôture, aux diffuseurs situés d'un côté dans le centre de radiotélévision de Moutiers, de l'autre vers Chambéry.

Jean-Claude Killy, moi-même et notre équipe avions évidemment appris à réaliser des équipements et des procédures redondants. Tout était ainsi doublé pour prévoir le cas d'une panne ou d'un accident. Bien nous en a pris ! Au beau milieu de la cérémonie d'ouverture, le câble principal fut sectionné par malveillance à Saint-Pierre-d'Albigny. Pendant deux secondes, durant une chorégraphie de Philippe Decouflé sur l'hymne européen au début de la cérémonie, la retransmission a flotté. L'image s'est figée alors que des milliards de personnes regardaient ! Heureusement, cela ne se remarqua pas trop à l'écran. Surtout, le câble de secours prit automatiquement le relais. Cette superbe cérémonie put se dérouler sans autre incident jusqu'à son terme. Le monde entier découvrit ce soir-là l'audace, les costumes flamboyants, les acrobates catapultés dans les airs, les instruments de musique improbables mis en scène par Philippe Decouflé. Interrogé sur cet incident grave, Jean-Claude Killy eut la franchise de dire : « Devant l'ampleur de cette catastrophe potentielle, la seule issue pour Michel et moi aurait été de se faire hara-kiri. Parce qu'un écran noir devant 2 milliards de téléspectateurs, il faut disparaître de cette planète si vous en êtes responsable et les responsables, en définitive, c'était nous. » Bref, il vaut toujours mieux anticiper tous les risques quand c'est techniquement possible !

Bien que français ! Commissaire européen chargé du Marché intérieur

Je me souviens de cette conversation comme si c'était hier. En février 2004, je rends visite à mon collègue et ami Mario Monti, qui occupe au sein de la Commission européenne le poste de commissaire à la Concurrence, sans doute l'un des plus stratégiques à Bruxelles. En effet, selon les traités européens, c'est une des rares compétences exclusives de l'Union européenne, pour lesquelles la Commission peut prendre des décisions aux conséquences très importantes sur la vie économique sans recueillir d'abord l'accord des États membres et du Parlement européen. Une compétence régalienne, en quelque sorte, même si le commissaire chargé de la Concurrence se rend de temps en temps devant le Parlement et le Conseil, ce qui peut s'apparenter à « rendre des comptes ». Seule la Cour de justice européenne peut le contredire.

Je perçois comme un privilège de faire partie de ce collège alors animé avec humanité et conviction par un autre Italien, l'ancien Premier ministre Romano Prodi. Autour de la table, des hommes et des femmes exceptionnels : le dernier gouverneur britannique de Hong Kong, Chris Patten, le constitutionnaliste portugais António Vitorino, les Espagnols Loyola de Palacio et

Pedro Solbes, le Belge Philippe Busquin, Pascal Lamy qui connaît si bien cette institution, et tant d'autres encore.

Mario Monti est de la lignée des grands hommes politiques chrétiens-démocrates en Italie. Son conseil est toujours sage. C'est son deuxième mandat, après avoir été un actif commissaire en charge du Marché intérieur. Et même si nous ne sommes pas toujours d'accord au sein du collège, je le respecte et nous nous estimons. Ce jour-là, je viens lui demander conseil.

— Mario, si je dois demander au président Jacques Chirac de me renommer à Bruxelles pour un deuxième mandat, vers quel nouveau portefeuille me recommanderais-tu de m'orienter ?

— Michel, je t'observe attentivement depuis plusieurs années. Je pense que tu pourrais maintenant devenir un bon commissaire chargé du Marché intérieur…

Et il ajoute en souriant :

— Bien que tu sois français !

Mario Monti sait de quoi il parle à propos du marché intérieur… et des Français. Le marché unique est devenu la pierre angulaire et le premier atout de l'Union. Sans doute les autres pays ont-ils eu jusqu'à maintenant la crainte que les Français, très étatistes et parfois arrogants, ne tirent trop la couverture à eux !

Fort de cet encouragement qui valait imprimatur, je suis reçu par Jacques Chirac le 24 mars 2004.

— Que veux-tu faire maintenant ? me demande le président de la République

— Je crois avoir gagné ma crédibilité à Bruxelles, franchement, j'aimerais bien consolider et continuer pour un second mandat. Sauf si le Quai d'Orsay devait changer de titulaire… ?

— Le Quai d'Orsay ne bougera pas du Quai d'Orsay.

— Dans ce cas, je serais heureux de continuer à Bruxelles si tu le veux bien !

— Et pour quoi faire ?

— Je pense aujourd'hui que la France pourrait obtenir pour la première fois le portefeuille du Marché intérieur qu'elle n'a jamais eu depuis 1958.

Chirac me dit alors :

— C'est d'accord, on va se battre pour ça.

Cinq jours plus tard, le lundi 29 mars, le président et le gouvernement font leurs comptes au lendemain d'une élection régionale désastreuse. Une seule région, l'Alsace, échappe à la déroute.

Jacques Chirac, poussé une fois encore par Dominique de Villepin qui rêve d'être Premier ministre, coupe la poire en deux et décide d'un remaniement plus vaste que prévu. Dominique de Villepin quitte le Quai d'Orsay pour la Place Beauvau, un ministère régalien plus proche du terrain et des citoyens où il rongera son frein une bonne année encore.

Jacques Chirac m'appellera pour me proposer de le remplacer aux Affaires étrangères.

Nous sommes à cinq mois du renouvellement de la Commission européenne. Difficile de refuser le Quai d'Orsay au chef de l'État. Ce n'est qu'en 2010 – six années plus tard – que j'obtiendrai finalement le poste de commissaire au Marché intérieur dans la commission Barroso. Bien que je sois français !

Un Premier ministre n'est jamais sûr de rien : Theresa May rappelée à Londres en plein dîner

Dans cette longue négociation du Brexit, 2019 aura été une année éprouvante pour les nerfs des négociateurs. Nombre d'entre nous pensaient y passer deux ans. Et nous y sommes. Nous avons désormais à portée de main un accord sur les conditions du divorce, le règlement financier, la protection des citoyens de part et d'autre de la Manche, et la question la plus sensible de la paix en Irlande du Nord, qui étaient les trois priorités fixées par l'Union européenne.

Arrivés au bout de ce premier tunnel, nous faisons tous des compromis. Reste un dernier point délicat : une fois le Royaume-Uni sorti du marché intérieur de l'Union européenne, il faudra contrôler les marchandises britanniques entrant dans l'Union européenne, et notamment les produits d'origine animale, pour s'assurer du respect des règles sanitaires européennes. Mais ces contrôles ne peuvent en aucun cas se faire à la frontière entre l'Irlande du Nord, qui reste sur le territoire britannique, et l'Irlande, qui est membre de l'Union européenne. En effet, la disparition de toute frontière physique entre ces deux territoires est un élément essentiel de l'accord du Vendredi saint de 1998, le Good Friday Agreement, qui a permis de mettre fin à deux décennies de violence dans la région. Comment donc se sortir de cette situation, et où placer les contrôles ?

Theresa May et son conseiller Olly Robbins ne souhaitant pas aller vers le statut particulier que j'avais proposé pour l'Irlande du Nord, c'est sur une solution plus globale et, finalement, assez intelligente, que nous nous sommes entendus. Pour faciliter en grande partie la question des contrôles des marchandises ou des végétaux qui entrent sur l'île d'Irlande via Belfast en provenance d'Angleterre ou d'Écosse, ce serait finalement tout le Royaume-Uni qui resterait partie prenante de notre union douanière européenne « aussi longtemps qu'une autre solution n'aura pas été trouvée ».

Cette option, nous le savons, est rejetée par les radicaux du parti conservateur. Les « durs » du Groupe de recherche européen, l'ERG, sont montés au créneau avec virulence, accusant Theresa May de piéger durablement le Royaume-Uni dans une institution européenne. Ils n'ont à la bouche qu'une solution : celle de contrôles électroniques les moins intrusifs possible grâce aux nouvelles technologies. Comme si on pouvait contrôler la santé d'une vache avec un QR code !

Bref, Theresa May savait sans doute qu'elle aurait sur ce point à se battre avec ou contre sa propre majorité. Déjà, quelques semaines plus tôt, lors d'un dîner restreint à Bruxelles avec Jean-Claude Juncker, nous avions mesuré sa fragilité. À trois reprises durant le dîner, des messages furent apportés à son conseiller Olly Robbins qui, nerveusement, les lui fit passer. On sentait du côté britannique une grande tension et beaucoup de fébrilité jusqu'au moment où, au troisième message, Theresa May se résolut à nous dire : « Je suis désolée, je dois rentrer à Londres. Arlene Foster (leader du Democratic Unionist Party, DUP) menace de retirer son soutien au gouvernement. Si je perds ces dix députés, je ne peux plus poursuivre la négociation. »

Le dîner fut abrégé pour lui permettre de rentrer à Londres.

Je garde du respect pour cette femme qui, en acceptant de devenir Première ministre en 2016, empêcha alors Boris Johnson d'accéder au pouvoir. Elle en paya le prix, forcée de négocier un Brexit auquel elle ne croyait pas vraiment. Au lendemain de l'élection générale qu'elle avait elle-même provoquée en juin 2017 pour renforcer sa main, elle se retrouva dans une situation encore plus inconfortable sous la double menace permanente de ces députés extrémistes du DUP, élus en Irlande du Nord, d'un côté, et d'une soixantaine de radicaux conservateurs. Ces derniers étaient tellement convaincus par le Brexit qu'ils refusèrent jusqu'au bout de trouver des solutions pragmatiques au problème ainsi provoqué en Irlande du Nord. C'est donc sous la pression et la menace de ces deux groupes que Theresa May mena pendant trois ans cette négociation.

C'est une femme sévère et cordiale à la fois, toujours un peu raide, tenace, méthodique, besogneuse, opiniâtre et en fin de compte courageuse. J'ai toujours eu pour elle et ses proches collaborateurs une forme d'estime en les voyant défendre ce Brexit dont ils savaient parfaitement les conséquences négatives pour leur pays.

Cette double opposition interne obligea constamment Theresa May et ses ministres à discuter d'abord entre eux-mêmes, à se convaincre entre eux et entre

Britanniques plutôt que de négocier avec nous. En même temps, je considère toujours comme une incroyable défaillance démocratique d'avoir mené cette campagne du référendum puis mis en œuvre la négociation de sortie de l'Union, avec tant de complexité et de conséquences, sans jamais chercher à mettre autour de la même table les acteurs politiques, économiques et sociaux du Royaume-Uni. Chacun était dans son couloir, et le seul débat sans merci et sans états d'âme avait en fait lieu au sein du parti conservateur. Neuf ans après le vote du Brexit et alors que les conséquences prévisibles se produisent, je garde le même étonnement : il n'y a toujours pas au Royaume-Uni de commission ou d'instance indépendante d'évaluation et d'explication des conséquences directes et indirectes du Brexit.

En 2019, Theresa May tenta donc à trois reprises de faire ratifier par la Chambre des communes l'accord que nous avions conclu. À trois reprises, elle échoua, jusqu'au moment où elle rendit son tablier avec dignité. Elle laissa le champ libre à Boris Johnson, qui l'avait poignardée dans le dos. Ainsi, dans cette affaire si grave et historique pour ce grand pays, faute d'un accord préalable précis et clair sur le Brexit lui-même, les Britanniques n'ont jamais vraiment su s'ils quittaient seulement l'Union européenne ou le marché unique ou l'union douanière également. Faute d'avoir compris, analysé, expliqué toutes les conséquences du Brexit, ils s'engagèrent dans une négociation chaotique où, dans l'urgence et souvent le dos au mur, ils improvisèrent des positions qui ne trouvèrent pas ensuite les soutiens nécessaires. Des votes irrationnels dans des campagnes où les slogans, la violence, les *fake news* balayent les convictions, la raison, les faits. Un tel débat dévoyé peut ainsi conduire un grand pays à s'engager sur une voie réellement contraire à son intérêt national. Ce sont là des leçons utiles à comprendre. Pas seulement pour le Royaume-Uni.

Plus de cinq années après, et au sortir de mon expérience à Matignon, je comprends mieux les difficultés et les turbulences de Theresa May lorsqu'il s'est agi pour elle en 2019 de négocier, d'avancer et de décider sans véritable majorité à la Chambre des communes pour la soutenir…

Garder ses nerfs et prendre le temps de la réflexion : conseils aux aspirants ministres

La formation d'un gouvernement ou la nomination d'un ministre sont toujours des moments éprouvants pour ceux qui aspirent ou espèrent. Parfois aussi pour celles ou ceux qui ont la charge de le constituer !

À coup sûr, la manière dont Emmanuel Macron gère les ressources humaines et son gouvernement a atteint un certain paroxysme sur l'échelle de l'hésitation, de l'incertitude ou de l'imprévisibilité. Je sais d'expérience qu'un ministre sortant ou qu'un candidat au poste de ministre est souvent ni plus ni moins qu'un « Kleenex » pour le chef de l'État et le Premier ministre. Ainsi, il aura fallu près de trois semaines à Emmanuel Macron pour remplacer au ministère de l'Intérieur Gérard Collomb par Christophe Castaner. Dans les circonstances graves de la dissolution qu'il a décidée seul le 9 juin 2024, et après le nouvel échec électoral des 3 et 10 juillet, les Français, les entreprises, nos partenaires étrangers auront attendu deux mois pour connaître le nom du Premier ministre et des nouveaux ministres français.

J'entends bien que de telles nominations doivent se mûrir et que les ministres doivent être soigneusement choisis pour être compétents et solides. Une responsabilité ministérielle comporte des exigences et des contraintes. Elle peut bousculer la vie familiale. Combien d'élus et de responsables se sont-ils retrouvés sur le carreau après un remaniement et une dissolution ? Et cela peut parfois être encore plus déstabilisant pour les collaborateurs d'un cabinet ministériel ou d'un député.

Ce sont les lois de la politique.

Il ne coûte pourtant pas grand-chose à un président ou à un Premier ministre d'y mettre les formes, d'être attentif à la situation personnelle des uns et des autres. Bref, d'avoir du respect et de la considération, à défaut d'avoir de l'amitié.

La veille du 19 juin 2007, jour où l'Élysée annoncera la composition du deuxième gouvernement de François Fillon, le Premier ministre m'avait appelé au petit matin pour me proposer le poste de ministre de l'Agriculture et de la Pêche. « Rappelle-moi dans la demi-heure pour me donner ta réponse. »

Je me souviens d'avoir alors passé en trente minutes trois appels téléphoniques. D'abord à ma femme qui, un peu échaudée par mes allers-retours au gouvernement depuis 2004, choisit néanmoins de me faire confiance. J'étais à l'époque vice-président du groupe Mérieux et j'ai naturellement appelé ensuite son président, Alain Mérieux, qui est aussi un ami de longue date. Il m'encouragea à accepter, tout comme mon troisième interlocuteur, Jean-Claude Killy, dont le conseil a toujours été important pour moi.

Ma recommandation à tout postulant à un poste gouvernemental serait de garder ses nerfs et son sang-froid, y compris durant de longues attentes parfois humiliantes. Éric Dupond-Moretti, l'ancien garde des Sceaux, raconte d'ailleurs assez honnêtement au théâtre le stress de cette période d'incertitude. Mon deuxième conseil serait de prendre les quelques instants nécessaires pour associer ses proches et un ou deux vrais amis à cette décision d'accepter ou de refuser. Enfin, de bien mesurer à quel point le pouvoir, sa lumière et l'ivresse excessive qu'ils procurent parfois sont éphémères et bien éloignés de la vraie vie.

On m'avait rapporté qu'Alain Madelin, tout juste nommé ministre de l'Économie et des Finances en 1995 par Jacques Chirac, avait trouvé le premier jour, en arrivant à Bercy, une petite boîte de cartes de visite posée sur son grand bureau. Une attention ou une alerte de quelques-uns de ses amis proches, puisqu'il était écrit sur chacune des cartes : « Alain Madelin. Ancien ministre ».

Je souris toujours à cette autre blague d'un humoriste qui sonne comme un rappel à la réalité : « À quel moment comprend-on que l'on n'est plus ministre ? Lorsqu'on prend place à l'arrière de sa voiture et qu'elle ne démarre pas ! »

Chapitre 8

La conviction plutôt que les leçons

« L'un des problèmes de notre société aujourd'hui, c'est que les gens ne veulent pas être utiles, mais importants. »

Winston Churchill

Paternalisme à la française : Jacques Chirac fait la leçon à George W. Bush

L'année 2024 a été marquée par le quatre-vingtième anniversaire du débarquement en Normandie. Sans doute le moment le plus émouvant reste-t-il celui où le président de la République remet à huit soldats alliés la Légion d'honneur. Il était temps !

Tous sont centenaires et ont tenu à se lever pour recevoir cette décoration bien tardive. Sous le soleil, la plage d'Omaha Beach, Omaha la Sanglante, accueille une cérémonie à la hauteur de la tragédie et à la mesure du courage de ces milliers de soldats à peine majeurs qui durent surmonter leur peur pour libérer la France et l'Europe du nazisme. C'est une belle image de la France offerte grâce à l'organisation confiée à l'ambassadeur Philippe Étienne et son équipe. Une France reconnaissante, européenne, ouverte au monde. Et au milieu des chefs d'État et de gouvernement présents, l'accueil fait à Volodymyr Zelensky, le président ukrainien, est lui aussi à la mesure des enjeux actuels de la paix et de l'indépendance en Europe.

Vingt ans plus tôt, le 5 juin 2004, Jacques Chirac accueillait lui aussi un grand nombre de chefs d'État à l'occasion du soixantième anniversaire du Débarquement. Il donna sur l'une des plages une accolade chaleureuse au chancelier Gerhard Schröder, à l'image d'Helmut Kohl et François Mitterrand se tenant la main le 22 septembre 1984 à l'ossuaire de Douaumont.

La veille de cette cérémonie, Jacques Chirac avait invité le président américain à un dîner de travail. Il était entouré de Colin Powell, alors secrétaire d'État, et de Condoleezza Rice, conseillère à la Maison-Blanche pour la sécurité.

J'étais assis à la droite de George W. Bush, très fan de sport, qui m'interrogea longuement sur les Jeux olympiques d'Albertville, intrigué par le fait que le ministre français des Affaires étrangères ait pu organiser des JO. Il me semblait en fait plutôt heureux de pouvoir parler d'autre chose que des relations franco-américaines.

Malgré les apparences, l'ambiance était assez tendue des deux côtés : un peu plus d'un an auparavant, Dominique de Villepin, sur instruction de Jacques Chirac, avait exprimé avec éloquence et force le désaccord de la France sur l'intervention américaine en Irak devant le conseil de sécurité des Nations unies. Autant dire que le changement de titulaire au Quai d'Orsay avait été bien reçu à Washington. Cette première rencontre après la crise entre Jacques Chirac et George W. Bush devait absolument marquer une forme de réconciliation. À l'évidence, cette position, qui rompait la solidarité entre Alliés, avait suscité aux États-Unis une vague de francophobie. On se souvient des images d'Américains vidant leurs bouteilles de bordeaux dans les caniveaux. Nous marchions sur des œufs.

Autour d'un repas de qualité, comme toujours, l'ordre du jour avait été balisé et le président français traita méthodiquement les points prévus un par un. Au fil de la soirée, l'ambiance se détendit. Au fond, Jacques Chirac aimait bien les États-Unis, il y avait des souvenirs et des amours de jeunesse !

Tout alla bien jusqu'au moment où le président français se lança dans une longue tirade en faveur d'une bonne relation avec la Chine. Sur un ton un peu paternaliste, il commença en déclarant à George W. Bush : « Tu comprends, George, moi je connais bien la Chine, j'y suis allé souvent, il faut faire attention, c'est un grand peuple avec une longue histoire. Il faut comprendre et respecter… »

Et ainsi, Jacques Chirac, qui connaissait mieux le père de George W. Bush, lui-même ancien président des États-Unis, donnait au fils, nouveau président, une leçon sur la Chine. Le malaise était perceptible. George W. Bush choisit de ne pas répliquer sur le fond et le dîner se termina très vite.

En parcourant les quelques mètres vers le salon voisin où le café était servi, Colin Powell me prit par le bras entre deux portes et me dit : « *Michel, if you could tell your president not to give any lesson to the President of the United States of America, that would be much appreciated*[1]. »

La France et les Français peuvent être perçus comme arrogants, même quand ils ne le font pas exprès… Le paternalisme n'est-il pas une autre forme d'arrogance ?

---

1. « Michel, si vous pouviez dire à votre président de ne pas donner de leçons au président des États-Unis d'Amérique, cela serait très apprécié. »

La France n'est pas grande quand elle est arrogante : conférence des ambassadeurs

C'est une tâche unique, complexe et passionnante que d'avoir en charge la diplomatie française. Au nom de la France, on endosse la responsabilité d'agir à l'extérieur pour défendre notre vision du monde et promouvoir nos intérêts. Cette charge m'a été confiée par le président de la République Jacques Chirac en mars 2004. Avec une équipe unie de ministres motivés, Claudie Haigneré, Xavier Darcos, Renaud Muselier, et en m'appuyant sur des fonctionnaires compétents et des postes diplomatiques répartis dans plus de 180 pays.

Une fois par an, à la fin du mois d'août, le ministre réunit la conférence des ambassadeurs et tous sont reçus par le président de la République qui fixe le cadre de leur action. Cette tradition a été interrompue en 2024 par Stéphane Séjourné, au grand dam des ambassadeurs qui y ont vu un désintérêt, pour ne pas dire plus. D'autant que cela faisait suite à la dissolution du corps diplomatique, que je regrette. Le métier de diplomate est exigeant et nécessaire pour l'influence française, et il faut le valoriser. Jean-Noël Barrot, nouveau ministre des Affaires étrangères, rétablira heureusement cette tradition en janvier 2025.

Le 26 août 2004, pour ouvrir cette conférence, Pierre Vimont, mon directeur de cabinet, mon équipe et moi-même avons apporté beaucoup de soin à ce premier grand discours. La presse est alertée sous l'impulsion de mon conseiller Pierre-Jérôme Hénin. Les ambassadeurs ont-ils été ce jour-là surpris que j'évoque l'environnement comme le tout premier défi du développement ? « Ce défi est silencieux, mais il est le plus implacable, et je le considère depuis longtemps comme le plus important. Nous n'avons pas de planète de rechange. La protection de l'environnement, c'est l'urgence pour tous et c'est le devoir des plus riches. »

Dans ce discours, j'indiquais le besoin d'une véritable organisation des Nations unies pour l'environnement avant d'évoquer un autre enjeu du développement, qui lui est lié : celui des grandes pandémies qui frappent toutes les nations. J'évoquais ensuite l'ensemble des défis et des opportunités de l'action extérieure de la France, et évidemment l'Union européenne qui est « désormais le cadre naturel et le multiplicateur de notre influence ».

« J'entends conduire avec vous une politique européenne ouverte, partenariale. Nous devons jouer collectif parce qu'à Bruxelles, au Conseil des ministres, tous les États comptent, quelle que soit leur taille. [...] Je vous engage à faire que notre pays et d'abord notre diplomatie ajoute à sa culture traditionnelle de souveraineté une culture d'influence et de partenariats. [...] La France n'est pas grande quand elle est arrogante. La France n'est pas forte si elle est solitaire. »

C'est au lendemain de ce discours qu'à mon arrivée au Conseil des ministres Dominique de Villepin me saisit brutalement par le bras et me lance : « Pourquoi as-tu dit ça ? De qui parles-tu ? » À l'évidence, il avait pris pour lui cette phrase sur l'arrogance française. Sans doute avait-il des raisons…

Et pourtant, cette phrase, je l'avais déjà prononcée à la virgule près plusieurs années auparavant lors d'une intervention devant le conseil national du RPR. Je pense depuis longtemps que l'influence française ne se décrète pas, qu'elle ne tombe pas du ciel. Cette influence se construit et se cultive à partir de nos convictions, de nos valeurs, de nos intérêts, par l'écoute et le respect des autres. Je pense depuis longtemps que la France a la chance d'être au milieu du jeu mondial, qu'elle a une forme de « centralité » avant tout en Europe en raison de notre langue, de notre culture, de notre histoire. Et aussi par la force qu'il nous reste dans certaines industries et dans notre agriculture. Si nous savons nous appuyer sur cette centralité, avec professionnalisme, sans arrogance, alors nous pourrons être au premier plan !

On m'a rappelé la réponse que fit Viktor Orbán, le dérangeant Premier ministre de Hongrie à un journaliste qui l'interrogeait durant la négociation du Brexit :

— Monsieur le Premier ministre, vous êtes pourtant opposé à l'action de la Commission européenne. Votre ligne n'est pas éloignée de la ligne des conservateurs britanniques sur l'Europe. Pourquoi donc soutenez-vous Michel Barnier dans cette négociation ?

— Je le soutiens parce que Barnier est un Français qui nous dit bonjour !

Sans doute n'ai-je pas seulement dit « bonjour » !

De l'humour en politique : dîner des correspondants de la Maison-Blanche

« Peut-on confier en démocratie les rênes du pouvoir à quelqu'un qui refuse de rire de lui-même ? » C'est la question que le journaliste Frédéric Charillon pose dans le journal *L'Opinion* en décrivant l'institution fondée en 1921 à Washington : le White House Correspondent Dinner. Ce soir-là, généralement fin avril, le président américain participe à un dîner avec l'ensemble des journalistes et correspondants de la Maison-Blanche. « Triomphe de la démocratie par l'humour que ce dîner annuel ! Exercice de potache semblable au discours du bon copain le jour du mariage de son meilleur ami. Pas si simple, car le président doit être drôle sans être galvaudé, il doit être débridé sans être vulgaire. »

À cet exercice, Barack Obama excellait, tout comme Ronald Reagan. D'autres présidents y furent moins brillants, et Donald Trump refusa net d'y participer.

Un tel dîner serait-il possible en France ? Je n'en suis pas sûr, même s'il existe quelques occasions pour les politiques de faire rire, ou de rire des politiques. Ainsi en est-il du prix de l'humour politique remis chaque année par le Trombinoscope. Celles et ceux qui le reçoivent ne l'ont pas toujours fait exprès…

Comme Agnès Buzyn, ministre de la Santé, répondant à une question d'actualité à l'Assemblée nationale et s'adressant aux députés : « Monsieur le Président, mesdames et messieurs les Retraités... » Ou encore la pétulante Roselyne Bachelot déclarant « qu'il vaut mieux avoir des gens dans sa tente et qui pissent dehors que l'inverse... ».

La perle revient peut-être à Renaud Muselier, qui fut mon secrétaire d'État après avoir été celui de Dominique de Villepin au Quai d'Orsay : « Villepin fait tout et moi je fais le reste ! »

Il m'aura fallu cinquante années de vie politique pour être enfin nommé à ce prix. Comme quoi, on garde toujours une marge de progrès ! Peut-être avoir côtoyé nos amis britanniques m'a-t-il aidé, eux qui, comme les Américains, savent bien mieux que nous rire d'eux-mêmes et faire rire, ou sourire. Deux phrases m'ont valu d'être nommé au prix du Trombinoscope de l'humour politique : « Monsieur Attal, je serai très attentif à vos propositions d'économies supplémentaires pour faire face à un déficit... que j'ai trouvé en arrivant ! » et : « Bruno Le Maire nous a dit : "J'ai tout donné", ça, c'est sûr ! » Franchement, j'ai quand même des efforts à faire pour réduire mon déficit... d'humour.

Le ridicule ne tue pas : retour sur ma première interview

C'était une belle fête surprise organisée par mon épouse et mes enfants, à l'occasion de mon soixantième anniversaire. Tous mes amis les plus chers et les plus fidèles étaient là. Cette valeur de la fidélité en amitié vaut aussi en politique, même si elle y est plus rare.

Le clou du spectacle de ce week-end surprise était un film réalisé avec méthode par ma femme retraçant avec humour mes gaffes, mes erreurs, et se moquant allégrement de moi. Au milieu de cette courte vidéo, je me revois lors d'une interview en septembre 1973. C'était au lendemain de ma première élection au conseil général de la Savoie. Le cheveu bien mis, la cravate sombre, les mots choisis, le tout sur un ton proprement imbuvable de prétention pour ne pas dire grand-chose !

Comment les Savoyards ont-ils pu voter pour le personnage caricatural d'un jeune homme de droite se prenant autant au sérieux ? Ce soir-là, devant mes amis, trente-huit ans après, j'étais partagé entre la gêne et le fou rire. J'espère avoir fait quelques progrès depuis.

C'est sans doute en pensant à cette interview que j'ai souvent dit à mes amis et mes collaborateurs : « Soyez sérieux mais ne vous prenez surtout pas au sérieux ! » En vérité, si le ridicule tuait, une telle interview aurait pu m'être fatale.

Quand Édith Cresson déclare une usine obsolète

En 1984, Édith Cresson est ministre du Redéploiement industriel dans le gouvernement de Laurent Fabius. Elle incarne désormais le dernier recours pour éviter un drame social et industriel dans la vallée de la Rochette, en Savoie. Il y a là une usine, La Rochette-Cempa, leader en France de la fabrication de carton, qui nécessite du bois et beaucoup d'eau. Trois cents ouvriers y travaillent et cette usine fait vivre la petite vallée savoyarde.

Cette usine éprouve des difficultés depuis de longues années. La concurrence est rude, l'outil de production a vieilli, la compétitivité diminue. Les actionnaires n'ont rien trouvé de mieux que de choisir comme directeur l'un des héritiers des fondateurs de l'entreprise qui n'a pas fait preuve de compétences particulières. Ainsi, de fil en aiguille, l'entreprise se trouve en cessation de paiement. Les ouvriers lancent un mouvement social tout en continuant néanmoins le travail pour maintenir en état l'outil de production.

Le député socialiste Paul Perrier, toute mon équipe du conseil général et moi-même cherchons des solutions. À Chambéry, un syndic de faillite, Roger Rebut, est désigné. La situation est extrêmement grave, et notre seul espoir est désormais d'obtenir un soutien de l'État. À Paris, il existe entre le ministre de l'Économie et le ministre de l'Industrie un organisme spécialisé dans la reconversion industrielle : le Comité interministériel pour les restructurations industrielles (CIRI), qui peut apporter des prêts ou des subventions.

Nous demandons un rendez-vous à la ministre de l'Industrie, Édith Cresson. C'est une délégation pluraliste, avec l'intersyndicale représentée par Roland Magdinier et Jacky Bozet, les élus Jean Trolliard, maire de La Rochette, et François Peillex, conseiller général, et les parlementaires que je conduis à Paris pour exprimer notre inquiétude mais aussi notre espoir. À tour de rôle, nous exposons brièvement les raisons de soutenir cette entreprise, mais la ministre paraît avoir la tête ailleurs... Au terme de ces prises de parole, s'appuyant sur un papier qu'elle tient en main, elle déclare sans beaucoup de précaution : « Merci d'être venus, je vous ai écoutés avec attention et je comprends votre inquiétude. J'ai entre les mains une note précise de mes services et du CIRI dont la conclusion est claire : cette usine n'a pas d'avenir et elle doit être fermée. » Elle ajoute : « Elle est obsolète. »

Ce fut une vraie douche froide, sur le fond d'abord, car nous avions un sentiment différent sur le potentiel de cette usine, mais aussi sur la forme, à cause de cette désinvolture avec laquelle on traite souvent à Paris les gens de la province.

Quelques jours plus tard, le syndic, qui continuait à se démener, nous dit que des industriels canadiens du papier carton, les frères Lemaire, pourraient être intéressés par la reprise de l'usine. Le contact est établi et l'un des frères Lemaire, Bernard, traverse l'Atlantique pour visiter l'usine. Il y trouve des ouvrières et des ouvriers à leurs postes, un outil de production en bon état, un site à coup sûr vieilli mais qui peut fonctionner. Un accord sera conclu et le groupe québécois Cascades, animé par les frères Lemaire, reprendra l'usine, investira et lui donnera un second souffle.

François Peillex me dira : « J'ai appris un mot ce jour-là : obsolète ! » Toujours est-il que l'arrogance et l'ignorance que l'on rencontre parfois à Paris chez des gens qui ont fait de grandes écoles sans aller sur le terrain peuvent briser des vies, des vallées, des territoires.

Vous êtes le frère du médecin ? Leçon d'humilité au col des Aravis

C'était en août 2004 ; ce jour-là, Isabelle et moi devions rejoindre mon frère Jean-Paul et son épouse Françoise à Saint-Jean-de-Sixt, dans la belle vallée de Thônes et des Aravis. Un village à la croisée des vallées où mon frère était un médecin populaire, compétent, et son épouse pharmacienne. Le ciel était pur, l'air chaud, bref, une belle journée d'été où il est mieux de prendre de la hauteur.

Ce jour-là, nous choisissons de passer par les gorges de l'Arly, le village de La Giettaz et le col des Aravis. Au-dessus du col qui marque la frontière entre les départements de Savoie et de Haute-Savoie, le paysage s'étend, magique comme toujours. Nous prenons le temps de nous y arrêter et de marcher le long d'un chemin de crête. Un peu plus loin, nous allons à la rencontre de deux agriculteurs qui gardent leurs vaches, moitié tarines, moitié abondances.

Me prenant pour quelqu'un d'important – j'étais alors ministre des Affaires étrangères –, je salue chaleureusement le premier de ces agriculteurs en me présentant : « Bonjour, Michel Barnier, comment allez-vous ? » Il ne lâcha pas ma main en me saluant et me dit d'un air interrogateur : « Barnier ? Barnier ? Vous êtes le frère du docteur ? » Je compris alors que le médecin était bien plus important aux yeux des citoyens que le ministre des Affaires étrangères... Et qu'il faut toujours rester à sa place !

Quelques années plus tôt, j'avais reçu une autre leçon en siégeant pour la première fois au conseil général de la Savoie. C'était en octobre 1973 et j'étais devenu – à vingt-deux ans – le benjamin de l'assemblée. Marcel Astier-Perret, mon collègue du canton d'Aime-la-Plagne, voisin du mien, était un sage, retraité des PTT. En confiance, je l'interrogeai : « Marcel, que me conseilles-tu de faire et de dire ? » Sa réponse fut nette : « Tu t'assieds à ta place et tu fermes ta gueule ! »

Le mépris des gens d'en haut : les ploucs vous saluent bien !

Certains habitants des arrondissements cossus de Paris ou diplômés de grandes écoles ont l'habitude, parfois à leur insu, de regarder les gens qui ne leur ressemblent pas avec hauteur. Cette distance explique probablement en partie la révolte des Gilets jaunes en novembre 2018.

En 1999, Jacques Chirac propose mon nom pour le poste de commissaire européen quand son Premier ministre de cohabitation, Lionel Jospin, propose le nom de Pascal Lamy. En apprenant ma nomination, l'ambassadeur de France auprès de l'Union européenne, Pierre de Boissieu, grand diplomate, compétent, intelligent, et qui le sait, aura ce mot caustique : « Ils nous ont envoyé un moniteur de ski ! » J'aurai évidemment à cœur tout au long de mon mandat de prouver à Pierre de Boissieu et à quelques autres que je sais faire autre chose que du ski comme d'ailleurs l'immense majorité des moniteurs de ski, qui ne méritent pas une telle condescendance.

Bruno Quentin, chargé de la presse au Conseil général de la Savoie, et qui avait dessiné le premier logo des Jeux olympiques d'Albertville, me rapporta la réaction de Guy Drut au soir du 17 octobre 1986 lorsque le

Comité international olympique réuni à Lausanne, en Suisse, désigna le même jour, pour les Jeux olympiques d'été et d'hiver de 1992, Barcelone et Albertville. Paris avait été battu par la candidature catalane. Et pour cause : le président du CIO de l'époque, Juan Antonio Samaranch, était barcelonais… « Les ploucs ont gagné », dira Guy Drut ce soir-là en ne maîtrisant ni son amertume ni sa déception. Ce 17 octobre-là, en Savoie, nous avons rarement été aussi fiers d'être des provinciaux.

Cette condescendance est dangereuse. Emmanuel Macron lui-même n'a toujours pas réussi à faire oublier sa petite phrase le jour de l'inauguration de la gare de Rennes : « Une gare, c'est un lieu où on croise les gens qui réussissent et les gens qui ne sont rien. Parce que c'est un lieu où on passe, un lieu que l'on partage. »

Dans une société, chaque personne compte et mérite d'être *a priori* respectée, en particulier par ceux qui sont, parfois de manière éphémère, en haut.

À chacun ses références : Robert Schuman dans le salon de l'Horloge

Au lendemain du « dessalage » de la droite et de la majorité aux élections législatives du 1er juin 1997, Jacques Chirac se replie à l'Élysée et le nouveau gouvernement dirigé par Lionel Jospin se met en place. En Savoie, dans notre 2e circonscription, je suis heureux de la belle réélection d'Hervé Gaymard, qui l'a méritée. Il a comme coéquipier et suppléant mon ami Auguste Picollet, un fidèle, déjà à mes côtés pour ma toute première élection comme député en 1978.

Pour l'heure, à Paris, c'est davantage de la passation de pouvoir qu'il s'agit. Pierre Moscovici a enfin obtenu le poste qu'il convoitait et c'est lui que je reçois au Quai d'Orsay pour lui passer le relais au ministère des Affaires européennes. Comme le veut la tradition, je le reçois dans mon bureau, qui va devenir le sien. Croyant bien faire, je prends l'initiative de lui offrir un tableau, en fait une photographie à laquelle je tiens depuis très longtemps et qui m'accompagne partout : celle du général de Gaulle accueillant le chancelier Adenauer sur le perron de l'Élysée pour le tout premier traité franco-allemand. J'ai souvent relu l'histoire de ce traité consacrant la coopération singulière en même temps que la réconciliation entre la France et la république fédérale d'Allemagne.

À coup sûr, cette photo que j'ai transportée presque religieusement avec moi dans chacune de mes fonctions et ce qu'elle représente constituent la première raison de mon engagement politique. Gaulliste et européen ! Il faut revoir sur cette image le respect infini qui s'exprime dans les yeux de ces deux géants. L'ancien chef de la Résistance française et le chancelier allemand. Tous deux disent à cette époque que la France et l'Allemagne doivent se réconcilier pour leur passé et plus encore pour construire l'Europe de demain. Tant de raisons de le faire, en effet, après trois guerres entre nous, ces guerres entre Européens que Victor Hugo qualifiait de « guerres civiles » !

Derrière cette poignée de main, des milliers de petits gestes, des rencontres, des jumelages de communes, donneront de la chair à cette coopération. Ainsi l'oncle de mon épouse, François Altmayer, déporté avec son père, le général René Altmayer, pour faits de résistance à vingt ans, fut-il nommé par le général de Gaulle premier secrétaire général de l'Office franco-allemand pour la jeunesse. Soixante ans plus tard, il en va de l'Europe comme de cette coopération franco-allemande. Il faut en refaire la preuve tous les jours avec les mots d'aujourd'hui et face aux problèmes de demain. En réalité, dans l'Europe à vingt-sept, cette coopération franco-allemande est de plus en plus nécessaire et de moins en moins suffisante.

Je retourne donc ce tableau au dernier moment devant les journalistes pour l'offrir à Pierre Moscovici. Il ne peut retenir un léger mouvement de recul, comme si je lui avais présenté une photo provocatrice. « Merci, mais j'ai avec François Mitterrand d'autres références ! »

Cette petite poussée spontanée de sectarisme me déçoit mais ne me surprend pas vraiment. Plus tard, devenu ministre des Affaires étrangères, je suis resté sensible au « choc des photos » et à leur importance symbolique. À propos de la relation franco-allemande, j'avais placé sur une console trois photos côte à côte, celle évidemment de De Gaulle et Adenauer, puis cette photo si forte de François Mitterrand tenant par la main Helmut Kohl à Verdun le 22 septembre 1984, et enfin celle de Jacques Chirac et Gerhard Schröder se donnant l'accolade sur les plages de Normandie le 6 juin 2004.

J'aurais sans doute dû y ajouter le seul tandem franco-allemand cimenté par une amitié personnelle : Valéry Giscard d'Estaing et Helmut Schmidt.

Une autre photo est toujours là, au Quai d'Orsay, depuis vingt ans, placée comme je l'avais voulu sur son chevalet à droite de la grande horloge du salon qui porte le même nom. On y voit le ministre des Affaires étrangères Robert Schuman, le 9 juin 1950, proposant la création de la Communauté européenne du charbon et de l'acier. À ses côtés, Jean Monnet, commissaire général au Plan. Après avoir reçu l'accord du chancelier Konrad Adenauer et du gouvernement français, Robert Schuman présente ce plan portant son nom à la presse internationale.

Dans ce texte fondateur, Robert Schuman écrit : « L'Europe ne se fera pas d'un coup ni dans une construction d'ensemble. Elle se fera par des réalisations concrètes créant d'abord une solidarité de fait. »

Et c'est bien ainsi que, souvent dans des crises, durant des décennies et jusqu'à maintenant, le projet européen se construit comme une troisième voie entre d'un côté une fédération, « une construction d'ensemble », et de l'autre une Europe des nations, un simple syndicat international.

Cela reste pour moi un privilège d'avoir été, cinquante-quatre ans après, un modeste successeur de Robert Schuman. Et c'était une bien simple initiative pour rendre hommage à un si grand homme d'État que cette photographie placée symboliquement dans le salon de l'Horloge. Tant de visiteurs français et étrangers parcourent ce salon et doivent comprendre que c'est là, et ce jour-là, qu'est né le projet européen.

L'influence française a besoin de stabilité : le bal des ministres des Affaires européennes

La politique internationale est elle aussi une affaire d'hommes et de femmes qui se connaissent, se respectent parfois, se détestent aussi dans d'autres circonstances, mais cela compte. Il faut du temps à un ministre pour rencontrer, revoir, comprendre ses partenaires d'autres gouvernements. C'est d'ailleurs ce qui fait, en théorie, la force des commissaires européens, assurés de rester cinq ans dans leur fonction. Que dire de l'influence française quand elle s'exprime avec des ministres éphémères qui n'ont même pas le temps de poser leurs valises ?

De 2007 à 2012, sous le seul quinquennat de Nicolas Sarkozy, ce sont cinq ministres, Jean-Pierre Jouyet, Bruno Le Maire, Pierre Lellouche, Laurent Wauquiez et Jean Leonetti, qui se sont succédé aux affaires européennes avec des résultats mitigés. Ce ministère est considéré à tort par les présidents et les chefs de gouvernement comme une variable d'ajustement pour la politique intérieure, alors qu'il devrait être un instrument stable, durable et compétent au service de l'influence française. J'ai eu la même conviction durant la négociation du Brexit où quatre ministres tout aussi éphémères se sont relayés en quatre ans pour conduire l'équipe de négociateurs britanniques : David Davis, Steve Barclay, Dominic Raab et enfin David Frost.

L'influence d'un pays ne s'accommode pas de la désinvolture et de la brièveté des échanges. Il suffit de regarder les États-Unis d'Amérique où le secrétaire d'État est généralement au côté du président pendant la totalité de son mandat : Henry Kissinger, Madeleine Albright, ou récemment Antony Blinken.

À mon départ de l'hôtel Matignon en décembre 2024, je me suis permis de donner au nouveau Premier ministre François Bayrou et au président de la République le conseil de ne pas changer le tandem des ministres du Quai d'Orsay, Jean-Noël Barrot et Benjamin Haddad, en charge des Affaires étrangères et de l'Europe, parce qu'ils avaient bien tenu leur place. Et parce qu'ils avaient tout juste eu le temps de rencontrer personnellement leurs principaux partenaires internationaux.

Mais ce qui est vrai de notre influence à l'extérieur l'est aussi en France même. Un ministre doit avoir du temps, y compris et d'abord pour être respecté et suivi au sein de sa propre administration. Ce qui veut dire que les ministres doivent être bien choisis, soutenus par le chef du gouvernement et le président de la République, sans doute sanctionnés lorsqu'ils commettent une erreur grave, mais confortés dans le temps pour être crédibles et efficaces. Et que dire, de ma part, du temps nécessaire au Premier ministre ? Mais cela, certes, n'est pas seulement affaire de nomination !

Chapitre 9

Des politiciens et des hommes d'État

« La différence entre l'homme politique
et l'homme d'État est la suivante :
le premier pense à la prochaine élection,
le second à la prochaine génération. »

James Freeman Clarke

Des barbouzes et des hommes d'État : enlèvement de Christian Chesnot et Georges Malbrunot en Irak

J'ai dit qu'il faut être toujours prêt, même à être reçu par surprise par le président des États-Unis. Il faut parfois savoir aussi se préparer à croiser des personnages moins glorieux.

En juillet 2004, deux journalistes français, Christian Chesnot et Georges Malbrunot, sont pris en otages par un groupe islamiste en Irak. L'émotion est grande et relayée par tous leurs confrères, au point que les chaînes de télévision montrent quotidiennement leurs visages et celui de leur fixeur, égrainant chaque soir le nombre de jours depuis leur enlèvement. Leurs portraits sont également affichés sur la façade de l'hôtel de ville de Paris. La France est solidaire.

L'Élysée, le général Georgelin, chef d'état-major du président de la République, la DGSE et mon cabinet de ministre des Affaires étrangères, mettent en place une cellule de crise qui se réunira plusieurs fois par semaine pendant les huit mois de leur captivité. Le Premier ministre, Jean-Pierre Raffarin, est également très engagé. Au cours de la première réunion qu'il provoque à Matignon sont présents la ministre de la Défense, Michèle Alliot-Marie, et le nouveau ministre de l'Intérieur, Dominique de Villepin. Ce dernier, qui à l'évidence ne se satisfait pas de son nouveau poste et aurait souhaité demeurer en même temps ministre des Affaires étrangères, ne cache pas son intention de devenir Premier ministre. Il se lance dans une offensive improbable : « Le groupe islamiste qui les a enlevés a pour revendication la suppression de la loi sur le voile. C'est donc une affaire religieuse ! » Agitant les bras avec véhémence, il ajoute : « Je suis le ministre des Cultes, c'est à moi de me rendre dans la région pour essayer de les libérer. » D'abord déstabilisé par cette charge, je reprends la main dans le tour de table et dis simplement : « Cette affaire se situe au Moyen-Orient, en Irak, elle est de la compétence du ministère des Affaires étrangères. » Jean-Pierre Raffarin tranchera en me donnant raison.

Quelques semaines plus tard, nous avons jeté des « filets » dans toutes les directions pour aller à la pêche aux informations et aux contacts dans la région. J'ai entrepris en septembre une longue tournée dans les pays arabes et musulmans avec pour base Amman, capitale de la Jordanie. À Doha, je visite le siège de la télévision Al-Jazeera, le canal le plus écouté dans la région. J'y suis reçu pour une interview durant laquelle j'argumente sur l'impossibilité de faire droit à la demande des ravisseurs concernant le retrait de la loi sur le voile. Et d'expliquer que la laïcité dans notre république permet précisément de respecter toutes les religions et que c'est à chacun de vivre sa foi dans le respect des principes républicains. J'aurai dans le même esprit et dans plusieurs capitales le même discours et la même présentation devant des chefs religieux.

J'apprends aussi durant cette crise à parler pour ne rien dire d'essentiel… Interrogé quasiment chaque jour sur la négociation et ses progrès, je répète inlassablement les mêmes phrases et les mêmes mots : discrétion, responsabilité, précaution, pour ne jamais rien dire ni donner aucun indice.

En octobre, nous avons ramassé des informations utiles dans nos filets, avec l'aide de la DGSE d'un côté et l'écoute de plusieurs ONG de l'autre ; un contact opérationnel et indirect est établi avec le groupe islamiste qui détient les deux journalistes. Nous avons désormais bon espoir d'aboutir à une libération. Nous tenons un fil sérieux et crédible.

C'est précisément à ce moment-là que je me trouve confronté à une opération insensée menée par un élu de la majorité, Didier Julia, député de Seine-et-Marne, lié à de nombreux milieux économiques au Proche et Moyen-Orient ainsi qu'à d'autres réseaux de la Françafrique. Alors que je me rase, j'entends Didier Julia déclarer à la radio : « Devant l'incapacité des autorités françaises à obtenir la libération des otages [sous-entendu devant mon incapacité], j'ai décidé d'agir avec mes amis, nous sommes en Syrie, nous avons retrouvé Christian Chesnot et Georges Malbrunot. Ils sont dans une voiture qui nous conduit vers la frontière et leur libération est maintenant quasi certaine. »

Cette intrusion d'un parlementaire aidé par ses amis barbouzes est surréaliste, mais elle me déstabilise en même temps qu'elle vise à me ridiculiser. Les

Guignols de l'Info s'en donnent d'ailleurs à cœur joie. Pendant plusieurs jours, Pierre Vimont, moi-même et toute l'équipe en charge de cette libération pensons possible que Julia ait pu acheter les otages, ce qui est contraire à la doctrine française, avec l'aide de ses amis africains. Il était d'ailleurs arrivé à Damas dans l'avion personnel du président de la Côte d'Ivoire, Laurent Gbagbo…

Au cœur de cette crise dans la crise, le Premier ministre invite à Matignon les responsables politiques de la majorité et de l'opposition pour faire le point sur la situation.

J'ai apprécié ce jour-là l'attitude de François Hollande, alors premier secrétaire du Parti socialiste. Il avait entre les mains, devant le Premier ministre puis la presse, le pouvoir de me « tuer politiquement » en en rajoutant sur l'incapacité du gouvernement à gérer ses propres troupes, à mener à bien cette négociation. Il ne l'a pas fait et, au contraire, sur ce point précis, a indiqué devant la presse qu'il faisait confiance au gouvernement et au ministre des Affaires étrangères. J'ai alors eu la conviction que François Hollande avait certaines des qualités d'un homme d'État.

Une dizaine de jours plus tard, la baudruche Julia explosa en vol. Son histoire était en grande partie du bluff. Son objectif et celui des barbouzes qui l'entouraient, sans doute manipulées, mal informées, était de faire parler d'eux et de valoriser d'une manière ou d'une autre une libération dont le gouvernement aurait été incapable. Leur entreprise tourna au fiasco. Georges Malbrunot, à la sortie de l'avion, déclarera lui-même : « Je suis scandalisé par le comportement de la personne que vous citez. Il a joué contre la vie de compatriotes. Ce comportement ne mérite que le mépris. » Dans cette affaire où un député de la majorité aura délibérément joué contre son camp et même contre son pays, le plus choquant restera que tout continuera pour lui comme avant, comme si rien ne s'était passé. Il restera député jusqu'en 2012.

C'est finalement le 22 décembre que nous obtenons grâce aux outils de la diplomatie officielle, et non parallèle, la libération de Christian Chesnot et Georges Malbrunot. Les agents de la DGSE en Irak sont chargés de les récupérer dans des conditions difficiles et ils seront sauvés au terme de huit mois de captivité qu'ils raconteront dans le détail.

Après avoir eu leur sort à l'esprit jour et nuit pendant huit mois, c'est un immense soulagement, et je suis heureux d'aller les chercher à Chypre, avec Pierre Brochand, le patron de la DGSE, et de les ramener à la maison. Nous atterrissons à Villacoublay, où Jacques Chirac les accueille.

Nos chemins mêlés tout au long de leur détention se sont ainsi séparés. Christian Chesnot sur Radio France, Georges Malbrunot au *Figaro* ont repris leur métier avec passion et avec la même indépendance. Tout comme Florence Aubenas, ils n'ont certainement pas tourné la page. Mais ils continuent leur travail d'alerte, de veille, d'information avec quelque chose, une gravité, en plus…

Le 5 septembre 2024, au soir de ma nomination à l'hôtel Matignon, Georges Malbrunot a posté un tweet qui m'a touché : « Michel Barnier avait su porter efficacement la voix de la France auprès du monde arabe alors que des menaces pesaient sur nous. Respect et gratitude. Et bonne chance pour Matignon. Ce ne sera d'évidence pas facile. » Bien vu !

Du risque d'informer : enlèvement de Florence Aubenas

Je connaissais peu Florence Aubenas avant le 5 janvier 2005, le jour où elle fut enlevée à son tour par un groupe islamiste à Bagdad.

Quelques jours plus tôt, après avoir ramené pour Noël Christian Chesnot et Georges Malbrunot, j'avais exprimé publiquement le souhait que les journalistes fassent attention dans des contextes dangereux. Même s'il n'était pas question de les empêcher de travailler, de témoigner, de rendre compte. Quels que soient le danger et les risques, le devoir d'informer prime et les journalistes doivent être soutenus. Mais aussitôt après cette libération, j'avoue que l'enlèvement de Florence Aubenas, journaliste à *Libération*, nous a découragés pendant quelques jours.

Nous nous sommes remis en route, la cellule de crise a été réactivée, nous avons jeté de nouveaux filets. Après plusieurs mois de la même attention discrète, de la même efficacité de nos services de renseignement, de la même coopération avec certaines ONG et des États de la région, nous avons fini par découvrir la route de ses ravisseurs.

Lorsque j'ai quitté le gouvernement et le Quai d'Orsay au lendemain du référendum de mai 2005, la libération de Florence Aubenas était en bonne voie. Elle a finalement eu lieu le 11 juin. Celui que Jacques Chirac et Dominique de Villepin avaient choisi pour me succéder, Philippe Douste-Blazy, revendiquera de manière un peu dérisoire cette libération qui était en fait le fruit d'une longue action collective. Quelques semaines plus tard, Pierre Vimont, immuable et grand directeur de cabinet du ministère des Affaires étrangères – c'était son troisième ministre –, m'invita à un dîner qu'il organisa à titre personnel avec Florence Aubenas, accompagnée de sa mère. Ce fut un moment très particulier avec cette femme courageuse, qui n'a cessé de démontrer ses talents de journaliste et d'écrivain.

J'ai toujours dans mon bureau une photo encadrée de la une de *Libération* avec son visage lumineux et celui de son fixeur, Hussein Hanoun al-Saadi, qu'ils m'ont dédicacée. Depuis, plusieurs centaines de journalistes ont perdu la vie dans des conflits un peu partout dans le monde, simplement pour avoir exercé leur mission d'éclairer et d'informer.

Des émotions en politique : l'élection de Barack Obama

J'ai eu l'occasion et la chance de rencontrer de nombreux leaders charismatiques. Barack Obama n'avait rien à envier aux autres, au contraire.

Son élection, la première d'un président noir des États-Unis d'Amérique, a été pour moi un moment d'émotion. Quels sont les personnages politiques contemporains ayant suscité autant d'enthousiasme et représentant un symbole aussi fort ? De Gaulle, Mandela, Churchill ?

Mon fils Benjamin, alors étudiant à Montréal, au Canada, avait adhéré pour 10 dollars à son comité de soutien et recevait une fois par semaine un mail du candidat Obama commençant par « Dear Benjamin… ». Il assista à son investiture à Washington et me raconta la foule immense de personnes pleines de fierté, parfois en larmes.

Lorsque Obama arrivait sur scène, il pointait systématiquement du doigt plusieurs personnes, les saluant avec un grand sourire. Si je doute qu'il pointait réellement quelqu'un en particulier, il m'arrivait de reprendre cette gestuelle lors de meetings, à la vue d'un visage familier… ou pas.

Quelques années plus tard, en juillet 2016, j'accompagnais Jean-Claude Juncker à Varsovie, en Pologne, pour un entretien restreint avec le président Américain et ses ministres. « *Hello Michel ! How are you ?* » me lança Obama comme à un ami de longue date, alors que je ne l'avais jamais vu ! Il a de la classe, un contact habilement cordial accompagné d'une franche poignée de main. Quelles qu'aient été les hésitations de sa politique, notamment en Syrie, il reste et restera un président singulier et charismatique. Plusieurs de ses discours, poétiques et lyriques, resteront dans l'Histoire, comme ces discours de campagne reprenant son « *Yes we can !* »

Je me souviens de sa prise de parole à Charleston, le 26 juin 2015, lors de l'hommage rendu au révérend Clementa Pinckney, assassiné dans son église une semaine plus tôt avec huit autres fidèles. Il entonne a capella la magnifique chanson « Amazing Grace », très vite accompagné par les pasteurs qui l'entouraient et la foule.

> *Amazing Grace, how sweet the sound that saved a wretch like me,*
> *I once was lost but now am found,*
> *was blind but now I see*[1]

Je n'ai sans doute pas été le seul à en être ému.

1. Grâce étonnante, au son si doux / Qui sauva le misérable que j'étais / J'étais perdu mais je me suis retrouvé / J'étais aveugle mais maintenant je vois.

Pour une politique qui rassemble : si nous étions Stevie Wonder

Le mardi 3 juillet 1984 au soir, j'ai séché les travaux de l'Assemblée nationale pour aller écouter Stevie Wonder au Palais des sports de Bercy.

Je voulais entendre et surtout vivre cette superbe chanson, « Happy Birthday », que Stevie Wonder composa à la gloire de Martin Luther King. J'ai appris depuis que cette chanson défendait l'idée d'un jour férié en l'honneur du leader du mouvement noir américain. Stevie Wonder a gagné. « Tout ce qu'on imagine assez fort finit toujours par se réaliser », disait-il. Le Sénat américain le proposa et Ronald Reagan signa le décret définitif. Il faut espérer que Donald Trump ne propose pas son abrogation ! Ainsi, depuis, le troisième lundi du mois de janvier 1986, le pasteur King a chaque année son jour férié. C'est une fête de la fraternité, de la tolérance.

Un peu comme ce soir-là à Bercy. Cette musique rassemble, elle gomme les différences. Peu importent âge, fortune, soucis ! Entre deux morceaux, je me demandais quel homme ou quelle femme politique aurait été capable de monter sur cette scène et de retenir l'attention, ne serait-ce que quelques secondes, de ces 15 000 jeunes. À cet instant, je n'en voyais pas. Question incongrue ? Ils ne sont pas venus pour cela, mais pour Stevie Wonder. Pourtant, ils sont citoyens. Ils votent ou devraient voter. Pour qui ? Pour quoi ? Et si la question leur était posée, à eux, de dire ce qu'ils pensent de la politique ? Je n'ose imaginer leur réponse ! Quel aveu d'impuissance et quelle leçon d'humilité ! Sommes-nous, hommes et femmes politiques, condamnés à ne plus remplir notre mission : conduire ou accompagner nos compatriotes vers le progrès et le bien-être collectifs ? Dans ses effets dévastateurs, la crise a-t-elle rendu d'un seul coup notre rôle archaïque, obsolète ou dérisoire ? Au fond, à quoi servons-nous aujourd'hui et avons-nous vraiment un avenir ?

Depuis Stevie Wonder, j'ai assisté à d'autres concerts marquants : Johnny Hallyday bien sûr, Céline Dion, Alain Souchon, Grand Corps Malade, Leonard Cohen, Matthieu Chedid... Je vois et j'entends le succès de tant de jeunes artistes comme Juliette Armanet, Clara Luciani, Angèle, Vianney, Stromae, Gaël Faye, Zaho de Sagazan...

Et toujours la même question, à coup sûr théorique : quelle serait la figure politique d'aujourd'hui capable de monter sur l'une de ces scènes et de se faire entendre, écouter ou simplement respecter par ces milliers de jeunes ?

Peut-être Jean-Luc Mélenchon, il y a quelques années, avant d'être disqualifié par ses outrances et sa volonté de cliver ? Jordan Bardella, à qui Jean-Luc Mélenchon a cédé du terrain auprès des jeunes mais dont le discours limité en thèmes et en contenu ne crée pas une espérance ? À coup sûr, Emmanuel Macron, malgré l'animosité irrationnelle ou incompréhensible qu'il suscite, aurait la trempe de monter sur scène. À une autre époque, Simone Veil aurait pu imposer le silence et le respect, tout comme Robert Badinter.

Cela dit, il faut être lucide. Si certaines crises – financières, sanitaires ou autres – n'ont pas aidé l'action politique, le discrédit de notre mission nous est aussi imputable. Il y a eu trop d'affaires, de scandales financiers, d'abus et de détournements de fonds publics dans l'exercice de fonctions électives, de comportements si éloignés de l'exemplarité et de la probité.

Il y a aussi trop de politique politicienne, et des responsables qui font parfois passer leur agenda personnel par-dessus l'intérêt général. Je l'ai observé tout au long de ma carrière, et récemment à Matignon, où le « microcosme parisien » cherchait davantage à se positionner pour les échéances électorales futures qu'à faire progresser le pays.

Ce n'est tout de même pas une règle générale. De nombreux élus, de nombreux fonctionnaires et autres acteurs civils ont un sens profond de l'intérêt général. C'est pour cela que j'encourage, notamment les jeunes Français : « Engagez-vous ! » Si vous ne vous occupez pas de politique, c'est la politique qui s'occupera de vous. La politique doit être vertueuse, s'évertuer à chercher le progrès. Et notre pays a besoin de tous ses talents.

La politique peut aussi rassembler, autour de valeurs plus que d'une personne, une foule encore plus grande que Stevie Wonder. Ainsi, 250 000 personnes écoutèrent Luther King raconter son rêve, et autant marchèrent en France pour l'abolition de la peine de mort.

Le temps nécessaire à l'action : départ du Quai d'Orsay

Le substantif masculin ou féminin « ministre » est un emprunt au latin *ministerium*, dérivé de *minus* qui signifie « serviteur ». Conformément à cette étymologie, il faut être prêt à tout moment à quitter cette fonction.

J'ai toujours eu par rapport à ces fonctions officielles une approche assez nordique ! On peut exercer les plus hautes fonctions dans notre pays avec davantage de simplicité et de sobriété. Le luxe de certaines résidences, les excès du protocole, les facilités matérielles et logistiques, tout cela peut faire tourner la tête et plonger après coup un ancien ministre dans la nostalgie, la peur du vide et parfois la dépression.

« Je connais les règles et les lois de la politique, elles sont dures, elles n'interdisent pas cependant d'exprimer des regrets. » Je n'ai pas oublié l'émotion et la longueur des applaudissements de tous les personnels du Quai d'Orsay, le 3 juin 2005, lorsque je quittai trop tôt cette maison. Ainsi le rejet de la Constitution européenne et le remaniement du gouvernement qui suivit auront-ils eu pour conséquence de décapiter l'équipe ministérielle du Quai d'Orsay.

Avec moi, Xavier Darcos, ministre de la Coopération, Claudie Haigneré, ministre des Affaires européennes, et le secrétaire d'État Renaud Muselier étaient sanctionnés par le nouveau Premier ministre, Dominique de Villepin.

« S'il faut trouver des raisons à la victoire du "Non" dans ce référendum, il faudra les chercher ailleurs qu'au Quai d'Orsay. » Dans mon discours devant les fonctionnaires que j'avais eu l'honneur de diriger, j'ai voulu éviter l'amertume ou la rancune. J'ai d'abord expliqué de nouveau ma conviction européenne : « D'abord et surtout, les hommes et les femmes politiques de notre pays doivent cesser de se comporter comme si l'Europe était à côté de la France. Nous devons expliquer aux citoyens qu'en effet, nous ne sommes plus seuls à décider. Ce ne sont pas les autres qui décident pour nous. Nous décidons avec les autres ! À Bruxelles comme à Strasbourg, il s'agit désormais moins d'imposer que de convaincre, moins d'obliger que d'entraîner. »

Bref, je quittai très tôt cette grande administration où il y a tant d'intelligence, d'expertise, de passion, parfois aussi de courtisaneries. J'emportai avec moi ce jour-là la conviction qu'un ministre qui s'en va a simplement le droit de comprendre pourquoi.

La dignité d'un grand homme : réactions à la mort du général de Gaulle

Que reste-t-il du gaullisme ? À cette question que posait *L'Express* à plusieurs jeunes députés d'opposition, j'avais répondu : « Un souvenir, une attitude, des valeurs résumées en un mot : la dignité ! » Aussi loin que je puisse remonter dans mes souvenirs, aux moments où je m'éveillais à la politique, c'est l'image d'un grand homme pas comme les autres que je retrouve. De Gaulle m'apparaissait comme le contraire d'un politicien, plutôt comme un homme d'État transgressant la tradition.

J'avais lu les *Mémoires de guerre*[1] comme on lit un roman. Quels décors, quel drame, quel héros ! Est-il paradoxal d'avouer que je trouvais le général de Gaulle plus jeune que tous les autres hommes politiques ? Est-il naïf de dire que j'étais fier d'être français en écoutant le général à Mexico, à Montréal ou à Phnom Penh ? Est-il faux de constater que de Gaulle a organisé la France pour un demi-siècle au moins, sa défense, ses institutions et sa politique étrangère ? C'est cela qui compte.

Au-delà des larmes essuyées comme des millions de Français, jeunes et moins jeunes, le 9 novembre

1. Paris, Plon, 1959.

1970, il reste une tristesse qui appartient à chacun. « L'homme du refus », un « façonneur de l'Histoire », « le dernier des grands ». J'ai gardé en tête les titres et les textes publiés dans la presse à cette époque par Jean Lacouture, Claude Mauriac, André Frossard, Louis-Gabriel Robinet ou Jacques Fauvet. Jusqu'au témoignage mélancolique de Pierre Mendès France qui saluait celui qui, lors d'un orage où ils faillirent sombrer, anima le combat pour l'honneur et la liberté.

Je relis souvent ces articles écrits au moment même où « le chêne s'est abattu ». Que leurs signatures soient celles de fidèles ou d'adversaires, voire de simples observateurs de la vie publique, ces textes ont un prix : celui de la spontanéité, de la vérité des sentiments. J'ai conservé également les textes qu'André Malraux avait su rassembler dès le 11 novembre dans *Le Monde*. Par exemple celui-ci, le plus ancien puisqu'il parut en 1932 dans *Le Fil de l'épée*[2] : « Face à l'événement, c'est à soi-même que recourt l'homme de caractère. Son mouvement est d'imposer à l'action sa marque, de la prendre à son compte, d'en faire son affaire. Et loin de l'abriter sous la hiérarchie, de se cacher dans les textes, de se couvrir des comptes rendus, le voilà qui se dresse, se campe et fait front. »

Il nous reste le souvenir de cet homme de caractère, et la fierté qu'il suscitait. Il nous reste des institutions qui font que la France continuera de fonctionner à moins que les partis ne s'en emparent. La pratique de ces institutions est devenue après lui plus sereine, moins tragique. Elle s'est normalisée au point même

2. Charles de Gaulle, *Le Fil de l'épée*, Paris, Plon, 1932.

que ceux qui les avaient férocement combattues en ont finalement pris la mesure et les ont respectées. À certains égards, après tant d'années d'instabilité puis tant d'années exceptionnelles, l'esprit démocratique lui-même a progressé. La France a mûri. C'était bien nécessaire à la télévision, où les professionnels l'emportent sur les courtisans, et dans la vie politique elle-même, où plus personne n'imagine être au pouvoir pour trente ans... même en ne faisant aucune bêtise.

Ces institutions se trouvent cependant à un moment de vérité. Vont-elles tenir jusqu'en 2027 et supporter cette période obligée de cohabitation entre des groupes politiques et un président qui ne sont pas en mesure de former une coalition et une majorité stables ?

Tu ne m'as jamais trahi : Jacques Chirac en 1995

En 1995, la droite au pouvoir donne de nouveau l'image des divisions et des querelles au sommet. Jacques Chirac s'engage dans une campagne présidentielle difficile et trouve sur sa route son « ami de trente ans », Édouard Balladur, devenu Premier ministre en 1993. Celui-ci, poussé par son ministre du Budget, Nicolas Sarkozy, et soutenu par son directeur de cabinet, Nicolas Bazire, se lance dans la compétition avec une grande confiance. Et pendant de longs mois, les sondages lui donnent raison. C'est un dilemme pour beaucoup d'entre nous.

Au lendemain de la défaite d'Édouard Balladur et de l'élection de Jacques Chirac, je range donc mon bureau et me prépare à quitter le gouvernement, puisque j'ai soutenu celui qui a perdu. C'est la règle. C'est à ce moment-là qu'Alain Juppé, nouveau Premier ministre, m'appelle pour me proposer de devenir ministre délégué aux Affaires européennes aux côtés d'Hervé de Charette, élu giscardien, à qui était promis le poste de ministre des Affaires étrangères : « J'ai besoin d'un gaulliste européen à cet endroit. »

Sur le coup, je suis à la fois heureux et surpris par la confiance du Premier ministre, et donc celle du chef de l'État. Quelques semaines plus tard, en juillet 1995, j'ai l'occasion d'en parler au président de la République en tête à tête. « Tu m'as donné une leçon ! Pendant plus de vingt ans, tu t'es méfié de moi sans vraiment avoir de raison, et là, tu me nommes au gouvernement alors même que je ne t'ai pas soutenu au premier tour ». Sa réponse est simple et claire : « C'est ta compétence, et puis, tu ne m'as jamais trahi ! »

Les rumeurs : s'en tenir à l'écart

Les rumeurs, la rumeur ont toujours fait partie du mauvais côté de la politique, du mauvais côté de la société.

La rumeur est anonyme, ce qui est commode.

Elle se propage, ce qui est dangereux.

Elle peut détruire, voire tuer, et c'est insupportable.

Les risques qu'elle porte sont évidemment multipliés aujourd'hui à travers les réseaux sociaux, qui autorisent l'anonymat et en accélèrent la propagation.

Très tôt, j'avais été frappé par l'affaire Marković, en 1968, fabriquée de toutes pièces par des officines dont l'objectif était de compromettre Georges Pompidou et son épouse Claude. Le futur président de la République sera durablement affecté par cette rumeur sordide et en tiendra toujours rigueur à celles et ceux qui, de près ou de loin, y auront été mêlés.

Brigitte Macron subit depuis quelque temps d'autres attaques ignobles et insensées qu'aucun désaccord politique ne peut excuser ou expliquer.

J'avais pour Dominique Baudis, maire de Toulouse et député européen, beaucoup d'amitié. En 1988, nous appartenions à la bande des douze « rénovateurs » rebaptisés dans un article du *Nouvel Observateur* les

« douze salopards » qui ont voulu renverser la table au nom de la nouvelle génération. Un peu plus tard, il fut l'une des têtes de liste régionales dans l'équipe que j'animais pour l'élection européenne de 2009.

En 2003, sa carrière politique est brisée par la rumeur d'un scandale auquel certains veulent le mêler. Il se défendra un soir avec courage en direct à la télévision, les larmes aux yeux, mais il faudra plusieurs mois pour démasquer les faux témoignages et démontrer que toute cette affaire lui était réellement et totalement étrangère. « C'est dans cette période-là, m'a-t-il dit un jour, que j'ai compté mes vrais amis. » Mais sa vie en avait été altérée définitivement. Dominique Baudis décédera d'un cancer en 2014.

À notre époque, celle des réseaux, de l'information immédiate, quand il ne s'agit pas de *deep fakes* ou de montages photo et vidéo facilités par l'intelligence artificielle, il n'y a désormais plus beaucoup de place pour la nuance, l'objectivité et la sérénité. Je trouve que certains titres de presse s'honorent sans jamais être complaisants, comme *Le Canard enchaîné*, en choisissant par exemple de ne jamais évoquer la vie privée des femmes et des hommes politiques.

Fabrice Luchini, qui m'a quelquefois prodigué des conseils, s'est engagé en 2025 dans un stand-up époustouflant pour réciter et raconter Victor Hugo. Ces quelques lignes de l'immense romancier et poète qu'il récite avec tant de talent ont été écrites en 1846, il y a cent quatre-vingts ans, et il n'y a pas une ligne à modifier pour qu'elles demeurent actuelles :

Braves gens, prenez garde aux choses que vous dites !
Tout peut sortir d'un mot qu'en passant vous perdîtes.
Tout, la haine et le deuil !
Et ne m'objectez pas
Que vos amis sont sûrs et que vous parlez bas.
Écoutez bien ceci : Tête à tête, en pantoufle,
Portes closes, chez vous, sans un témoin qui souffle,
Vous dites à l'oreille au plus mystérieux
De vos amis de cœur, ou, si vous l'aimez mieux,
Vous murmurez tout seul, croyant presque vous taire,
Dans le fond d'une cave à trente pieds sous terre,
Un mot désagréable à quelque individu.
Ce mot – que vous croyez qu'on n'a pas entendu,
Que vous disiez si bas dans un lieu sourd et sombre
Court à peine lâché, part, bondit, sort de l'ombre ;
Tenez, il est dehors !
Il connaît son chemin ;
Il marche, il a deux pieds, un bâton à la main,
De bons souliers ferrés, un passeport en règle ;
Au besoin, il prendrait des ailes comme l'aigle !
Il vous échappe, il fuit, rien ne l'arrêtera ;
Il suit le quai, franchit la place, et cætera,
Passe l'eau sans bateau dans la saison des crues,
Et va, tout à travers un dédale de rues,
Droit chez le citoyen dont vous avez parlé.
Il sait le numéro, l'étage : il a la clef,
Il monte l'escalier, ouvre la porte, passe,
Entre, arrive, et, railleur, regardant l'homme en face,
Dit : « Me voilà ! Je sors de la bouche d'un tel. »
Et c'est fait. Vous avez un ennemi mortel.

De l'admiration en politique : voyage à Auschwitz avec Simone Veil

J'ai retrouvé dans les archives la composition de tous les gouvernements des vingt premières années de la Ve République, depuis la nomination de Michel Debré le 8 janvier 1959 jusqu'à celle de ses successeurs Georges Pompidou, Maurice Couve de Murville, Jacques Chaban-Delmas, Pierre Messmer, Jacques Chirac et Raymond Barre.

Il n'y a pas de nostalgie à retrouver les noms de ces hommes de gouvernement et de quelques femmes, hélas très peu nombreuses, dont beaucoup furent des femmes et des hommes d'État. Mais cela fait quand même du bien de se souvenir des figures de Simone Veil, André Malraux, Edmond Michelet, Louis Joxe et encore Pierre Pflimlin, Maurice Schumann, René Capitant, Jacques Duhamel, Valéry Giscard d'Estaing, Jacques Barrot, Joseph Fontanet, Christian Bonnet... J'ai éprouvé du respect et quelquefois de l'admiration pour ces personnalités qui inspirent, et je recommande à chacune et chacun d'avoir dans son propre référentiel, dans sa bibliothèque personnelle, les œuvres de quelques grandes femmes et de quelques grands hommes de cette trempe.

Est-ce la tragédie d'une partie de leur vie, leur hauteur de vue, leur culture qui les place au-dessus du lot ? Au fond, peu importe, c'est sans doute un peu tout cela en même temps.

Jean d'Ormesson avait accueilli Simone Veil à l'Académie française par ces mots :

> *L'admiration est très répandue parmi ceux qui se traitent eux-mêmes d'immortels. Nous nous détestons parfois, mais nous nous admirons presque toujours. Nous passons notre temps à nous asperger d'éloges plus ou moins mérités : nous sommes une société d'admiration mutuelle, que Voltaire déjà dénonçait en son temps. Cette admiration, vous la suscitez, bien sûr, vous-même. Mais, dans votre cas, quelque chose d'autre s'y mêle : du respect, de l'affection, une sorte de fascination. Beaucoup, en France et au-delà, voudraient vous avoir, selon leur âge, pour confidente, pour amie, pour mère, pour être la femme de leur vie. Ces rêves d'enfant, les membres de notre compagnie les partagent à leur tour. Aussi ont-ils choisi de vous prendre à jamais comme consœur. Je baisse la voix, on pourrait nous entendre : comme l'immense majorité des Français, nous vous aimons, madame. Soyez la bienvenue au fauteuil de Racine qui parlait si bien de l'amour.*

Simone Veil a été une femme d'État et une « grande dame ». Ce fut un privilège d'être dans le même gouvernement qu'elle entre 1993 et 1995. Mon épouse Isabelle et moi étions heureux de la retrouver avec Antoine pour des dîners privés réguliers, tous les quatre.

Aussi, ce fut un moment d'émotion incroyablement digne et émouvant d'être à ses côtés, le 22 décembre 2004, quand elle revint à Auschwitz où elle avait été déportée avec ses sœurs Milou et Denise, l'un des camps de la mort d'où sa mère, son frère, son père ne revinrent pas.

Je pourrais citer tellement d'autres personnalités que j'ai connues et admirées et qui pour beaucoup m'ont aidé. Force est de constater que la qualité, le niveau, le sens des responsabilités des hommes politiques se sont effrités. Bien peu de responsables politiques dans les années récentes ont gardé la dignité, la hauteur de vue, la culture, le sens de l'État qui forcent le respect et justifient le souvenir, préférant toujours « la conscience à la consigne » selon le mot de Victor Hugo…

Du passage de relais en politique : dernier entretien avec Jacques Chaban-Delmas

De tous les hommes politiques que j'ai connus personnellement, celui dont je me suis senti le plus proche sur les plans intellectuel et idéologique reste Jacques Chaban-Delmas. Gaulliste dès l'épopée de la Résistance, il était aussi progressiste, républicain et européen.

En 1969, tout juste nommé Premier ministre par Georges Pompidou, il prononce son fameux discours d'investiture à l'Assemblée nationale et promet une nouvelle société :

> *Le nouveau levain de jeunesse, de création, d'invention qui secoue notre vieille société peut faire lever la pâte de formes nouvelles et plus riches de démocratie et de participation, dans tous les organismes sociaux comme dans un État assoupli, décentralisé, désacralisé. Nous pouvons donc entreprendre de construire une nouvelle société. Cette nouvelle société à laquelle nous aspirons, il serait vain de prétendre en fixer à l'avance tous les contours. Il faut laisser à l'avenir ce qui n'appartient qu'à lui, et c'est la spontanéité du corps social qui en décidera. Mais il est permis, il est même nécessaire d'en esquisser dès à présent les grands traits. Cette*

nouvelle société, quant à moi, je la vois comme une société prospère, jeune, généreuse et libérée.

J'aurai tant d'occasions de l'applaudir, de l'admirer, de le rencontrer aussi. Jusqu'à cette toute dernière visite à son domicile en 1998 lorsque, affaibli et toujours maire de Bordeaux, il présidait le Conseil français des communes et des régions d'Europe (CFCRE) et souhaitait m'en passer le relais. Ce que j'ai accepté, naturellement.

Ce vieil homme si important pour moi me faisait ainsi un dernier signe d'encouragement à poursuivre un combat pour les territoires et pour l'Europe. Malgré l'âge, il n'avait rien perdu de sa superbe, et surtout pas son regard vif et malicieux.

Le talent de l'orateur : dialogue imaginaire entre de Gaulle et Jaurès

Au fond, deux hommes politiques, par leur action ou leur parole, auront chacun à leur façon et avec des traces différentes marqué la république et la France du XXe siècle. Jean Jaurès est l'un de ces deux géants. Son influence dans le débat d'idées de la première moitié du siècle est considérable. Charles de Gaulle est le second, évidemment !

Encore aujourd'hui, en 2025, il est fréquent d'entendre des responsables politiques, parfois très jeunes, faire référence à l'un ou à l'autre dans leurs discours. J'ai quelquefois rêvé d'écrire une forme de dialogue imaginaire entre ces deux géants, comme j'ai rêvé de réconcilier dans un texte de Gaulle et Jean Monnet. Un jour, lors d'une cérémonie au palais de l'Élysée, je prends la liberté d'interroger l'amiral de Gaulle, le fils du Général :

— Est-il imaginable que le Général ait rencontré dans sa jeunesse Jean Jaurès ?

— Oui, mon père est allé plusieurs fois écouter Jean Jaurès, notamment lorsqu'il venait dans le Nord. Lui-même était alors un jeune sous-lieutenant, mais il voulait voir le phénomène de foule, l'orateur, capable de s'adresser sans micro à des milliers de personnes. Ils ne se sont jamais parlé, mais lui m'a parlé plusieurs fois des réunions publiques de Jaurès.

Et l'amiral d'ajouter :

— D'ailleurs, beaucoup plus tard, mon père m'a demandé d'aller me mettre au dernier rang de l'un de ses propres meetings du parti qui se réclamait de lui, le RPF, et de lui faire un retour sur son discours… Je lui ai dit qu'on ne saisissait que quelques mots qui se transformaient ensuite en slogans. Je lui ai aussi dit qu'il ne bougeait pas assez lorsqu'il parlait !

Pour de Gaulle, me dit encore l'amiral, Jean Jaurès avait simplement eu le tort d'être pacifiste.

Néanmoins, il aura donné un conseil et même une recommandation durable à tous : « Le courage, c'est d'aller à l'idéal et de comprendre le réel. »

Se souvenir de l'Histoire, se projeter dans l'avenir : dernière rencontre avec François Mitterrand

Nous sommes en septembre 1995. Depuis son départ de l'Élysée, François Mitterrand vit comme il peut avec sa maladie dans l'appartement que la République a mis à sa disposition avenue Frédéric-Le-Play. Chaque jour, il fait l'effort d'une promenade avec son médecin et son officier de police. J'ai longuement hésité avant de solliciter un entretien avec l'ancien président qui se savait condamné et qui, à coup sûr, avait autre chose à faire que de recevoir le nouveau ministre chargé des Affaires européennes… Un ministre de droite de surcroît !

Et pourtant, une question me taraudait au moment où je commençais la négociation du futur traité d'Amsterdam. Mon collègue et ami allemand Werner Hoyer et moi-même avions imaginé un nouveau poste de haut représentant pour la politique étrangère de l'Union européenne. À ma surprise, François Mitterrand me fixa un rendez-vous et me reçut une bonne heure au retour de sa promenade, peut-être intrigué par ma demande d'audience, et se souvenant aussi du contrat respecté que nous avions passé ensemble pour la réussite des Jeux olympiques d'Albertville, seulement quelques années plus tôt.

— Monsieur le Président, nous avons l'idée de proposer dans le futur traité européen un poste nouveau pour coordonner l'action des ministres des Affaires étrangères et aussi créer autour de lui un lieu de culture diplomatique commune. Ce haut représentant animerait le Conseil des ministres des Affaires étrangères. Il serait à côté d'eux et avec eux comme un gage de cohérence. Pensez-vous qu'un tel poste soit nécessaire ? Un tel poste vous aurait-il été utile au moment où allait se déclencher le conflit en ex-Yougoslavie ? J'ai été frappé qu'avec le chancelier Kohl vous n'ayez pas réussi, malgré votre amitié, à prévenir ce conflit moyenâgeux en 1992.

— C'est vrai ! me répond-il, nous devions nous coordonner avec le chancelier allemand. Et puis, sous la pression des événements et de l'Histoire, il a reconnu la Croatie unilatéralement en 1991. Mon jeune ami, n'oubliez jamais que depuis un siècle au moins, les Allemands sont avec les Croates et nous avec les Serbes.

Et moi de lui rétorquer avec une certaine impertinence :

— Mais monsieur le Président, je le sais. Qu'est-ce que cela veut dire, cinq ans avant le XXIe siècle, pour les Allemands d'être avec les Croates et pour nous d'être avec les Serbes, sauf pour vendre des voitures et des téléphones ?

François Mitterrand me dit alors :

— Ne négligez jamais le poids de l'Histoire et des religions. Pour répondre à votre question, je pense en effet qu'à ce moment-là il nous a manqué quelqu'un pour nous surveiller.

J'avais ainsi la réponse à ma question. Durant cette heure de dialogue, François Mitterrand, pendant au moins dix minutes, me parla aussi de l'enclave de Kaliningrad.

— Vous devriez vous intéresser à ce territoire russe qui se trouve au beau milieu de l'Union européenne. Il y a là un risque et une source d'instabilité.

Ce territoire d'à peine plus de 200 km^2, où se trouvait autrefois la capitale de la monarchie prussienne, Königsberg, est devenu en 1946 une propriété de la Russie située à plus de 600 km du territoire russe, entre la Lituanie et la Pologne. C'est une base portuaire stratégique qui permet à la marine russe d'accéder aux eaux de la mer du Nord en évitant les glaces en hiver.

Ce jour-là, dans les derniers mois de sa vie, François Mitterrand était plus que jamais imprégné de culture et d'histoire. Il se dégageait de ses propos non pas de la nostalgie, mais une forme de fatalisme qui pouvait paraître en décalage avec les réalités de notre temps. Dans les Balkans occidentaux, par exemple, qui ne sont pas encore membres de l'Union européenne, beaucoup de conflits sont latents ou gelés, mais il n'y a plus de fatalité à une querelle franco-allemande dans cette région. La Roumanie, la Bulgarie, la Croatie sont membres de l'Union, et la vocation de ces autres pays à l'histoire complexe que sont la Serbie, le Monténégro, l'Albanie, la Macédoine du Nord, le Kosovo, la Bosnie-Herzégovine est de continuer leur chemin vers l'Union européenne et de la rejoindre quand ils seront mûrs, et quand l'Union sera prête à les accueillir.

Je garde en mémoire cet appel de Václav Havel, ancien président de la République tchèque, dramaturge et militant acharné du forum civique, qui résista au communisme en Tchécoslovaquie : « Vous devez nous aider non par charité envers les parents pauvres que nous sommes, mais parce qu'il en va de votre intérêt. Et cette aide ne doit pas se limiter à de l'argent. Elle doit être aussi politique, morale et même spirituelle. »

Au terme de cet entretien, François Mitterrand me raccompagna à la porte de son appartement, il était fatigué et ne le cachait pas.

« Revenez me voir ! » me dit-il alors que je le remerciais de m'avoir consacré du temps. Il est mort trois mois plus tard, le 8 janvier 1996.

Combattre la démagogie par la démocratie : le projet de Constitution européenne face au « plombier polonais »

Ancien ministre néerlandais et président du parti libéral, Frits Bolkestein est en 1999 l'un des membres de la Commission européenne présidée par Romano Prodi. Son projet est de libéraliser davantage les services au sein du marché intérieur. C'est la fameuse « directive Bolkestein ». Au sein du collège des commissaires, le débat est rude ; Pascal Lamy et moi-même, notamment, résistons autant que possible à certaines orientations très libérales qui peuvent mettre en cause les services publics. Mais nous sommes dans un collège et nous comprenons assez vite que le centre de gravité de la Commission se trouve du côté de Frits Bolkestein.

Pour ne pas être mis en minorité et éviter qu'une ligne plus dure encore l'emporte, nous acceptons lucidement un compromis. La directive est finalement adoptée par le collège le 13 janvier 2004. Ce projet de directive commence alors son parcours public, en toute transparence, au Parlement européen et au Conseil des ministres européens, pendant plusieurs mois. Personne, ni en France ni ailleurs en Europe, n'utilise ce texte pour créer une quelconque polémique. Pas un mot n'en sera dit pendant la campagne des élections européennes de juin 2004, ni dans les mois qui suivent… jusqu'à la campagne référendaire de mai 2005 portant sur la Constitution européenne.

Laurent Fabius, qui avait voté pour le traité de Maastricht mais voyait là l'occasion de se démarquer de ses camarades du Parti socialiste, sans doute dans la perspective de l'élection présidentielle de 2007, sort de son chapeau avec quelques autres la directive Bolkestein et la transforme en épouvantail, à grands coups de raccourcis et de contrevérités. Ils agitent la menace du « plombier polonais ». Les partisans du « oui » au référendum sont pris à revers, et totalement sur la défensive. Il est impossible de combattre les slogans, les *fake news* et la démagogie en quelques semaines alors que personne n'a parlé de ce sujet et de ce dossier auparavant, qu'aucun débat sérieux n'a eu lieu.

Le général de Gaulle avait raison d'écrire un jour : « Il faut combattre la démagogie par la démocratie. » Mais la démocratie exige plus de temps et de précautions que la démagogie. Et ainsi, sur un texte de Constitution européenne qui ne comportait que des progrès par rapport aux textes existants, le « non » l'emporte le 29 mai 2005 par 54,87 % des suffrages exprimés.

La leçon est que la Commission européenne ne doit pas et ne peut plus continuer de publier des textes et des propositions sans les expliquer davantage au niveau européen et dans chaque pays. La leçon est aussi, chez nous en France, que le ministre chargé des questions européennes et les services du Premier ministre devraient organiser avec les parlementaires, les élus locaux et les syndicats des débats publics très en amont sur les propositions les plus importantes de la Commission. Bref, un débat dédramatisé, anticipé, précis vaut tellement mieux que des polémiques tardives et destructrices.

Ne jamais perdre la vue d'ensemble : Angela Merkel raisonne en scientifique

Depuis le début de mon engagement politique, je suis persuadé que la coopération particulière entre l'Allemagne et la France est à la fois une donnée du débat politique français et une condition de la construction européenne. Dans une interview passionnante du chancelier, réalisée pour *Le Figaro* du 22 mai 1992 par Franz-Olivier Giesbert et Jean-Paul Picaper, Helmut Kohl s'exprime ainsi : « Même si les relations avec les autres pays sont importantes, l'Europe n'a d'avenir que si Français et Allemands y travaillent ensemble. Telle est la tâche que l'Histoire nous a confiée. »

Un peu plus loin, il ajoute : « Je récuse cette vision absurde centralisée d'une Europe où tout serait identique d'Helsinki à Palerme, d'Édimbourg à Oslo. » Sans doute Édimbourg n'est-il plus concerné désormais et Oslo pas encore. Mais Helmut Kohl avait raison de mettre en garde contre trop de centralisation et d'uniformisation. Nous travaillons à une Europe unie, pas uniforme !

J'ai toujours été impressionné par Helmut Kohl et sa force tranquille. Il a porté l'Allemagne à bout de bras dans les grands défis de la réunification et de la disparition du mark au profit de l'euro. Il savait l'importance des relations humaines et personnelles, et sa complicité avec François Mitterrand, forgée dans le temps, dans les secousses, a beaucoup compté.

Quelques années plus tard, Angela Merkel a noué avec ses homologues français des relations sans doute cordiales, mais plus pragmatiques et finalement banales. Il n'y avait pas d'effusion entre elle et Nicolas Sarkozy, pas plus qu'avec François Hollande et Emmanuel Macron.

Aucun de ces trois présidents français ne comprenait le temps dont elle avait besoin pour décider. Au-delà de son propre tempérament, la chancelière allemande se trouvait toujours en coalition avec les libéraux ou le parti social-démocrate. Il lui fallait toujours dialoguer et consulter avant de décider.

Bernard de Montferrand, alors ambassadeur de France en Allemagne, avait organisé un déjeuner avec la chancelière à la résidence de France à l'occasion d'une des visites de Nicolas Sarkozy. Comme souvent, le président français s'impatientait et s'agaçait du temps dont la chancelière avait besoin pour se décider sur un dossier. C'est alors qu'elle lui a simplement dit : « Pendant trente-cinq ans, à l'est, avant la réunification, j'ai appris la lenteur de l'espoir. »

Je me souviens d'une rencontre avec Helmut Kohl qui évoquait de jeunes Tchèques faisant la fête et dansant, au lendemain de l'indépendance, sur le pont Charles, au cœur de cette ville magique de Prague. Il en avait les larmes aux yeux.

Le 17 octobre 2018, les chefs d'État ou de gouvernement étaient réunis pour un nouveau Conseil européen consacré au Brexit. J'ai ce soir-là partagé leur table. Nous butions une fois de plus sur la question irlandaise et cherchions à établir entre le Royaume-Uni et l'Union européenne une forme d'union douanière pour réduire les frictions et les contrôles en Irlande du Nord. Évidemment, il fallait que cette union douanière respecte nos principes et nos exigences. Une sorte de quadrature du cercle.

À cet instant de blocage, Angela Merkel résume le sentiment de tous : « On ne se retrouvera que lorsqu'on sera prêts. »

La chancelière allemande vint vers moi après le dîner, très directement, et me donna un conseil utile : « Je réagis toujours en scientifique lorsque je tombe sur un problème que je ne sais pas résoudre. Je fais toujours trois pas en arrière pour me remettre dans un contexte plus large et trouver une solution. »

Elle était et reste sans doute extrêmement méthodique et minutieuse, regardant toujours les choses dans le détail, ne laissant rien au hasard, sans jamais perdre de vue la *big picture*.

L'histoire dit déjà que cette femme d'État, que je connais bien depuis l'époque où nous étions ministres de l'Environnement de nos pays respectifs, en 1995, n'a pas toujours pris les bonnes décisions. Je pense à ses relations avec la Russie et à sa politique énergétique. Accessoirement, elle m'aura aussi empêché à deux reprises de devenir président de la Commission. D'abord en 2014, au congrès du Parti populaire européen à Dublin, où elle apporta un soutien personnel et appuyé à Jean-Claude Juncker contre moi pour devenir le candidat du PPE, le *Spitzenkandidat*. Puis en 2019, où les chefs d'État et de gouvernement cherchaient le bon candidat pour remplacer Jean-Claude Juncker. Le candidat du PPE allemand, Manfred Weber, avait été écarté, tout comme le socialiste néerlandais Frans Timmermans. Avant le troisième tour de table, mon nom fut proposé par plusieurs Premiers ministres du PPE. Angela Merkel émit une réserve : elle ne voulait visiblement pas de Français à la tête de la Commission européenne. Emmanuel Macron n'insista pas et, malgré les assurances qu'il m'avait données, proposa lui-même le nom d'Ursula von der Leyen.

Depuis, l'influence allemande n'a cessé de se renforcer à tous les étages et dans beaucoup de petites et grandes décisions. Il y a désormais un déséquilibre entre l'Allemagne et la France dans leur influence respective à Bruxelles. Ce déséquilibre n'est pas bon pour l'Europe ni pour la France. Décidément, dans une Union européenne qui compte d'autres grands pays comme l'Italie, l'Espagne, la Pologne, et beaucoup de pays plus petits qui ont chacun leur valeur ajoutée et une influence, cette coopération entre Français et Allemands devrait être plus équilibrée et toujours ouverte sur les autres.

Chapitre 10

Des souvenirs, pas de nostalgie

« Je n'aime pas la nostalgie, cette mélancolie complaisante, maladie qui ne veut pas être soignée. Je préfère le nevermore, *ce jamais plus qui ne regrette rien, ce désespoir maîtrisé, point de balancement hésitant entre l'oubli et le souvenir. La nostalgie n'est pas bonne pour la santé, elle ressasse. Son venin sécrète des pensées négatives et régressives. »*

Jean-Paul Kauffmann[1]

1. *L'Accident*, Éditions des Équateurs, 2025.

Les voies du Seigneur sont impénétrables : les deux curés de Savoie, la même Église

La Savoie a toujours été une terre de grands contrastes et d'affrontements entre la gauche radicale et une droite plus traditionaliste. Au moment des législatives en mars 1978, le curé de Bozel, chef-lieu de canton niché dans la vallée en dessous de Courchevel, était un prêtre-ouvrier très engagé à gauche, et même à l'extrême gauche. Chaque semaine, il distribuait des tracts devant les usines de la vallée. Le jour de ma réunion publique à Bozel, en haut de la mairie, c'est lui qui m'attendait avec un groupe de militants, perturbant ma réunion et m'interpellant : « Barnier, montre-nous tes mains, tout le monde verra que tu n'as jamais travaillé. »

Dans un tout autre style, terminant ma campagne du premier tour des législatives, je rendais visite dans chaque paroisse au curé du coin. Et c'est ainsi qu'à Notre-Dame-des-Millières, dans la Combe de Savoie, au sud d'Albertville, un vieux curé traditionaliste en soutane me reçut dans son presbytère et m'encouragea : « Nous avons besoin d'un jeune député comme vous. Dimanche, en chaire, j'appellerai les intentions du Seigneur sur votre nom. » Et c'est ce qu'il fit effectivement au matin du premier tour en rappelant aux paroissiens leur devoir de voter pour un jeune candidat.

Il y a tant d'autres preuves de l'universalité de l'Église ou de sa diversité et de ses propres contrastes... En 1996, je me trouvais au cœur d'Haïti, l'un des pays les plus pauvres du monde, sur les Hauts-Plateaux. C'est là, à Pandiassou, que le père Franklin Armand et la communauté des petites sœurs et petits frères de l'incarnation qui l'entourent, célébrèrent une messe émouvante et joyeuse, entrecoupée de chants créoles et de danses dans une église dénudée et simple.

Une semaine plus tard, alors ministre des Affaires européennes, j'avais été désigné par le chef de l'État pour représenter le gouvernement à Rome à l'occasion d'une messe de béatification célébrée cette fois-ci par Jean-Paul II le 24 novembre 1996. Nous étions là avec mon directeur de cabinet, Bruno Joubert, et nos épouses, Isabelle et Catherine.

Le protocole exigeait des hommes qu'ils portent l'habit et la cérémonie était fastueuse sous les ors et les tentures de la basilique Saint-Pierre. Le seul moment d'émotion fut celui où d'immenses portraits se déployèrent au niveau du chœur pour rendre hommage à Catherine Jarrige, laïque tertiaire dominicaine originaire du Cantal et qui avait protégé des réfractaires pendant la Révolution de 1789 ; mais encore de deux prêtres autrichiens, Otto Neururer, mort sous la torture à Buchenwald en 1940, et Jakob Gapp, guillotiné par les nazis en 1943.

Mêlant dans mon souvenir ces deux cérémonies religieuses, l'une si pauvre et l'autre si riche, je me suis dit qu'il s'agissait pourtant de la même Église. Et qu'à Rome, comme à Paris ou à Bruxelles, dans des cercles plus laïcs, l'exercice du pouvoir gagnerait à être plus simple et plus sobre.

L'union fait la force : à l'opéra avec le prince Charles ou à Notre-Dame

Depuis notre mariage célébré par Jacques Chirac, alors maire de Paris, en décembre 1981, je ne compte plus les moments où j'ai été heureux et ému que mon épouse Isabelle soit à mes côtés. Laissons la vie privée là où elle doit être. Ce n'est pas facile d'éduquer trois jeunes enfants lorsque votre mari élu est absent si souvent, le week-end en particulier. Mais dans tant de cérémonies, de fêtes locales, de banquets sur le terrain, la belle présence d'Isabelle et sa spontanéité ont changé positivement l'image sévère que je pouvais avoir.

Les montagnards sont des gens sobres, prudes, authentiques. Ils ne donnent pas toujours facilement leur confiance. Mais une fois offerte, cette confiance est durable. Est-ce cet atavisme savoyard ou simplement un trait plus familial ? Chez les Barnier, il n'y a pas d'exubérance, nous sommes du genre introverti et j'ai toujours tenu à cloisonner ma vie personnelle et familiale tout au long de mon engagement public.

En rencontrant Isabelle en avril 1981, j'ai su dès le premier jour que nous avions d'innombrables raisons de faire les choses ensemble, en partageant les bons moments comme les peines ou les échecs. J'entrais dans une famille nombreuse et radicalement différente. Chez les Altmayer, on s'aime. On s'engueule. On oublie. Et on recommence. À coup sûr l'influence d'une grand-mère russe, plus précisément d'Ossétie du Nord.

Malgré ces différences, l'accueil savoyard fut bon : « Pas fière pour une Parisienne ! » Plus qu'un compliment, c'était un sésame pour participer à la vie publique savoyarde à mes côtés. Ainsi, tout au long des vingt ans qui ont suivi, Isabelle manqua rarement un repas du troisième âge ou le bal annuel de mon comité de soutien. Sans parler de son rôle attentif et chaleureux durant les Jeux olympiques, qu'il s'agisse d'encourager les volontaires ou d'accueillir les chefs d'État.

Sa présence m'a apporté en Savoie et ailleurs une part d'humanité et de simplicité supplémentaire. Nous avons d'un commun accord décidé d'éloigner nos enfants des projecteurs plus ou moins bienveillants qui accompagnent une vie publique. Bien nous en a pris, je crois : tous trois ont tout connu et partagé tout en restant protégés.

Avocate, Isabelle s'était mise en « omission » pour s'occuper à plein temps de nos enfants. Elle garde depuis toujours le souci des autres et des engagements humanitaires et sociaux. Le plus exigeant et le moins banal se trouve dans l'association Fraternité universelle qu'elle préside et qui soutient l'action exemplaire du père Franklin Armand sur les hauts plateaux d'Haïti. J'accompagne son engagement dans ce pays attachant et si pauvre comme elle m'accompagne elle-même.

En juin 2004, au milieu des festivités qui marquèrent le centenaire de notre entente cordiale avec le Royaume-Uni, Isabelle fut invitée à accompagner le prince Charles, prince de Galles et futur roi d'Angleterre, à une soirée d'opéra où l'épouse du Premier ministre, Anne-Marie Raffarin, n'avait pu se rendre. À la droite du prince Charles, au début de la présentation, elle partagea l'hommage de tous les spectateurs, debout au palais Garnier.

Comme ce soir-là, j'ai eu tant d'occasions de mesurer ma chance de partager ma vie avec cette femme, et ma fierté d'être son mari.

Et encore plus récemment, le 7 décembre 2024 à Notre-Dame, alors que je n'étais presque plus Premier ministre, nous étions assis côte à côte au premier rang de cette belle célébration de la foi, de la volonté et du savoir-faire de tant d'hommes célèbres ou anonymes qui ont fait renaître la cathédrale de ses cendres.

Sentinelle de l'invisible : remise de la Légion d'honneur à ma mère

C'est un moment rare, et même improbable, que de remettre la Légion d'honneur à sa propre mère. Cette femme singulière avait été distinguée par le gouvernement deux ans plus tôt sur la proposition d'Élisabeth Guigou, alors ministre des Affaires sociales. Cette distinction récompensait son engagement au service des amis et familles de malades mentaux.

Ainsi, un samedi de septembre 2004, et à sa demande expresse alors que j'étais ministre des Affaires étrangères, je lui ai remis la croix de chevalier de la Légion d'honneur. Nous étions ce jour-là au cœur du massif de la Chartreuse. Cette cérémonie simple, chaleureuse et familiale coïncidait avec l'inauguration d'un centre d'aide par le travail, le Habert, qui accueillait vingt-cinq jeunes dont le potentiel intellectuel était altéré par la maladie. Dans ma courte intervention, j'ai salué le parcours de vie associative et civique long de cinquante années de cette femme qui était aussi ma mère.

« Elle a toujours dit ce qu'elle croyait, elle a toujours fait ce qu'elle voulait. En repensant à tous ses engagements, à toutes ses qualités, je me suis mis à espérer qu'au moins, en partie, ils pouvaient être héréditaires…

mais je n'en suis pas sûr. Cette femme a toujours eu la capacité d'indignation et la capacité d'enthousiasme qui devraient être celles de tout citoyen. »

Mais c'est surtout dans sa réponse que j'ai retrouvé quelques-unes des « clés de vie » qu'elle aura léguées à mes frères, Alain et Jean-Paul, ainsi qu'à moi-même.

« Il faut savoir sortir de chez soi pour travailler avec d'autres personnes que l'on n'aurait jamais connues autrement… C'est ce que permet le travail bénévole dans une association pour embellir l'humanité. Il y a deux vertus que je recommande : la persévérance et la tolérance. La "tolérance" qui est le trait de la République laïque que je vénère. Chez nous, une partie de la famille lit *Le Canard enchaîné* et l'autre, *La Croix*, et ça marche ! » Ma mère, à cet instant, faisait allusion à son propre couple. Mon père Jean Barnier était issu d'une famille laïque, républicaine, anticléricale.

« Nous sommes dreyfusards », m'avait dit un jour ma grand-mère, elle-même institutrice.

Mon père n'avait jamais mis les pieds dans une église, sauf le jour de son mariage et celui de ses funérailles, où il n'y eut d'ailleurs pas de messe. Ma mère, elle, était une femme chrétienne, sociale, à la foi ouverte et généreuse.

Et ça fonctionnait entre eux.

À Aix-les-Bains, un foyer d'accueil pour malades mentaux porte le nom de Denise Barnier. Cette femme, à l'image de tant d'autres dans tous les villages et dans toutes les communes de France, consacrait son temps, son énergie à la vie associative, à la « cité ». À un moment où les difficultés économiques, l'isolement territorial, le communautarisme, la défiance à l'égard des politiques, la peur des autres ont provoqué tant de fractures à travers le territoire, ces bénévoles, ces volontaires, simplement ces citoyens sont de plus en plus nécessaires.

On leur doit de recoudre le tissu social, ils font honneur à la République.

Ma mère disait souvent en parlant d'elle-même : « Je suis l'une de ces sentinelles de l'invisible », selon le mot de Jean-Paul II s'adressant aux femmes le 15 août 2004.

C'est à elle que je pense lorsque je croise la route et le regard des volontaires, ils étaient 8 000, qui nous ont aidés à réussir les Jeux olympiques d'Albertville et de la Savoie en 1992.

C'est encore à elle que je pense en saluant l'un ou l'autre des 45 000 volontaires qui ont fait avec Tony Estanguet le succès populaire des Jeux olympiques de Paris 2024.

Mais au-delà de ces grands événements, il y a l'engagement sur le terrain des élus locaux, des militants associatifs, des volontaires qui ne comptent jamais leur temps, parfois leur peine dans la vie sociale, sportive ou politique. J'ai toujours eu du respect pour chacun et pour tous, même quand parfois il m'est arrivé d'être en désaccord avec eux.

Dans la langue de Shakespeare : leçon d'anglais particulière avec la reine d'Angleterre

Mon niveau d'anglais n'a pas toujours été « *for me, formidable* », pour reprendre le jeu de mots d'Aznavour. Et pourtant, j'ai bénéficié un jour de la meilleure des professeurs !

En avril 2004, le Premier ministre de l'époque, Jean-Pierre Raffarin, que je connais depuis nos jeunes années étudiantes à l'ESCP, offre un déjeuner en l'honneur de Sa Majesté la reine Élisabeth, venue marquer à Paris le centenaire de l'Entente cordiale entre la France et le Royaume-Uni.

Ministre des Affaires étrangères, j'ai l'honneur d'être assis à la droite de la reine qui s'exprime dans un français impeccable. Devant me rendre aussitôt après le déjeuner à l'Assemblée nationale pour les questions d'actualité au gouvernement, j'ai l'intention de saluer de manière particulière une délégation de la Chambre des lords et de la Chambre des communes qui assiste à cette séance, depuis la tribune.

— Madame, puis-je me permettre de vous demander comment dire en anglais « Vive l'Entente cordiale » ?

— Vous devez dire : *Long live the Entente cordiale*, me répond aussitôt la reine.

Fort de cette leçon d'anglais très particulière, je prononçai quelques instants plus tard cette phrase devant l'hémicycle en me tournant vers les élus britanniques, et à la surprise de certains députés français et de journalistes, dont beaucoup pensèrent que je m'étais trompé et que la formule correcte aurait dû être : « *Long life to the Entente cordiale.* »

Cet épisode fit même l'objet d'un écho dans *Le Canard enchaîné* qui souligna, à tort dans ce cas précis, l'anglais approximatif du ministre des Affaires étrangères. Je n'aurais cependant jamais pu rêver d'un professeur aussi éminent…

Vingt ans plus tard, dans un tweet, le président de la République, Emmanuel Macron, reprendra le 9 avril 2023 cette phrase complète prononcée par la reine Élisabeth II : « *Long live the difference but long live the Entente cordiale.* »

Je ne m'étais donc pas trompé et, sur la lancée de cette leçon royale, j'ai depuis avec ténacité continué d'explorer patiemment mes marges de progrès dans cette langue, au point qu'il m'arrive maintenant régulièrement de donner des conférences et des interviews en anglais, débarrassé de ce complexe très français vis-à-vis de mon accent et sans crainte de commettre quelques fautes…

Attention aux homonymes ! Condoleezza Rice interpellée par Benjamin Barnier

Condoleezza Rice, nouvelle cheffe de la diplomatie américaine, avait accepté mon invitation à Paris le 8 février 2005 pour sa première visite officielle. Elle avait été nommée secrétaire d'État aux États-Unis quelques jours plus tôt. Sa visite faisait suite à la fracture provoquée par l'intervention américaine en Irak et les désaccords de la France, de l'Allemagne et d'autres pays européens. De mon côté, j'avais dit à Jacques Chirac que je voulais faire de cette visite le signal d'une réconciliation franco-américaine.

Après notre entretien bilatéral, nous avions organisé une conférence de presse exceptionnelle dans l'immense salon de l'Horloge du Quai d'Orsay, presque trop étroit en ce jour pour accueillir tous les journalistes. Un peu plus tard dans la soirée, cette visite était conclue par un dîner chaleureux et élégant.

Entre les deux, la secrétaire d'État américaine avait programmé un débat avec les étudiants de Sciences Po, où elle fut interpellée avec vivacité par un étudiant qui n'avait pas froid aux yeux, un certain Benjamin Barnier. Plusieurs journalistes américains qui suivaient la visite s'étonnèrent d'entendre le nom du ministre français dans cet amphithéâtre.

Le *Washington Post* eut la précaution de s'assurer auprès de mon secrétariat que l'un de mes fils s'appelait Benjamin. En ayant reçu confirmation, le journal diffusa sans autre vérification : le fils du ministre des Affaires étrangères avait porté la contestation à la secrétaire d'État américaine. Cette anecdote cocasse fut reprise dans un petit encart par plusieurs journaux, aussi bien américains que français. Mais cet étudiant était en fait… un homonyme !

Amusés par cette histoire, nous l'inviterons un peu plus tard à dîner avec mon fils, le vrai. Cet autre Ben Barnier poursuit depuis une brillante carrière de grand reporter dans le service public de télévision. Et je l'imagine vérifiant ses informations plutôt deux fois qu'une ! Les journaux ayant relaté l'anecdote ont pour leur part dû publier un démenti…

La renonciation de Benoît XVI : de l'importance des pressentiments

Le 7 juillet 2013, j'avais accepté de donner une conférence à l'Université pontificale grégorienne de Rome à l'occasion du cinquantième anniversaire du traité franco-allemand de l'Élysée.

La ministre-présidente de la Sarre, Annegret Kramp-Karrenbauer, avait été invitée à ce dialogue conjoint par l'ambassadeur allemand auprès du Vatican.

Comme à toutes les personnalités allemandes qui passaient par Rome, le pape Benoît XVI, ancien archevêque de Munich, lui avait offert une audience. Très amicalement, elle m'avait proposé de l'y accompagner.

Nous avons été reçus en fin de matinée dans la bibliothèque du pape, pendant une vingtaine de minutes. Le très Saint-Père s'est montré attentif, l'œil vif, parlant tour à tour français et allemand. Nous avons évoqué les enjeux de la paix en Europe, mais aussi la régulation financière dans le monde sur laquelle une encyclique avait été publiée quelques semaines plus tôt, alors que les dégâts de la crise financière mondiale de 2007-2008 étaient encore douloureux.

Je ressortis de cette audience avec l'impression d'avoir rencontré un homme épuisé, et même écrasé par sa mission.

Notre ambassadeur auprès du Vatican, Bruno Joubert, que je connaissais bien, avait organisé un déjeuner ce jour-là dans sa résidence, la villa Bonaparte. Une grande table ronde réunissait le cardinal argentin Leonardo Sandri, préfet de la congrégation pour les Églises orientales, monseigneur Nicolas Thévenin, nonce au Guatemala, et monseigneur François Bousquet, alors recteur de l'église Saint-Louis-des-Français.

Il y avait aussi monseigneur Dominique Mamberti, secrétaire pour les relations avec les États, et le révérend père François-Xavier Dumortier, jésuite et recteur de la grégorienne.

Tous ces prélats m'attendaient avec impatience et curiosité.

— Comment s'est donc passée cette audience avec le très Saint-Père ? me demanda l'un d'eux.

— Cela a été une audience très intense. Le pape était très vif et intéressé. Mais je l'ai trouvé tellement fatigué, marchant en traînant les pieds. Comme s'il n'en pouvait plus… Est-il imaginable qu'un pape démissionne ?

L'ambassadeur et les prélats se récrièrent face à cette question, comme si c'était un blasphème…

— Vous n'y pensez pas ! C'est impossible. Cela ne s'est jamais produit !

J'ai compris qu'il valait mieux changer de sujet et j'ai parlé de mon travail de commissaire européen chargé de la Régulation financière.

Trois jours plus tard, le lundi matin, le pape prit de court le monde entier en annonçant sa renonciation.

L'intuition était juste et la surprise totale. Il n'y avait eu à Rome aucune perception de ces « signaux faibles » que seules quelques grandes diplomaties émettent quelquefois, le Saint-Siège ou la Chine, et que beaucoup ne perçoivent pas.

Quoi qu'il en soit, j'ai appris ce jour-là à écouter davantage mes pressentiments.

Tradition et modernité : la FIAC au Quai d'Orsay

Solomon « Sol » LeWitt, né en 1928 dans le Connecticut, est un artiste majeur du minimalisme. Auriane Castel écrit à son propos dans *Art critique* qu'il « découvre avec l'art asiatique pendant la guerre de Corée, où il est mobilisé, le caractère éphémère des choses ». Il s'engagera plus tard dans une pratique artistique plus conceptuelle « portée par la certitude que l'idée prévaut sur l'œuvre finie ». On trouve alors dans ses œuvres des formes géométriques simples. Il expliquera aussi la nécessité de penser le rapport entre une œuvre et l'espace dans lequel elle s'inscrit, et réalisera sur cette idée de nombreux dessins muraux, ses fameux *wall drawings*. On retrouve dans ses couleurs la trace de la Renaissance italienne. Parcourant l'Italie, Sol LeWitt admire les œuvres de Giotto et de Piero della Francesca.

C'est en raison de cet attachement à l'Italie où il vécut que je le remarquai dans une galerie new-yorkaise dans les années 1980. Il y avait sur ces murs des œuvres simples, droites, sans autre effet que celui de l'ocre, du rouge, du jaune, du beige. Toutes ces couleurs que j'aime tant sur les villas toscanes mais aussi sur les maisons du vieux Chambéry, ancienne capitale de Piémont-Sardaigne. C'est ainsi que je découvris Sol LeWitt avant même de savoir son histoire et sa notoriété.

L'idée me vint, avec ces couleurs si familières à la Savoie et à l'Italie du Nord, de solliciter cet artiste pour orner chacun des panneaux de la salle de délibération du conseil général de la Savoie d'une de ses œuvres. Cette salle se trouve au cœur du château des ducs de Savoie que se partagent l'État, la préfecture et le département. Chacun a sa tour, la ronde pour le conseil général, où flotte notre drapeau provincial avec sa croix blanche sur fond rouge, et la carrée pour le préfet, sur laquelle flotte notre drapeau national.

J'avais une idée simple, celle de marier la modernité d'un des plus grands artistes contemporains avec la tradition d'un patrimoine remontant à Louis XI. Le galeriste parisien Yvon Lambert, représentant Sol LeWitt en France, fut enthousiasmé par cette idée et la proposa à l'artiste, qui réalisa une première maquette du projet de cette immense salle de délibération, très haute, qui serait transformée en véritable salle d'art contemporain. Jack Lang, informé, me donna son accord pour le cofinancement par l'État.

Il me restait à convaincre les élus départementaux de financer ce projet improbable. Dès la première réunion du bureau du conseil général, mes vice-présidents, dans leur sagesse, me mirent en garde : « Michel, nous avons trop de projets obligatoires à financer avant les Jeux pour les routes, l'assainissement et les collèges, ce projet va provoquer des polémiques. » Voilà comment j'ai dû renoncer à cette idée, sans doute trop éloignée des préoccupations quotidiennes des Savoyards.

Vingt ans plus tard, cette idée d'alliance entre la tradition et la modernité m'habitait toujours lorsque Jacques Chirac me nomma au Quai d'Orsay. En septembre 2004, le Tout-Paris était mobilisé pour la FIAC où se retrouvaient des centaines de galeristes du monde entier. Mon épouse Isabelle eut la bonne idée d'ouvrir les salons du Quai d'Orsay sur deux étages et d'y organiser un accrochage d'œuvres d'art contemporain. Ainsi, de chaque côté de l'escalier majestueux qui mène au premier étage et aux salles à manger, furent placés deux immenses tableaux d'Annette Messager. Ils représentaient des mains ouvertes. Près du bureau du ministre, dans l'antichambre où attendent les visiteurs, une autre œuvre contemporaine nous fut proposée par les responsables du Fonds régional d'art contemporain. Cette œuvre d'Alexia Orban, très enlevée et dynamique, représentait une nonne dans son habit traditionnel, avec de grandes cornettes et… un sein dénudé.

Cet accrochage inédit au Quai d'Orsay et la réception organisée en plein cœur de la FIAC furent un réel succès. Je pense depuis longtemps que les palais de la République doivent être ouverts aux citoyens et utiles au rayonnement de la France. Quelques jours plus tard, cependant, je reçus une lettre anonyme écrite par une fonctionnaire du ministère des Affaires étrangères, indignée que j'accepte qu'une œuvre blasphématoire puisse être accrochée dans mon antichambre.

Pour éviter une polémique inutile, et sans être très fier, je fis décrocher l'œuvre. Je continue de penser que les femmes et les hommes politiques, dans leur rapport plus ou moins lointain avec la culture, doivent accepter la provocation qui caractérise beaucoup d'œuvres et de nombreux artistes. Une société qui n'accepterait plus cette part de provocation se rétrécit, se recroqueville, et sent le rassis. Nous avons au contraire besoin d'une France qui rayonne et qui inspire.

À l'Élysée, Claude et Georges Pompidou ont été les premiers à accueillir l'art contemporain. Et, aux côtés des palais nationaux, des musées nationaux et souvent régionaux, il faut saluer l'engagement des grands entrepreneurs qui ont choisi de partager avec le grand public leur passion et leurs œuvres dans des lieux symboliques, François Pinault à la Bourse de commerce magiquement rénovée ou Bernard Arnault dans le « vaisseau magnifique » qui abrite au bois de Boulogne la collection Louis Vuitton.

Grand empire, petit emprunt : quand les bonnes formules se piquent

En 2003, l'ambassadeur de Chine à Paris, Wu Jianmin, m'invita à déjeuner à la fameuse brasserie La Rotonde. C'était un homme cultivé et fin, qui dirigera quelques années plus tard l'Université chinoise de la diplomatie.

« N'oubliez jamais, me dit-il, que chez nous, le temps est plus long qu'ailleurs. »

Devenu ministre des Affaires étrangères un an plus tard, j'accompagne Jacques Chirac lors d'une visite d'État dans l'empire du Milieu dont il connaissait si bien la culture et l'histoire. Je suis très conscient de n'avoir rien à lui apprendre, mais trouve opportun de lui glisser avant d'atterrir ce conseil de l'ambassadeur chinois. Je vois dans les yeux de Jacques Chirac, intrigué, que j'ai marqué un point. À l'évidence, cette phrase l'a intéressé.

Le lendemain, au cours d'une rencontre avec les chefs d'entreprise français implantés en Chine, je l'entends déclarer sans sourciller : « Mesdames et messieurs, n'oubliez jamais ce que m'a dit un jour mon vieil ami le président Jiang Zemin : ici, le temps est plus long qu'ailleurs ! »

Content de son effet, il revient s'asseoir à côté de moi sans un regard. D'où l'utilité des ministres !

L'alliance du sport et de la culture : changement de chorégraphe à un an des Jeux olympiques

Les Jeux olympiques de Paris 2024 nous ont rappelé l'importance de la cérémonie d'ouverture, formidable occasion de mettre en valeur une ville, une région, un pays, et de donner le *la* de la quinzaine olympique sous le regard du monde entier.

Pour les cérémonies d'ouverture et de clôture des Jeux d'Albertville, notre choix s'était d'abord porté sur Jean-Jacques Annaud, réalisateur de films toujours extraordinaires, pour lequel Jean-Claude Killy avait une passion.

Six mois après qu'on lui a confié l'organisation des cérémonies, à peine plus d'un an avant les Jeux, il vient nous présenter son projet. Un projet fou et génial à la fois, où le stade d'ouverture aurait été entouré d'un anneau gonflable retenu par des filins avec quatre autres anneaux de la même taille s'envolant dans le ciel. Bref, un projet extraordinaire et techniquement irréalisable comportant beaucoup de risques, et financièrement imprévisible.

Nous annonçons à Jean-Jacques Annaud que nous sommes contraints de renoncer à son projet.

Une course contre la montre s'engage alors pour trouver un remplaçant à quinze mois de la cérémonie d'ouverture. Dans nos bureaux de Paris, après un appel d'offres restreint, nous recevons trois équipes. Celle du producteur Jean-Claude Camus, qui propose d'associer le journaliste Yves Mourousi et l'accordéoniste Yvette Horner… Très franco-français. La deuxième proposition nous est présentée par l'acteur et metteur en scène Robert Hossein. Un projet théâtral et grandiloquent. Enfin, le producteur Charles Gassot qui avait notamment à son actif la réalisation du défilé de Jean-Paul Goude sur les Champs-Élysées pour le bicentenaire de la Révolution. Il est accompagné d'un jeune chorégraphe, Philippe Decouflé, qui vient de produire un petit spectacle à Avignon, *Tritons*. Il déclare devant Jean-Claude Killy qu'il est passionné par le cirque et évidemment la danse, mais qu'il ne connait rien au sport ! Pourtant, ce tandem Gassot-Decouflé est le seul qui nous corresponde à peu près, c'est à lui que nous faisons confiance. Nous ne l'avons jamais regretté.

Le 23 février, c'est le dernier jour des Jeux olympiques. Il n'y a pas eu d'incidents ni d'accidents et nous nous retrouvons avec Jean-Claude Killy au milieu des volontaires et des athlètes pour la cérémonie de clôture magistralement chorégraphiée. Je garde trois souvenirs différents de cette cérémonie, au-delà de l'ambiance et de la beauté des tableaux et des danses.

Jean-Claude Killy et moi avions prévu quelques mots chacun dans deux brefs discours officiels devant 35 000 spectateurs et deux milliards de téléspectateurs. Comme toujours, nous nous étions mutuellement présenté nos interventions en amont. J'avais même appris quelques phrases en norvégien, puisque la station de Lillehammer allait recevoir le flambeau des

Jeux suivants, en 1994. Simplement, dans le texte que j'avais remis à Jean-Claude Killy, j'avais délibérément choisi de ne pas tout noter. C'est donc en direct, et sans qu'il en soit prévenu, que je me suis tourné vers lui : « Puis-je ce soir dire un mot personnel à celui sans lequel cette fête n'aurait pas été la même. Merci à toi, Jean-Claude. » Le stade tout entier se leva pour l'acclamer et se joindre à ces remerciements. Surpris et sans doute un peu désarçonné, le grand Jean-Claude Killy eut alors quelques difficultés à cacher son émotion.

Dans le fil de ce bref discours, il me fallait remercier les stations, le département, la région Rhône-Alpes et évidemment l'État qui nous avait accompagnés durant ces dix années d'organisation. M'adressant à Édith Cresson, Première ministre, qui représentait le gouvernement, j'ai exprimé d'une phrase notre reconnaissance à tous les gouvernements successifs qui avaient apporté leur soutien et leur caution : « Merci, madame la Première ministre, pour le soutien du gouvernement… » À peine avais-je cité le nom d'Édith Cresson qu'une grande partie du stade, pratiquement d'un seul mouvement, la siffla copieusement. Je dus reprendre ma phrase : « Je répète, merci à vous, madame la Première ministre, pour le soutien du gouvernement », et le stade se calma.

Plus tard, d'autres chefs d'État ou de gouvernement subiront le même camouflet, injuste lors d'un événement sportif, mais qui révèle un sentiment populaire profond. Je pense notamment à Emmanuel Macron lors du match d'ouverture de la Coupe du monde de rugby 2023 en France.

Au cours de cette même cérémonie de clôture, un troisième moment me marqua, plus personnel et discret. À la toute fin de la cérémonie, au terme de ces dix années de travail, de ces seize jours de Jeux et de joie, dans les derniers instants de cette aventure partagée, Jean-Claude Killy me prit par le bras et me dit comme un conseil fraternel : « Maintenant Michel, on bâche ! » J'ai compris à cet instant, mieux qu'avant, que la nostalgie n'est pas bonne conseillère. Qu'il faut tourner soi-même les pages, garder seulement des souvenirs, de la mémoire, de la fierté.

À trente-deux ans d'écart, le talentueux Thomas Jolly nous a fait vivre une soirée inoubliable où se mêlaient, au fil de la Seine et sous les ponts de Paris, la magie des lumières, les danses et les chants de toutes les époques, l'histoire de France, jusqu'au courageux retour de Céline Dion, sublime dans son interprétation de l'« Hymne à l'amour ». De cette longue soirée je retiens la magie et l'émotion, la beauté de Paris. Une image de la France en mouvement. Une France audacieuse.

Être prêt à tout entendre : moi, patient zéro ?

Négocier avec les Britanniques exige d'être prêt à tout. Sans doute être écouté, sûrement observé, souvent attaqué, et j'imagine les initiatives qu'ont dû prendre les services de renseignement britanniques pour suivre nos travaux et nos équipes. D'ailleurs, du côté européen, nous avions tous reçu une pochette en tissu métallisé argenté avec la recommandation d'y glisser systématiquement nos portables avant toute réunion. Cette pochette était censée nous prémunir de toute intrusion directe et malveillante sur nos téléphones.

Les services britanniques n'étaient évidemment pas les seuls à s'intéresser à nous. J'avais pris l'habitude chaque matin en arrivant dans mon bureau du Berlaymont, à Bruxelles, de pointer les bras vers le plafond et de lancer « Good morning everybody ! » à la manière de Robin Williams et de son mythique « Good morning, Vietnam ! » dans le film de Barry Levinson.

Un jour, mon épouse fut harcelée à l'Interphone de notre domicile parisien par un journaliste se prétendant britannique, lui demandant s'il était exact que nous étions séparés. Ignorant son caractère et son ascendance slaves, il ne fut sans doute pas déçu de sa réponse !

Durant ces quatre années de négociations, les tabloïds britanniques ont évidemment tout cherché contre nous, contre moi. La campagne la plus étonnante, et qui aurait été amusante dans d'autres circonstances, fut celle lancée par le *Daily Mail* le 28 mars 2020, en pleine crise du Covid. J'avais l'habitude des doubles pages critiques à mon encontre dans cette « presse » britannique si particulière, mais ces deux pages-là étaient hors concours ! Dans un grand article titré « *Did Barnier infect Bojo ?* », le *Daily Mail* faisait un rapprochement délibéré entre ma propre infection début mars et le fait que David Frost, négociateur britannique, soit tombé malade quelques jours plus tard, suivi du Premier ministre britannique, Boris Johnson.

Au mois de juillet, entre les deux confinements, mon équipe et moi-même nous trouvions à Londres pour une séance de négociation. Ce jour-là, David Frost avait organisé une session de travail au 10 Downing Street[1]. Sans perdre trop de temps, le Premier ministre Boris Johnson avait tenu à saluer les deux équipes. Toujours jovial et très direct, il me serra la main et me dit :

— Alors Michel, j'ai lu dans les journaux que vous nous aviez refilé le Covid ?

— Je ne sais pas si en vérité, ça n'est pas l'inverse ! lui rétorquai-je du tac au tac.

Pour la petite histoire, c'est dans ces mêmes murs du 10 Downing Street que Boris Johnson avait

1. Résidence du Premier ministre britannique.

organisé à plusieurs reprises, en plein confinement et en contradiction avec les règles strictes qu'il imposait lui-même à ses concitoyens, plusieurs soirées avec ses collaborateurs et amis. « Faites ce que je dis, pas ce que je fais ! »

Chapitre II

Assumer ses responsabilités

« Presque toujours, la responsabilité confère à l'homme de la grandeur. »

Stéphan Zweig, *Joseph Fouché*[1]

1. Réédition Payot, 2024.

« Chacun est seul responsable de tous. »

À peine en fonction, le président du Conseil était aux prises avec d'innombrables exigences critiques et surenchères que toute son activité s'employait à dérouter sans pouvoir les maîtriser. Le Parlement, loin de le soutenir, ne lui offrait qu'embûches et défections. Ses ministres étaient ses rivaux. L'opinion, la presse, les intérêts le tenaient pour une cible désignée à tous les griefs. Chacun d'ailleurs, lui-même tout le premier, savait qu'il n'était là que pour une courte durée.

C'est ainsi que Charles de Gaulle, dans ses *Mémoires de guerre*, décrit l'ambiance et les difficultés de son court passage à Matignon, à la tête du premier gouvernement de la IVe République, de septembre 1944 à janvier 1946. Sans doute sommes-nous alors au tout début de cette nouvelle ère et du « régime des partis » qu'elle encouragera, mais tout de même ! Cette phrase résonne cruellement aujourd'hui pour moi qui cherche un chemin de crête dans une Assemblée nationale impossible.

Tout a commencé après les élections législatives de juin 2022, lorsque Emmanuel Macron, réélu quelques semaines plus tôt président de la République, se trouve confronté à une situation inédite. Pour la première fois sous la Ve République, le président se trouve, au lendemain de son élection, sans majorité pour le soutenir à l'Assemblée nationale.

A-t-il suffisamment fait campagne pour ses candidats ?

A-t-il sous-estimé l'animosité qui persiste et s'accentue contre lui depuis la crise des Gilets jaunes en novembre 2018 ?

Est-ce aussi l'effet tardif et réel de l'interdiction du cumul des mandats qui prive le Parlement d'élus implantés et enracinés ?

Bref, il manque au chef de l'État près de 50 députés pour gouverner sereinement… Au même moment, le groupe des Républicains, bien qu'affaibli, compte 62 parlementaires. C'est plus qu'il n'en faut pour reconstruire une majorité absolue, qui exige 290 sièges.

Encore faut-il se parler, se rapprocher pour bâtir le projet, le programme d'une coalition de gouvernement. À cet instant, c'est l'esprit de compromis qui fait défaut.

Sans doute les élus de mon parti sont-ils toujours dans une posture d'opposition, encore sonnés par notre échec cinglant à l'élection présidentielle et les 4,7 % de Valérie Pécresse, peu aidée par les chapeaux à plume de la droite. Les députés LR ont été élus ou réélus grâce à leur implantation locale et en se démarquant non seulement de la gauche et du Rassemblement national, mais aussi de la majorité présidentielle et de son fameux « en même temps ».

Il s'agit d'abord pour les Républicains de sauver les meubles. La campagne interne qui s'engage aussitôt pour la présidence du parti entre Éric Ciotti, Bruno Retailleau et Aurélien Pradié se déroule en grande partie contre Emmanuel Macron. De ce côté-là, dans le camp présidentiel, la défaite aux législatives est dure à assumer. L'état d'esprit n'est certainement pas de tendre la main. Cette défaite paraît injuste à beaucoup, et le premier réflexe est de faire comme si rien n'avait changé.

C'est dans cette situation incertaine qu'Emmanuel Macron choisit Élisabeth Borne, une femme solide et compétente, issue de la gauche, comme Première ministre, alors même que le centre de gravité du pays s'est déplacé beaucoup plus à droite, notamment avec l'élection de 89 députés RN.

Dans une situation institutionnelle inédite, il aurait fallu choisir une stratégie audacieuse mais compatible, à mes yeux, avec l'esprit de la Ve République. Je pense que le président de la République, qui n'en avait évidemment pas envie, aurait dû proposer une coalition aux Républicains, malgré leur réticence. Les mettre au pied du mur mais en leur proposant de construire ensemble, avec lui, un vrai contrat de gouvernement.

On peut même imaginer, comme le font nos voisins belges ou néerlandais, qu'un « formateur », probablement issu des Républicains, ait été désigné, un Premier ministre potentiel, en quelque sorte. Chargé pendant quelques semaines de vérifier les conditions et la faisabilité d'un tel contrat de gouvernement et d'une coalition nouvelle sur la base d'un socle parlementaire commun regroupant le parti Renaissance, ses alliés du Modem et d'Horizons, les Républicains, l'UDI, le Parti radical et les non-inscrits.

Mais cela exigeait une démarche sincère de recherche de compromis, et non le recours déjà usé à des débauchages individuels. Un contrat de coalition ne se construit pas sur le seul ralliement de quelques personnalités venues d'autres partis, ni sur la soumission pure et simple des partenaires éventuels.

Élisabeth Borne, dans un essai lucide et assez franc, décrit très bien dans ses *Vingt mois à Matignon*[1] la tactique privilégiée par Emmanuel Macron, qui croit à cette époque qu'une addition de débauchages individuels vaut mieux qu'une coalition.

Cette coalition majoritaire était alors possible, j'en reste persuadé et je l'ai dit plusieurs fois au président de la République et à ses plus proches collaborateurs durant cette période.

Durant les deux années qui suivirent, les tensions se sont multipliées et Élisabeth Borne fut contrainte d'utiliser, voire d'abuser, de l'article 49 alinéa 3 de la Constitution pour faire passer des réformes pourtant utiles et nécessaires sur l'immigration et les retraites. Cette instabilité politique chronique explique en partie l'impopularité croissante de la majorité relative et l'échec retentissant de la liste soutenue par le président de la République aux élections européennes.

La dissolution insensée décidée au soir même de ce scrutin européen ne pouvait qu'aboutir à une nouvelle dégradation des positions de la droite et du centre, face

1. *Vingt mois à Matignon*, Paris, Flammarion, 2024.

à des extrêmes à gauche et à droite dopés par le mécontentement et le dégagisme ambiant.

La création d'une coalition majoritaire, difficile mais possible en 2022, devint alors mathématiquement impossible après la dissolution.

De nouveau, durant l'été de cette année 2024, le chef de l'État aurait pu plus tôt et plus vite vérifier avec un « formateur » qu'un socle élargi à l'Assemblée nationale et avec le soutien du Sénat pouvait être constitué. Faute de cette démarche, nous avons eu droit à la saga du Nouveau Front populaire voulant faire croire qu'il avait remporté les élections et que Matignon lui revenait. Ce fut le feuilleton animé par Lucie Castets et la gauche. Puis, fin août, des noms jetés à la volée : Laurent Berger, Xavier Bertrand, Thierry Beaudet, Bernard Cazeneuve…

Pour dire vrai, je n'ai pas trouvé cette période correcte à l'égard de ces personnalités. J'ai de l'estime pour chacune d'entre elles et aucune ne méritait cette inutile agitation médiatique autour de son nom.

C'est le 4 septembre que le président me fit appeler et que j'acceptai, sans euphorie et de manière lucide, d'être nommé Premier ministre.

Je savais dès le premier jour que je pouvais tomber le lendemain, dès l'instant où il y aurait à l'Assemblée une coalition des contraires. Pour tout dire, la conscience de cette réalité m'aura donné tout au long de mon mandat une vraie liberté d'esprit.

Ce temps compté devait être un temps utile pour la France et les Français.

Comme je l'ai dit au bout de ce bref chemin, le 4 décembre, devant l'Assemblée nationale : « Au moment où cette mission se terminera, peut-être bientôt, je ressentirai comme un honneur d'avoir servi avec dignité la France et les Français. »

Les contraintes personnelles de l'action publique : dans le bunker de Yasser Arafat

Le jour même de la mort de mon père, je devais m'envoler pour Israël et dans les territoires palestiniens pour trois jours. Malgré ce contexte familial douloureux, ma mère me demanda expressément de ne pas changer mon programme. C'est ainsi que je dus attendre trois jours pour aller physiquement la soutenir, le jour des funérailles à Albertville.

Il me fallut prendre sur moi, car je partais ce dimanche-là vers « l'Orient compliqué » où tant d'hommes et de femmes, d'enfants ont perdu la vie, tant d'autres sont réfugiés et déracinés, et où il reste tant de menaces et de risques.

Huit mois plus tôt, j'étais allé à la rencontre de Yasser Arafat, président de l'Autorité palestinienne. Prix Nobel de la paix en 1994 et interlocuteur d'Israël, il avait depuis quelques années déjà perdu de l'influence, à tel point qu'il lui était dorénavant interdit de quitter Ramallah. Et Israël refusait de recevoir les acteurs internationaux ayant prévu de le rencontrer durant leur séjour. Je dus faire un deuxième voyage séparé pour rencontrer les autorités israéliennes à Jérusalem.

Je me souviens des conditions difficiles dans lesquelles Yasser Arafat vivait. Il m'accueillit dans un bunker entouré de sacs de sable, dans une pièce sans fenêtres. Cet homme a incarné un temps la volonté des Palestiniens d'obtenir la reconnaissance de leurs droits, et la possibilité d'un dialogue entre Israéliens et Palestiniens. Dialogue qui constitue la condition première de ce qui est, par-dessus tout, l'exigence pour les enfants d'Israël et les enfants de Palestine, c'est-à-dire la paix. Moins de six mois plus tard, il mourra à son tour, en France.

Aujourd'hui, dix années plus tard, l'engrenage de la violence provoquée par l'attentat terroriste du Hamas contre des centaines de civils le 7 octobre en Israël rend improbable le dialogue dont le début de la paix entre Israéliens et Palestiniens aurait tant besoin.

Bureaucratie et impuissance publique : l'impossible moratoire sur les normes

À mon arrivée à Matignon, prenant conscience de l'ampleur des déficits publics, je décide rapidement avec mon équipe d'engager, dans le projet de budget pour 2025, un effort inédit de 60 milliards d'euros pour les réduire. C'est à la fois la condition de notre compétitivité, de notre crédibilité – vis-à-vis des investisseurs internationaux et de nos partenaires européens – et de notre indépendance. Afin que le choc ne soit pas trop brutal, nous proposons de répartir cet effort entre un tiers de contributions exceptionnelles supplémentaires et deux tiers d'économies dans les dépenses publiques.

S'agissant des contributions, nous prenons le parti qu'elles soient temporaires – deux ans maximum – et qu'elles portent d'abord sur ceux qui sont le mieux en mesure de les supporter : les très grandes entreprises et les contribuables les plus fortunés.

Lorsque je rencontre les dirigeants des organisations patronales pour leur expliquer notre stratégie, tous nous mettent en garde contre les effets de ces hausses sur la croissance et l'emploi, au regard d'une conjoncture économique internationale redevenue difficile. Beaucoup nous rappellent également – à juste titre – que la compétitivité française reste en deçà de celle de nos voisins européens, malgré les réformes engagées depuis près de dix ans pour la redresser, et que tout ce qui l'affecterait encore entraînerait des conséquences sur la réindustrialisation.

Comprenant toutefois la difficulté du pays et des choix immédiats qui sont devant nous, ces dirigeants – dont je veux ici saluer le sens des responsabilités – nous disent tous une chose : si vous êtes obligés de relever les impôts pour nous sortir du surendettement, sortez-nous aussi de l'inflation insupportable des normes ! Plusieurs organisations me fournissent des études et des cas pratiques mettant en lumière une véritable « cascade » de surréglementations qui coûtent à nos entreprises plusieurs dizaines de milliards d'euros par an, souvent sans que leur utilité soit même évaluée ! Et le pire est en cours : une inflation de réglementations européennes aux acronymes et sigles kafkaïens – CSRD, CSDD, SFDR, taxonomie verte... – prises au nom du « Pacte vert » et de la nécessaire transition environnementale, risque d'asphyxier nos PME et nos ETI. Un chef d'entreprise résume ce non-sens d'une phrase : « Alors qu'il faut décarboner notre outil industriel, on me fait investir dans la paperasse plutôt que dans des projets concrets. » Mario Draghi, qui vient tout juste de rendre un rapport sur la compétitivité au Conseil européen, ne dit pas autre chose.

Je propose alors la mise en place d'un « moratoire normatif » permettant de repousser de deux ans l'entrée en vigueur de toutes les réglementations les plus lourdes, le temps de les revoir pour les simplifier de manière drastique. Je prends également la précaution de consulter plusieurs experts en droit constitutionnel et européen pour m'assurer que ce moratoire est possible. Quelques semaines après mon départ, je me trouvais à Berlin pour participer au séminaire des treize chefs d'État et de gouvernement appartenant au Parti populaire européen à l'invitation de Friedrich Merz et de Manfred Weber. Merz, en pleine campagne pour devenir chancelier, a mis ce jour-là Ursula von der Leyen devant sa propre responsabilité : « Il faut d'urgence débureaucratiser à Bruxelles. Suspendre les normes qui pénalisent nos entreprises au moins pendant deux ans. »

Friedrich Merz ne demandait à la présidente de la Commission que de défaire dans son second mandat ce qu'elle avait fait lors du premier !

À compter de cette annonce, une vaste part de l'appareil d'État n'a eu de cesse de dénaturer cette idée, d'essayer d'en réduire au maximum la portée, de m'expliquer qu'elle n'était pas possible à mettre en œuvre, que « ça ne passerait pas à Bruxelles », comme si nous n'étions pas nous-mêmes, Français, parties prenantes de ce qui se décide ou non à Bruxelles… Ce qui m'a sidéré, c'est cette incapacité de la haute administration à repenser vraiment la machine normative, à s'interroger sur le bien-fondé de telle ou telle réglementation, à sérieusement essayer d'en tarir le flux. On se paie de mots sur la « simplification » depuis bien des années sans être capable de changer le logiciel bureaucratique, pour qui la réponse à toute situation doit passer par l'application d'une norme existante ou l'élaboration d'une nouvelle. L'excès de normes, cause autant que conséquence de l'impuissance publique.

Car ce qu'une partie de la haute administration parisienne n'arrive pas à changer, l'agent public sur le terrain, au plus près des Français, est celui qui en souffre d'abord. Je me souviens de ces policiers rencontrés sur la frontière italienne, à Menton, de ces personnels hospitaliers de l'Hôtel-Dieu et du SAMU à Paris, ou des antennes mobiles de sensibilisation à la santé mentale à Vouillé, en Vendée. Tous, avant de parler des manques de moyens ou d'effectifs, m'ont fait part de leurs difficultés, voire de leur découragement, devant l'extrême complexité des procédures administratives qui les empêche trop souvent de faire le boulot pour lequel ils se sont engagés.

« On peut gouverner de loin mais on n'administre bien que de près », avait coutume de dire Napoléon à ses préfets. J'ai toujours cru à la décentralisation et à la déconcentration comme moyens de rapprocher la réponse publique des besoins réels du quotidien des gens. La proximité est le meilleur remède à la bureaucratie. Et ça marche ! J'ai pu le constater dans la maison France Services de la petite commune d'Entrelacs, en Savoie, ou à la sous-préfecture d'Issoire, un arrondissement du Puy-de-Dôme. Là-bas, une poignée d'agents de l'État résolvent des problèmes parfois insolubles pour les administrés, les entreprises et les élus, grâce à leur connaissance du territoire et leur expérience. Ces fonctionnaires du « dernier kilomètre » ou de la première ligne, selon l'expression utilisée pendant le confinement, font l'honneur de l'État. Redonner un sens à leur mission, c'est aussi les débarrasser de ces formulaires et de ces procédures inutiles, qui éloignent l'administration de l'usager et suscitent le désengagement de l'une et la défiance de l'autre.

L'accoutumance à la production continue de normes n'est pas qu'un travers de la haute administration. Les politiques aussi portent une lourde responsabilité dans cette dérive, soit par conviction idéologique, soit par paresse et conformisme, soit par déconnexion des réalités. Mais il existe aussi un syndrome propre à Matignon, cette véritable tour de contrôle de l'action de l'État : dès qu'une décision est prise par le Premier ministre et ses équipes, l'impression domine que son application sera immédiate et ses effets immédiatement tangibles et reconnus de tous. L'inévitable décalage entre la prise de décision et sa mise en œuvre, les délais, les plus ou moins bonnes volontés dans la réalisation, les évaluations plus ou moins objectives des résultats, tout cela crée une profonde distorsion de perception entre le décideur politique, persuadé d'avoir fait le nécessaire, et l'acteur de terrain, pour lequel les décisions n'arrivent que dénaturées, trop tard, trop approximatives ou déjà dépassées par la réalité.

Des solutions existent : faire confiance aux préfets et aux élus locaux pour expérimenter des solutions plus simples, pour déroger aux réglementations inadaptées. C'est l'objet d'une circulaire que j'ai signée le 28 octobre 2024 pour simplifier l'action publique dans l'accompagnement des projets locaux avec l'aide efficace de la secrétaire générale du gouvernement, Claire Landais, et d'un jeune et étonnant conseiller d'État, Fabio Gennari, mais aussi de mes conseillers, Simon Chassard et Simon Babre. Michel Cadot, ami et proche conseiller, avait également préparé à ma demande un décret sur le pouvoir des préfets qui renforce enfin leur autorité dans chaque département, leur rôle de coordination des services de l'État, et leur capacité d'expérimenter ou déroger. Confier aux organisations professionnelles, sur le modèle du dialogue social, le travail d'élagage des normes inutiles, trop complexes ou inefficaces. Ou encore associer aux travaux parlementaires les principaux experts publics et privés pour faire naître enfin en France une véritable culture de l'évaluation. Aucune réforme de l'État ni aucun travail de fond sur l'efficacité de la dépense publique ne pourront se faire sans sortir du piège bureaucratique.

Tentative de dialogue : dans la datcha de Vladimir Poutine

À l'automne 2013, l'Union européenne a pour ce qui la concerne reconstruit l'essentiel de l'architecture de régulation financière commandée en 2008 par le G20 avec une feuille de route assez précise. À ce stade, et un an avant la fin de mon mandat de commissaire européen chargé des Services financiers, mon souci était de vérifier que toutes les autres juridictions dans le monde, signataires de la même feuille de route, avançaient bien en parallèle avec l'Europe. Ainsi, je me rendais deux fois par an aux États-Unis pour mesurer nos démarches parallèles, et notamment la mise en œuvre du *Dodd-Frank Act* de l'autre côté de l'Atlantique.

De manière plus surprenante, cette mission m'a également conduit à Moscou. Même si la place financière russe n'a qu'un rôle modeste, la Russie reste un grand pays qui continue de jouer un rôle géopolitique majeur. Mon contact principal à Moscou est alors la présidente de la Banque centrale russe, chargée de la régulation et de la supervision des institutions financières. Cependant, j'ai eu à cette occasion la témérité de demander un entretien à Vladimir Poutine, et j'apprends sur place qu'il a accepté. Je comprends plus tard la raison de cette audience exceptionnelle alors que je ne suis ni chef de gouvernement ni président de la Commission européenne…

En fait, ce qui a conduit le président russe à m'accorder cet entretien tient à mon histoire olympique à un moment où sa priorité est la réussite des Jeux olympiques de Sotchi, qui auront lieu du 6 au 23 février 2014. Il tient comme à la prunelle de ses yeux à la préparation de ces Jeux, sous la surveillance vigilante de la commission d'évaluation du Comité international olympique présidée par mon ami Jean-Claude Killy.

Cet entretien doit avoir lieu dans la datcha qu'il occupe en périphérie de Moscou, au milieu de la forêt. J'attendrai plusieurs heures que l'horaire de l'audience soit décidé. C'est une maison traditionnelle au beau milieu d'un immense parc sévèrement protégé. Une fois à l'intérieur, je parcours seul des couloirs assez fonctionnels jusqu'à une vaste pièce où se trouve une grande table, comme le président russe les affectionne…

Vladimir Poutine, assis au bout, me propose de prendre place à côté de lui, juste en face de son interprète. L'entretien durera quarante-cinq minutes. Après quelques banalités sur les Jeux olympiques qui s'annoncent, il m'interroge :

— Ainsi, vous avez été ministre des Affaires étrangères de la France ?

— Oui, monsieur le Président, Jacques Chirac était président de la République et déjà à cette époque, Sergueï Lavrov était votre ministre des Affaires étrangères. Nous avons bien travaillé ensemble, notamment sur le dossier du Liban. La France avait proposé une résolution exigeant le départ de la Syrie, de son armée et de ses services qui occupaient Beyrouth. À cette époque, vous n'aviez pas mis votre veto à cette résolution à New York, ni la Chine d'ailleurs. Bachar el-Assad s'était rangé à cette résolution à l'automne 2004 et s'était retiré du Liban, même si, quelques mois plus tard, la suite était plus tragique avec l'assassinat de Rafic Hariri. Pourquoi, monsieur le Président, n'arrivons-nous plus à travailler ensemble sur la Syrie, comme à cette époque ?

Sa réponse fusa avec une forme de colère contenue dans le regard :

— Mais la situation n'est plus comparable. Ceux qui sont en face de nous en Syrie ne sont pas des adversaires politiques, ce sont des soldats. Et puis, regardez ce que vous avez fait en Libye et les conséquences de votre intervention non seulement dans ce pays, mais dans toute la région.

À l'évidence, la première intervention française, Harmattan, en mars 2011, puis l'opération franco-britannique Odyssey, qui menèrent à la chute du régime libyen et à la mort du dictateur Muammar al-Kadhafi en octobre 2011, et le grand désordre qui s'ensuivit, avaient laissé à Vladimir Poutine un goût amer et le sentiment d'avoir été trahi par les Occidentaux. Il expliqua ainsi pourquoi il ne comptait désormais que sur lui-même et sur des alliés sûrs pour lutter contre les islamistes dans la région. Il y avait dans son ton une détermination et une résolution qui laissaient peu de place à la contradiction.

Quelques mois plus tard, au lendemain même de la cérémonie de clôture des Jeux olympiques de Sotchi dont il était si fier et de la trêve symbolique que ces jeux continuent de représenter, Vladimir Poutine ne demanda l'avis de personne pour envahir la Crimée fin février 2014. Les Européens et tous les autres Occidentaux laissèrent faire, comme si cette annexion était sans importance et ne présageait aucune autre mauvaise intention.

L'Histoire jugera sévèrement sans doute la faiblesse des démocraties occidentales au moment de cette invasion, comme elle jugera tout aussi sévèrement la reculade de Barack Obama en Syrie lorsqu'il refusa d'engager l'aviation américaine au côté des Français et des Britanniques en représailles à l'utilisation d'armes chimiques par le régime syrien.

J'avais rencontré à deux reprises auparavant Vladimir Poutine. À Moscou en 2004, pour une réunion traditionnelle et bilatérale à quatre entre ministres des Affaires étrangères et de la Défense de nos deux pays. Et puis en 2008, au cours d'une visite du Premier ministre François Fillon à Sotchi que j'accompagnais comme son ministre de l'Agriculture. Vladimir Poutine, alors Premier ministre, nous avait reçus très chaleureusement dans un bon restaurant de la cité balnéaire. Au cours de ce déjeuner où il parla sport automobile et pêche dans une ambiance décontractée, il se montra sous les traits d'un dirigeant compétent, connaissant bien le détail des dossiers qu'il traitait.

Changement de décor lors d'une rencontre au début des années 2010 à Bruxelles, où avait lieu une réunion entre le gouvernement russe et les membres de la Commission européenne. Redevenu président de la Russie, Vladimir Poutine fut extrêmement brutal pour critiquer les initiatives de la Commission européenne concernant le réseau de gazoducs qu'il souhaitait développer à travers l'Europe, mais surtout à propos de l'accord d'association ambitieux que l'Europe proposait à l'Ukraine.

Vladimir Poutine est un homme direct, brutal malgré son sourire en coin. Il a toujours eu à l'égard de l'Union européenne une aversion, celle que nourrit habituellement un régime autoritaire à l'égard d'un régime démocratique voisin qui suscite de l'espoir au sein de sa propre population. Cette aversion est aussi celle d'un homme qui comprend d'abord le rapport de force et jauge rapidement la faiblesse ou l'angélisme de ses adversaires. C'est enfin celle d'un dirigeant russe, issu des tout-puissants services de sécurité, qui n'aura jamais accepté l'implosion de l'Union soviétique et la dégradation du statut de la Russie qui s'ensuivit.

De la fragilité de l'état de paix : Sarajevo, des JO à la guerre

Tout au long de l'aventure des Jeux olympiques d'Albertville, j'ai eu le souci, et parfois l'angoisse, de l'après-JO. Allions-nous maîtriser le budget, éviter un déficit trop important, pouvoir rendre des comptes justes aux Savoyards, aux Rhônalpins et aux Français ? Tous ces équipements obligatoires pour l'organisation des Jeux, aussi improbables que la piste de luge bobsleigh à La Plagne, seraient-ils utiles et utilisables après ? J'avais en mémoire la désolation des sites à Saint-Nizier-du-Moucherotte notamment après les Jeux olympiques de Grenoble, en 1968.

C'est avec ce souci que je proposai au conseil général de la Savoie d'organiser en septembre 1991 une conférence internationale réunissant toutes les villes qui, depuis 1924 et Chamonix, avaient eu l'honneur d'organiser les Jeux olympiques d'hiver. Trente-cinq années plus tard, le tenace président de la région Auvergne Rhône-Alpes, Fabrice Pannekoucke, a eu lui aussi l'idée d'un dialogue entre toutes les régions olympiques au moment où se préparent, sous l'impulsion du champion Edgar Grospiron, les Jeux d'hiver de 2030 dans les Alpes françaises. Ainsi, les représentants de Sapporo, au Japon, de Calgary, au Canada, Innsbruck, en Autriche,

Cortina d'Ampezzo, en Italie et bien sûr Grenoble, à quelques kilomètres d'Albertville, étaient-ils présents pour partager leurs expériences d'après-Jeux. Le président du CIO, Juan Antonio Samaranch, et la ministre française des Sports, Frédérique Bredin, avaient eux aussi fait le déplacement.

La délégation de Sarajevo, qui avait organisé les Jeux en 1984, était là, malgré le conflit qui embrasait déjà la Croatie voisine et qui menaçait la Bosnie-Herzégovine. Le maire de Sarajevo était entouré de ses adjoints, eux-mêmes issus des différentes communautés, bosniaque, serbe et croate. Il témoigna avec force et nous lança une forme d'appel : « La guerre est là dans les Balkans, à côté de nous, et si vous ne l'arrêtez pas, rien ne l'arrêtera et elle viendra jusqu'à nous, à Sarajevo ! »

Très vite, le conflit se généralisa. Quelques semaines après la fin des Jeux olympiques d'Albertville de février 1992, Sarajevo fut touchée, et subit pendant trois longues années d'incessants bombardements.

À l'est de Sarajevo, à l'été 1995 et malgré la présence de Casques bleus de l'ONU, plus de 8 000 Bosniaques musulmans furent exécutés à Srebrenica et alentours par les forces bosno-serbes. Le plus grand crime de masse sur le sol européen depuis la Seconde Guerre mondiale que la justice internationale qualifie de génocide. Paroxysme insoutenable d'un conflit moyenâgeux aux portes de l'Union européenne, que nous, Français, Allemands et bien d'autres, avons été incapables d'anticiper et d'empêcher.

Ainsi, huit ans seulement après la fête olympique du sport et de la jeunesse, en 1984, la folie, le sectarisme, le racisme, tant de poisons auront détruit Sarajevo.

Ainsi, même sur le sol européen et en dépit de notre nouvelle organisation à travers l'Union européenne, nous aurions tort de croire que la paix, la démocratie, l'État de droit nous sont donnés pour toujours.

Du serment en politique : prestation devant la Cour européenne de justice

Il y a les serments que l'on se fait à soi-même et ceux que l'on fait aux autres. Je ne sais pas lesquels sont les plus difficiles à respecter. Et puis, il y a ceux que l'on fait en posant la main sur une bible, à l'image des présidents des États-Unis d'Amérique à leur entrée en fonction. Un homme politique français n'a pas l'habitude de prêter serment. Je l'ai fait à deux reprises en devenant commissaire européen, et cela m'a marqué. La première fois fut devant la Cour de justice des communautés européennes, à Luxembourg. C'était le 17 septembre 1999 avec les autres membres du collège des commissaires présidé par Romano Prodi.

« Nommé membre de la Commission des communautés européennes par les gouvernements des États membres après le vote d'approbation du Parlement européen, je m'engage solennellement :

« – À exercer mes fonctions en pleine indépendance, dans l'intérêt général des communautés.

« – Dans l'accomplissement de mes devoirs, à ne solliciter ni accepter aucune instruction d'aucun gouvernement ni d'aucun organisme.

« – À m'abstenir de tout acte incompatible avec le caractère de mes fonctions.

« – Je prends acte de l'engagement de chaque État membre de respecter ce caractère et de ne pas chercher à influencer des membres de la Commission dans l'exécution de leur tâche.

« – Je m'engage en outre à respecter pendant la durée de mes fonctions et après la cessation de celles-ci les obligations découlant de ma charge, notamment les devoirs d'honnêteté et de délicatesse quant à l'acceptation après cette cessation de certaines fonctions ou de certains avantages. »

Un tel serment engage et oblige. C'est un moment rare et solennel. S'agissant de ce serment, en tant que commissaire européen, de ne pas défendre autre chose que l'intérêt général de l'Union, je sais qu'il sera plus tard déformé et utilisé par d'autres pour me présenter en « mauvais patriote ». Pendant le temps de son mandat à Bruxelles, un membre de la Commission ne peut pas accepter d'instructions de son gouvernement. Et c'est bien ainsi.

Chez nous, pourquoi ne pas imaginer que le président de la République d'abord, les ministres ensuite et les parlementaires prêteraient eux aussi serment de respecter les devoirs d'honnêteté, d'indépendance, sur le texte de la Constitution ou de la Déclaration universelle des droits de l'homme ?

Contraintes et servitudes de la vie publique : un accord au pied du sapin

Les dernières heures de la négociation du Brexit, le 24 décembre 2020, veille de Noël, ont été très longues et laisseront un souvenir mitigé. J'étais à la fois soulagé et fatigué, heureux de conclure mais amer que la confiance pourtant nécessaire établie avec la présidente de la Commission européenne, Ursula von der Leyen, ait été rompue dans ces derniers moments, à son initiative.

Tout au long de ces derniers mois, Ursula von der Leyen ne m'avait jamais caché que ce qui comptait pour elle était d'abord l'accord de commerce. Le sujet de la pêche, pourtant essentiel pour huit États membres dont la France, lui a toujours semblé secondaire, voire marginal. À plusieurs reprises, et encore au cours d'un entretien tendu le dimanche 20 décembre, j'avais dû lui rappeler l'esprit de la lettre du mandat que nous avions reçu du Conseil européen et du Parlement : « Pas d'accord de commerce s'il n'y a pas d'accord sur la pêche ! »

C'est le mardi 22 décembre, alors que l'horloge tourne, que je lui présente une dernière fois la situation. Tout au long de cette négociation, et depuis sa nomination un an plus tôt, je l'avais tenue régulièrement et précisément informée de nos progrès, de nos attentes et de nos difficultés avec les Britanniques. Je sais qu'elle veut désormais conclure elle-même et j'en prends acte. « Compte tenu de la dimension politique et historique de cette négociation, lui dis-je, j'ai toujours trouvé normal et nécessaire que sa conclusion ait lieu à votre niveau, en tant que présidente, avec le Premier ministre britannique, Boris Johnson. » En parallèle, je prends la précaution de prévenir directement plusieurs Premiers ministres des vingt-sept et le président de la République française, Emmanuel Macron, des réserves de la présidente sur la question de la pêche. Je sais que le président l'a alors prévenue par texto que, si elle devait conclure autrement que sur la base de ma toute dernière proposition en matière de pêche, il mettrait son veto.

Dans ces toutes dernières heures, la présidente se trouve ainsi contrainte à tenir une ligne ferme, un peu malgré elle. Boris Johnson, obligé par la date butoir du 31 décembre qu'il s'est lui-même imposée, passe ainsi sous les fourches caudines de l'Union européenne. Les Britanniques essaieront de se faufiler à travers certaines imprécisions et approximations de l'accord conclu directement avec la présidente et son cabinet mais finalement, sur cette question qu'il voulait transformer en levier de négociation comme sur les autres, le compromis final est acceptable pour l'Union européenne.

Le 23 décembre, Ursula von der Leyen me dira simplement vers 15 heures : « *I think we have good news* ». Il faudra pourtant attendre de longues heures, durant la nuit qui suivra et le lendemain matin, pour écrire dans le détail l'accord sur la pêche. Nos équipes sont alors au bord de l'épuisement, ce qui explique certaines tensions.

Le 24 décembre, en début d'après-midi, nous nous retrouvons tous en visioconférence avec Boris Johnson. Au terme de neuf mois de négociations, c'est la dernière fois que je verrai son compagnon de route, David Frost. Comme je l'ai écrit dans mon *Journal secret du Brexit*[1], notre échange à cet instant est simplement professionnel et froid. Il sait que je sais qu'il a voulu me contourner jusqu'au dernier moment en cherchant à ouvrir une ligne de négociation parallèle avec le cabinet de la présidente Ursula von der Leyen. Il sait que cela n'a pas marché.

J'accompagnerai quelques instants plus tard la présidente pour un point presse en visioconférence – quoi de plus normal la veille de Noël ? Dans ma brève intervention, je rassemble mes sentiments.

Au terme de cette dernière étape : « *The clock is no longer ticking !* »

« En quatre ans et demi, la force de l'Union européenne a été l'unité et la solidarité entre tous les États membres et avec le Parlement européen. Cela a été mon honneur de prendre ma part dans cette unité des Européens. »

Ursula von der Leyen, comme à son habitude, quitte la salle sans un geste, un sourire ni un quelconque signe d'humeur. Elle n'en fera d'ailleurs pas plus par la suite. Je quitterai définitivement la Commission européenne en mars 2021 sans qu'elle m'adresse un seul mot.

1. *La Grande Illusion. Journal secret du Brexit*, Paris, Gallimard, 2021.

Décidément, nous n'avons pas la même conception du travail et des rapports humains.

Il est trop tard à cette heure, le 24 décembre, pour que je rejoigne ma famille réunie à la campagne pour le réveillon.

J'en suis évidemment triste, car pendant cette longue négociation, sa solidarité et son affection ont été sans faille et ont compté pour moi bien davantage que je n'ai su le lui dire. Ma solitude à cette soirée si particulière de Noël fait partie des contraintes et servitudes attenantes à la vie publique, et je mesure ma chance de passer habituellement Noël en famille quand tant de nos compatriotes sont au travail pour nous soigner, nous transporter, ou assurer notre sécurité. Je m'autorise alors à ouvrir une très bonne bouteille de bordeaux que je ne finirai pas. Décidément, cette négociation du Brexit n'aura pas été « habituelle ».

Étrangement, mon sentiment n'est pas d'abord la satisfaction du devoir pourtant accompli, encore moins la fierté d'une belle aventure collective.

Je suis simplement serein et fier de l'équipe que j'ai animée pendant quatre ans et demi. J'aurai l'occasion de le dire le lendemain, jour de Noël, lorsque je retrouverai de l'autre côté de la rue de la Loi, à Bruxelles, les vingt-sept ambassadeurs des États membres de l'Union européenne pour leur rendre compte de cet ultime résultat. Je dois avouer que je suis alors aussi impatient de retrouver les miens.

La politique est faite d'émotions et de partage : le tsunami du 26 décembre 2004

Au lendemain même de la libération de Christian Chesnot et Georges Malbrunot, je me trouve en Jordanie pour un séjour privé durant ce qu'il reste des fêtes de Noël. Bachar el-Assad me proposera de lui rendre visite à son domicile, invitation que je décline prudemment.

C'est sur un bateau, dans le golfe d'Aqaba, que je reçois un premier appel téléphonique de Pierre Vimont, mon directeur de cabinet au quai d'Orsay. Celui-ci m'informe d'une « secousse sismique importante dans l'océan Indien », sans davantage de précisions.

Quelques instants plus tard, Jean-Claude Killy m'appelle pour me dire que plusieurs de ses amis n'arrivent plus à joindre leurs familles et leurs proches en vacances dans la zone et que cela paraît grave. Je rappelle aussitôt Pierre Vimont qui me confirme que les informations arrivent au compte-gouttes et font état d'une vague qui aurait submergé le littoral de plusieurs pays. Je me souviens d'avoir décrit dix ans plus tôt dans mon *Atlas des risques majeurs*[1] les conséquences d'un tsunami dans les régions les plus pauvres du monde.

1. Paris, Plon, 1992.

La décision est prise de me rendre sur place et je demande à mon cabinet d'affréter un avion médicalisé qui me récupérera sur le trajet à Aqaba pour rejoindre directement le Sri Lanka puis Phuket, en Thaïlande. Ce que j'ai constaté durant cette visite, c'est l'improvisation et le manque de coordination aussi bien des secours que des évacuations. Sans parler du problème plus spécifique et plus douloureux encore de l'identification des victimes. Nous avons dû faire appel à une unité spécialisée qui avait déjà contribué à l'identification des corps des charniers de Bosnie après le dernier conflit des Balkans.

C'est à la suite de cette tragédie qui a coûté la vie à 230 000 personnes dans l'océan Indien que j'ai imaginé le projet d'une force européenne de protection civile. Celle-ci doit rendre plus efficaces les interventions d'urgence et faciliter la collaboration entre nations. Je n'ai pas oublié la détresse des familles françaises que nous avons accompagnées et soutenues dans les semaines qui ont suivi, ni leur exigence légitime que les corps de leurs proches soient formellement identifiés pour être capables de faire leur deuil.

La politique est faite d'émotions et de partage. Récemment, dans un magasin, un client que je ne connaissais pas s'est approché et m'a remercié de l'attention personnelle apportée à sa famille tragiquement touchée vingt ans plus tôt par le tsunami.

Le régime des partis : démissionner ?

Et comment cette unité, cette cohésion et cette discipline seraient-elles maintenues [...] si chaque membre du gouvernement – lequel est collectivement responsable devant la représentation nationale – chaque membre du gouvernement n'était à son poste que le mandataire d'un parti !

C'est dans son fameux discours de Bayeux, le 16 juin 1946, que le général de Gaulle, instruit par l'expérience et par les tout premiers mois de la IVe République, lance cet avertissement.

À vrai dire, la situation dans laquelle je me trouve à Matignon le jeudi 5 septembre 2024 est singulière. Aucune majorité absolue ne se dégage à l'Assemblée nationale. Il n'y a aucun esprit de compromis entre le Nouveau Front populaire, sous la menace du parti de Jean-Luc Mélenchon, le groupe du Rassemblement national, dirigé d'une main de fer par Marine Le Pen, et ce qu'on appellera le bloc central, c'est-à-dire les quatre groupes Renaissance, le Modem, Horizons et mon parti, les Républicains, avec lesquels j'essaierai de constituer un « socle commun » de gouvernement.

Une telle situation est inédite sous la Ve République, elle était monnaie courante sous la IVe. Tous les partis avaient pris l'habitude de composer ensemble, de combiner ensemble en imposant leurs choix au chef du gouvernement. Profondément attaché aux institutions léguées par le général de Gaulle, je me refuse à entrer dans une logique qui en dénaturerait totalement la lettre et l'esprit. J'entends bien pleinement respecter les formations politiques représentées au Parlement et construire avec celles qui me soutiendront les politiques utiles à notre pays, mais il ne saurait être question que les partis imposent à l'exécutif leurs choix pour former le gouvernement.

Aussitôt nommé, je rencontre les présidents de groupes de ce socle dit commun. Bien peu me parlent de la France et des Français. Tous sont avant tout concentrés sur la formation du gouvernement, les places qu'il faut obtenir, et certains plus encore par leur propre sort. Deux d'entre eux oseront même poser des conditions pour participer au gouvernement.

Comme au bon vieux temps !

Dans la foulée de ces entretiens, je me rends successivement aux traditionnelles journées parlementaires de chaque groupe ; d'abord à Rosny-sur-Seine pour y rencontrer les députés membres du groupe Ensemble pour la République, puis le lendemain à Reims, où se retrouvent les députés et sénateurs du groupe Horizons. Le soir même, sur la route de retour vers Paris, je m'arrête à Cély-en-Bière, en Seine-et-Marne, pour y saluer les parlementaires du Modem. Enfin, le jeudi 12 septembre, j'ai le bonheur de retrouver ma région, à Annecy, où se réunissent les nombreux parlementaires des Républicains. L'accueil y est très chaleureux. C'est la première fois depuis douze ans qu'ils retrouvent le chemin du pouvoir.

À tous, en Île-de-France, dans la Marne comme en Haute-Savoie, je dirai : « J'ai besoin de vous, la France a besoin de vous ! »

Je plaide aussi pour l'unité de ce socle, même si dans le passé récent les divisions, les querelles, les confrontations ont été nombreuses et vives. Il nous faut relever la ligne d'horizon, dépasser pour rassembler.

J'ai le sentiment que ce message est entendu par la grande majorité de ces parlementaires, parfaitement conscients qu'il y va de l'intérêt supérieur du pays.

Entre ces réunions, je reçois, j'écoute de nombreuses personnalités qui ont l'expérience des responsabilités, locales et nationales, et souvent des propositions pertinentes. Édouard Philippe, Xavier Bertrand, David Lisnard, Valérie Pécresse, Richard Ferrand, Jean-Louis Borloo et beaucoup d'autres, dont évidemment les présidents de nos deux chambres, Gérard Larcher et Yaël Braun-Pivet.

Dès le lendemain de ma nomination, j'ai aussi tenté de nouer un dialogue avec les responsables du Parti socialiste. Ils m'opposent tous une fin claire et brutale de non-recevoir.

François Hollande, dans une lettre manuscrite qu'il me fait porter le vendredi 6 septembre, puis Olivier Faure et Boris Vallaud au téléphone, me diront : « Nous avons de l'estime pour toi, mais nous considérons que tu n'es pas légitime, et, pour cette raison, nous voterons la censure. »

Ainsi, avant même que j'aie pu constituer mon gouvernement, expliquer mes intentions dans ma déclaration de politique générale et proposer un budget, le Parti socialiste se met dans une position frontale d'opposition vis-à-vis de moi. *De facto*, il me rend donc dépendant du bon vouloir du Rassemblement national.

Je reçois cette position de fermeture comme un acte irresponsable. Un ancien président de la République que je considérais comme un homme d'État, le secrétaire général du Parti socialiste et le président du groupe ne sont pas à cet instant à la hauteur d'un parti de gouvernement.

Je comprends ce jour-là que, quoi que je fasse, quoi que je propose, ils voteront la censure pour renverser le gouvernement.

Ils le feront à deux reprises jusqu'à me faire tomber, le 4 décembre 2024, en mêlant leurs voix à celles du Rassemblement national.

L'avenir démontrera que le Parti socialiste mesurera mieux le risque qu'il court dans sa dépendance à Jean-Luc Mélenchon et à La France insoumise.

Parmi les responsables socialistes, seul Didier Migaud fait un choix courageux et libre en quittant la présidence de la Haute Autorité de la transparence pour la vie publique pour devenir garde des Sceaux, ministre de la Justice de mon gouvernement.

Le gouvernement de François Bayrou paiera évidemment le prix fort pour cette promesse de non-censure. Et au bout du compte, les Français continueront de payer de leur poche une dette que plus personne ne cherche à maîtriser...

En ce qui concerne le Parti socialiste, c'est aux prochaines élections municipales puis législatives que certains auront à choisir entre perdre leur âme ou perdre leur siège…

Pendant cette période, le régime des partis bat son plein. Aucune majorité absolue n'est possible dans cette Assemblée. Il n'y a donc en théorie aucun « groupe charnière » susceptible d'être indispensable. Je pensais être plus libre ! En réalité, beaucoup font un raisonnement inverse et utilisent l'absence de majorité absolue pour montrer combien ils sont indispensables, sans hésiter à faire monter les enchères.

Les rendez-vous avec certains chefs de parti sont lourds, je sens la défiance, la méfiance. Je vois bien que certains me considèrent comme un intrus, d'autres comme un gêneur. Les exigences, les prétentions, les chantages se multiplient.

J'ai en mémoire le discours de Bayeux et j'ai en tête ce que doit être normalement un Premier ministre sous la Ve République, protégé par les articles 20 et 21 de la Constitution. Le président préside et le Premier ministre gouverne, à condition de ne pas être pieds et poings liés par les partis politiques.

Il apparaît très vite que des convergences de programmes sont ponctuellement envisageables, mais qu'il est en revanche impossible d'espérer formaliser un contrat de gouvernement précis et exhaustif. Chaque formation fait valoir des priorités et des lignes rouges peu compatibles avec le nécessaire esprit de compromis qui devrait prévaloir.

Certains acteurs et commentateurs me feront *a posteriori* ce reproche d'avoir privilégié, dans les premiers jours, la formation de l'équipe gouvernementale, le « casting », au détriment d'un programme. Mais ce sont bien souvent les mêmes qui me faisaient part, lors des discussions sur le contenu de la politique gouvernementale, de leurs farouches oppositions à telle ou telle proposition émanant des autres partenaires, au risque de faire imploser toute coalition avant même qu'elle n'existe !

À ce moment, nous sommes à la mi-septembre, je ne cache pas à mon équipe proche une forme de découragement.

Dans la nuit du 17 au 18 septembre, je rédige même personnellement une lettre de démission que je compte remettre au président de la République le lendemain. À quoi bon s'engager devant la représentation nationale si les partis qui composent le socle d'une majorité relative, et en premier lieu ceux qui se revendiquent du président de la République lui-même, ne me font pas confiance et ne se font pas confiance ?

Dans mon équipe à Matignon, les plus jeunes sont les plus véhéments pour m'encourager à tenir bon. Cela me touche. Leur motivation est d'autant plus forte qu'elle ne repose pas que sur leur propre volonté de s'engager pleinement dans cette aventure, mais fait aussi écho à ce que nous sentons être l'aspiration profonde du pays à la stabilité, la dignité et l'action désintéressée.

Combien de fois avons-nous alors pensé, au sein de cette équipe parfaitement lucide sur la précarité de notre situation, que, si les dirigeants politiques déployaient autant d'énergie à faire avancer concrètement le pays qu'ils en mettent dans les manœuvres tactiques pour pousser leurs ambitions et contrarier leurs rivaux, réels ou supposés, la France se porterait beaucoup mieux !

Un peu plus tard, en lui remettant ma lettre de démission, je dirai au président de la République ma détermination à « jeter l'éponge » si, dans son propre camp, la confiance et un soutien minimal ne s'exprimaient pas plus clairement.

Dans cette journée, le président du Sénat, amical et solidaire, et le chef de l'État, qui s'inquiète, me conseilleront tous deux de réunir tous les chefs de groupe pour que chacun soit mis face à sa responsabilité.

Je m'y emploierai le 19 septembre lors d'une réunion à Matignon. Chacun fera, temporairement, mine de se rallier à un consensus minimal pour m'accorder la latitude de former le gouvernement. Mais derrière ce feu vert formel, les écueils affleurent dès qu'il s'agit d'évoquer les priorités législatives.

Le gouvernement sera finalement annoncé samedi 21 septembre dans la soirée, avant que je n'aille sur le plateau de France 2 le dimanche 22 septembre.

Durant ces journées graves et pénibles, je reste serein et déterminé. Tous n'ont pas compris que je me sens libre, simplement parce que je ne me suis pas roulé par terre pour devenir Premier ministre. Comme je l'ai dit à chacun, je suis prêt à partir maintenant si les conditions ne sont pas réunies pour travailler et avancer, pour la France et les Français.

La formation d'une équipe gouvernementale n'est jamais facile. Il y a tant d'ambitions, d'espérances, de compétences à mettre ensemble. Il faut assumer de provoquer des déceptions, parfois des colères, des incompréhensions même parmi les plus fidèles et les plus proches. Certains se revendiquent d'ailleurs d'une proximité que je découvre moi-même…

C'est ma responsabilité que de trouver le bon équilibre, d'abord entre l'expérience et le renouvellement, ensuite grâce à une représentation juste de toutes les sensibilités.

Après coup, j'ai bien conscience que d'autres choix étaient possibles mais je reste fier de cette équipe motivée et solidaire. Dans le gouvernement de la République, on ne devrait pas critiquer ou se différencier de ses collègues. Il n'y a pas dans la même équipe une aile gauche ou une aile droite, il y a le gouvernement de la France. Il n'y a pas d'autre « première loyauté » que celle que l'on doit à l'État et à la France.

Tous, ou presque, ont été à la hauteur durant ces trois mois si singuliers. J'ai été heureux de faire confiance à Bruno Retailleau, qui a démontré un sens de l'État et une efficacité que je lui connaissais déjà. À Astrid Panosyan-Bouvet, qui m'a accompagné avec son humanité et sa sagesse dans un dialogue sincère avec toutes les organisations syndicales et professionnelles.

Plusieurs ministres ont été fortement mobilisés et efficaces dans cette période budgétaire. Laurent Saint-Martin au Budget, Nathalie Delattre aux Relations avec le Parlement et Maud Bregeon au porte-parolat.

Je ne peux pas citer ici tous les ministres, mais chacune et chacun était à son poste et a tenu sa place.

La marque de ce gouvernement n'était pas dans le choix de poids lourds, mais dans la confiance faite à des femmes et des hommes, la plupart ministres pour la première fois, dont beaucoup venaient d'autres univers que des cénacles parisiens, apportant une vraie expérience de terrain.

Voilà longtemps que je crois nécessaire de préparer l'avenir en passant le relais à la nouvelle génération.

Au lendemain du vote de censure, le jeudi 5 décembre à 11 heures, je remets au président de la République ma lettre de démission. Certains journalistes la trouveront très froide et peu chaleureuse… Par un clin d'œil, j'avais simplement, et à la virgule près, calqué cette lettre sur celle que Georges Pompidou avait remise au général de Gaulle le 5 octobre 1962 dans des circonstances comparables :

> *Mon général,*
>
> *L'Assemblée nationale ayant adopté une motion de censure, j'ai l'honneur de vous remettre la démission de mon gouvernement, en application de l'article 50 de la Constitution.*
>
> *Je vous prie d'agréer, mon général, l'assurance de mon profond respect.*

C'est à cette génération nouvelle d'élus, de militants, de jeunes, simplement de citoyens que je pense ce jour-là. C'est à eux que je souhaite consacrer mon énergie et mon expérience. C'est pour eux que « je veux continuer le combat » et que j'ai rédigé ces chroniques pour demain.

Encore une fois, ensemble, nous avons cherché à être à la hauteur d'une situation grave et même historique. Nous avons été dignes. Nous avons su garder nos valeurs, notre honneur, nous avons su tenir une ligne claire. Nous avons dit la vérité.

En relisant les innombrables messages et lettres reçus au lendemain de la censure, je sais que les Français l'ont bien compris.

Lorsque Isabelle et moi quittons à pied la cour de Matignon au soir du 13 décembre, après avoir salué les belles équipes qui m'avaient accompagné, ce respect et ce sentiment populaire sont ce que j'emporte de plus précieux.

C'est cela qui m'oblige aujourd'hui, d'une certaine manière, à rester engagé « aux côtés des Français, du côté des Français ».

De l'importance d'écrire : un livre ne peut pas être renié

Pour un homme politique aujourd'hui, les petites phrases, les slogans, parfois les invectives, sont coutumiers. À l'heure de X, il faut tenter de rassembler une pensée ou une conviction en quelque 180 signes. Depuis plusieurs années d'ailleurs, les *spin doctors* et les conseillers en communication sont à l'affût d'annonces, de *punchlines* qui ouvrent les portes d'un passage au 20 heures de TF1 ou de France 2.

Et, à coup sûr désormais, l'effet d'annonce l'emporte sur le suivi et la mise en œuvre. On est loin des grandes confrontations parlementaires, des discours construits et argumentés qui ont marqué les débats à l'Assemblée nationale. On pense évidemment, au début du siècle dernier, à Jean Jaurès, Aristide Briand ou Georges Clemenceau. Je garde aussi en mémoire les débats radiodiffusés entre Pierre Mendès France et Michel Debré sur Europe 1. Plus récemment, les grandes interventions de Jacques Chaban-Delmas, de François Mitterrand et de Philippe Séguin.

Les hommes politiques qui écrivent eux-mêmes leurs livres sont rares. François Mitterrand, imprégné d'histoire et de culture, ou encore Édouard Balladur sont de ceux-là. Il me semble que mettre par écrit ses convictions dans un essai ou dans un livre est important. Les mots écrits engagent davantage que les mots parlés. Le journal *Le Monde* écrivait un jour que le langage des gestes est aussi important que le langage des mots. Un livre ne peut pas être renié. Il peut vous être remis sous les yeux quelques années après en vous confrontant à votre propre cohérence ou à vos contradictions. Un livre est un outil nécessaire du débat démocratique. Depuis longtemps, j'attache ainsi de l'importance et du temps à la chose écrite. Depuis mon tout premier essai au titre quelque peu naïf peut-être, enthousiaste certainement, *Vive la politique*, paru chez Stock en 1985, jusqu'à *La Grande Illusion. Journal secret du Brexit*, parue chez Gallimard en 2021, j'ai cherché à publier et donc à partager, avec l'aide et la plume quelquefois de mes collaborateurs, je le reconnais bien volontiers. Mon ami Pierre Vallaud, historien et éditeur, m'a encouragé pour plusieurs de ces livres chez Stock ou chez Plon. Je me suis même essayé à publier trois atlas consacrés notamment aux risques majeurs, en 1992, ou à l'Europe en 2008. Les cartes bien faites valent souvent mieux qu'un long discours ou un chapitre.

Il en va ainsi de ce dernier essai, qui résume et séquence les nombreuses leçons reçues tout au long de mon engagement public. Ce livre n'est évidemment pas un roman. Tout y est vrai. J'ai choisi de dire les choses et les faits de manière directe, simple, sans avoir la prétention de faire œuvre littéraire. Dans une petite anthologie « désinvolte » des plus belles reparties, l'acteur Jean Piat et Patrick Wajsman évoquaient l'un des scénaristes les mieux payés d'Hollywood, Billy

Wilder, qui pratiquait la plus noble des ironies, celle que l'on cultive vis-à-vis de soi-même.

Ainsi, cet échange avec son producteur, Samuel Goldwyn, le fondateur de la United Artists, qu'il rapporte dans ses souvenirs :

— Vous travaillez sur quoi, en ce moment ? lui demande Sam Goldwyn.

— Mon autobiographie.

— Ah ! et ça parle de quoi ?

Ce livre n'est pas une autobiographie. Loin de moi la prétention de publier des Mémoires !

De quoi parle-t-il ?

Des leçons que j'ai reçues depuis longtemps à la faveur de rencontres humaines, d'événements.

Conclusion

— Puis-je vous présenter le Premier ministre ? demande Emmanuel Macron à Donald Trump, assis à côté de lui dans la vaste salle des fêtes de l'Élysée.

Ce samedi 7 décembre se termine une très belle journée consacrée à la réouverture de la cathédrale Notre-Dame de Paris.

Le président élu des États-Unis me serre alors chaleureusement la main. Pourtant, je crois utile, quatre jours après la censure de mon gouvernement, de préciser les choses :

— Plutôt « ancien » Premier ministre !

— Pourquoi « ancien » ? me répond-il.

— Parce que je viens d'être battu au Parlement par une coalition de l'extrême droite avec la gauche. Nous n'avons pas de majorité dans notre Assemblée nationale.

À l'évidence, cette péripétie de la politique française a échappé au président américain…

Il prolonge pourtant ce dialogue singulier :

— Mais vous allez continuer ?

— Pas sûr, monsieur le Président. J'ai soixante-treize ans…

— Ça n'empêche rien ! Moi, j'en ai soixante-dix-huit. Et puis vous êtes grand, vous êtes solide, vous vous tenez droit… Il faut continuer !

— Merci, monsieur le Président, pour votre conseil, ai-je dit pour clore ce bref échange avec Donald Trump, dont on sait qu'il peut être aussi aimable que détestable et brutal avec ses interlocuteurs.

C'est sur cet échange pour le moins singulier que se sont refermés ces trois mois passionnants et exigeants durant lesquels j'ai eu l'honneur de diriger le gouvernement de mon pays.

Ai-je commis des erreurs ? À coup sûr !

Ai-je laissé une marque ? Je l'espère, en restant moi-même et en tâchant d'agir avec honnêteté, dignité et respect.

Aurai-je été utile ? Je l'espère aussi, en dépit de la brièveté de mon mandat.

Utile, en disant dès le premier jour la vérité aux Français sur l'état de notre pays. Sur cette dette insupportable qui pèse sur les générations futures et qui s'aggrave. Sur les blocages du pays, sur l'exigence des réformes et l'obligation de résoudre par nous-mêmes les problèmes que nous nous sommes créés depuis des décennies.

Les difficultés de la gestion de l'État ne m'ont pas surpris. Pour être sincère, j'ai aimé affronter ces difficultés avec l'ambition – peut-être utopique – de créer du progrès collectif et d'améliorer simplement la vie des gens. Pour sortir enfin, par des projets concrets et des réformes nécessaires, de cette impuissance publique dans laquelle nous nous sommes collectivement enfermés et qui explique pourquoi les Français n'ont plus confiance en la politique.

Pour cette mission grave et importante de Premier ministre, j'étais prêt.

Est-ce cela que l'on appelle l'expérience ?

J'étais prêt à utiliser tout ce que j'ai appris patiemment depuis le premier jour de mon engagement.

À me souvenir de tant de regards échangés, de leçons reçues.

Tout ce que j'ai appris des hommes et des femmes dont j'ai croisé la route, partagé les combats et les espérances. De ceux qui ont cru en moi et avec qui j'ai eu la chance de travailler, de ceux dont j'ai gagné la confiance, mais aussi, parfois, de ceux qui m'ont combattu.

De celles et ceux qui m'ont ému ou encouragé.

De celles et ceux que j'ai admirés et qui étaient souvent modestes et anonymes.

Je me souviens de la fierté et du regard de tant de « coéquipiers » volontaires des Jeux olympiques d'hiver en 1992 ou de ceux de Paris en 2024, de tant d'élus locaux et de citoyens bénévoles mobilisés pour des valeurs, un projet ou une cause. La fierté et plus simplement le sentiment intime de progresser soi-même en participant à la réussite d'une entreprise collective.

Une telle entreprise peut être la réussite d'un événement local ou d'une fête, le succès d'un projet économique qui bénéficie à toute une région, un combat associatif gagné contre l'injustice, la rénovation d'une église dans un village ou la préservation d'un site naturel. Tout autant que le vote d'une grande loi derrière

Simone Veil ou Robert Badinter ou encore l'aboutissement d'une négociation internationale.

Cette entreprise collective peut être aussi, doit être, celle de notre pays, de notre patrie. Car la France a besoin de tous ses enfants pour relever les défis gigantesques et se redonner un destin. Dans cette tâche immense, chacun est nécessaire.

Cette entreprise collective est aussi européenne, bien sûr, alors que la nouvelle politique américaine sonne comme un avertissement et appelle à un réveil stratégique de l'Union européenne. Le moment de vérité est là et le choix ne doit pas se faire entre la France et l'Europe, elles vont ensemble. Nous devons choisir entre une Europe indépendante et une Europe vassalisée et sous-traitante. Il n'est pas trop tard pour que les Européens décident de boxer dans la même catégorie que les États-Unis d'Amérique et la Chine, à condition de construire pour l'Europe un projet positif, plutôt que réactif ou défensif. Innover et investir plutôt que réguler. Défendre notre identité, nos racines plutôt que de nous autoflageller. Consolider notre marché unique pour l'énergie, l'industrie de la défense, les grands enjeux technologiques et d'intelligence artificielle. Encourager la production dans tous les domaines. Simplifier les normes trop nombreuses et souvent trop complexes. Maîtriser ensemble des flux migratoires que personne ne contrôle vraiment.

C'est tout cela que j'ai cherché à dire à travers ce livre et ces récits. Ils s'inscrivent évidemment dans le temps, un temps parfois lointain, mais tous comportent un enseignement pour aujourd'hui et pour demain.

J'ai pris des notes, rempli des carnets. J'ai commencé à écrire ce livre il y a deux ans, avant d'être interrompu lors de ma prise de fonction à la tête du gouvernement. Je l'ai terminé en ce début de printemps 2025.

« Il faut continuer ! » m'ont dit tant de personnes dont les conseils comptent plus pour moi que ceux de Donald Trump. C'est ce à quoi je m'emploie avec ce livre en partageant ces enseignements ou ces exemples, en espérant qu'ils seront utiles à chacun d'entre vous et en particulier à vous, jeunes français : je vous encourage à vous engager.

Qu'on me comprenne bien : je n'ai pas voulu ici donner une quelconque leçon. Juste partager ce que j'ai appris de vous.

Remerciements

Ce récit a exigé un travail patient et méthodique d'écriture, de mémoire, de recherche, de vérification et de relecture.

Mon épouse Isabelle et ma fille Laetitia ont été les premières à faire une relecture critique et bienveillante de mon manuscrit. Mon fils Nicolas m'a stimulé par ses avis tranchés et constructifs.

Je remercie particulièrement Guillaume Lamidon qui m'a accompagné avec enthousiasme et un peu d'impertinence durant ses temps libres tout au long de ce projet.

Arnaud Danjean, Antoine Lévèque, Fabio Gennari, Isabelle Misrachi, Thierry Consigny et Jean-Marc Eysseric m'ont fait la grande amitié de consacrer du temps personnel pour une relecture sans complaisance et m'ont apporté leur regard et leur conseil.

Evidemment mon fils Benjamin dont c'est le métier depuis plusieurs années a été un agent littéraire efficace et exigeant pour mener à bien la publication de ces chroniques pour demain.

Il a travaillé en bonne intelligence avec le grand éditeur Philippe Robinet, directeur général de Calmann-Lévy et son équipe professionnelle et motivée animée par Marine Montégut et Valérie Taillefer.

À toutes et tous j'exprime du fond du cœur ma reconnaissance.

J'ajoute que dans ce récit, toute ressemblance avec des faits et des personnes existantes ou ayant existé n'est ni fortuite ni involontaire et ne peut être en aucun cas le fruit d'une pure coïncidence…

Index

Table des matières

Composition et mise en pages
Nord Compo à Villeneuve-d'Ascq
Achevé d'imprimer en mai 2025
sur Roto-Page par l'Imprimerie Floch à Mayenne
pour le compte des Éditions Calmann-Lévy
21, rue du Montparnasse 75006 Paris
commercial@calmann-levy.fr

PAPIER CERTIFIÉ

CALMANN LÉVY s'engage
pour l'environnement en réduisant
l'empreinte carbone de ses livres.
Celle de cet exemplaire est de :
650 g éq. CO_2
Rendez-vous sur
www.calmann-levy-durable.fr

N° d'éditeur : 1679412/01
N° d'imprimeur : 107075
Dépôt légal : juin 2025

Imprimé en France